Informationelle Menschenrechte
und digitale Gesellschaft

Informationelle Menschenrechte und digitale Gesellschaft

Herausgegeben von
Benedikt Buchner und Thomas Petri

Mohr Siebeck

Benedikt Buchner ist Inhaber des Lehrstuhls für Bürgerliches Recht, Haftungsrecht und Recht der Digitalisierung an der Juristischen Fakultät der Universität Augsburg.

Thomas Petri ist Bayerischer Landesbeauftragter für den Datenschutz, Honorarprofessor an der Hochschule für angewandte Wissenschaften in München und Stellvertreter des Gemeinsamen Vertreters im Europäischen Datenschutzausschuss.

ISBN 978-3-16-161638-9 / eISBN 978-3-16-162158-1
DOI 10.1628/978-3-16-162158-1

Die Deutsche Nationalbibliothek verzeichnet diese Publikation in der Deutschen Nationalbibliographie; detaillierte bibliographische Daten sind über *http://dnb.dnb.de* abrufbar.

Das Buch wurde von Gulde Druck gesetzt, auf alterungsbeständiges Werkdruckpapier gedruckt und von der Firma Nädele in Nehren gebunden.

Printed in Germany.

Vorwort

Im Dezember 2022 feiert die Grande Dame des deutschen und europäischen Datenschutzrechts, Marie-Theres Tinnefeld, ihren 85. Geburtstag. Ihr zu Ehren erscheint dieser Band mit einem Fokus auf Aufklärung und informationelle Menschenrechte in der digitalen Gesellschaft.

Marie-Theres Tinnefeld lehrte an der Hochschule München ab 1975 auf den Gebieten Arbeitsrecht, Wirtschaftsrecht und Datenschutz. Sie wurde 1999 aufgrund ihres großartigen und verdienstvollen Wirkens zur Honorarprofessorin an der Fakultät für Informatik und Mathematik der Hochschule München ernannt.

Die promovierte Rechtswissenschaftlerin war als engagierte Hochschullehrerin überaus geschätzt und wegen ihrer zugewandten, offenen Art im Kollegium und bei den Studierenden sehr beliebt. Letztere profitierten enorm von ihren didaktisch ausgefeilten Lehrveranstaltungen mit großer Praxisnähe. Gemeinsam mit Prof. Dr. Klaus Köhler führte Tinnefeld 1994 in der Fakultät für Informatik und Mathematik die Zusatzqualifikation „Betrieblicher Datenschutz“ ein – ein Zertifikat, das unseren Studierenden der Informatik und der Wirtschaftsinformatik die erforderliche Fachkunde für das Berufsfeld der betrieblichen Datenschutzbeauftragten vermittelt und das bis heute an der Hochschule München Bestand hat.

Herausragend – und ein großer Gewinn für die Hochschule – war zu jeder Zeit Tinnefelds beeindruckendes Netzwerk, in dem sie mit vielen Persönlichkeiten des nationalen und internationalen Geisteslebens verbunden war. Mit ihrem diplomatischen Geschick, ihrer Offenheit, ihrer mitreißenden und empathischen Art gelang es ihr, namhafte Personen aus Wissenschaft und Politik als Teilnehmerinnen und Teilnehmer für ihre Werkstattgespräche und Kolloquien zu gewinnen. Auch bot sie ihren Studierenden gemeinsam mit der Akademie für politische Bildung in Tutzing ein Podium, bei dem sie mit hochkarätigen Rednerinnen und Rednern persönlich in Kontakt kommen konnten.

Die enorme Breite der Interessen und Verbindungen von Marie-Theres Tinnefeld zeigt sich zudem in ihren Veröffentlichungen mit Autorenschaften in verschiedensten Anthologien rund um das Thema Datenschutz. Maßgeblich beteiligt war sie unter anderem am 1990 erstmalig erschienenen Datenschutz-Standardwerk „Einführung in das Datenschutzrecht“, das inzwischen in der 7. Auflage erschienen ist.

Doch beim „klassischen Datenschutz“ hörten Tinnefelds Bestrebungen und Ambitionen nie auf: Stets hatte sie ein großes fachübergreifendes Panorama vor

Augen und die Menschenrechtsperspektive im Blick. Datenschutz war für sie immer auch Menschenrechtsschutz, wobei sie nie den Zusammenhang mit seinem legitimen Gegenspieler – dem Recht auf Teilhabe an Information – aus den Augen verlor.

Marie-Theres Tinnefeld hat als Pionierin auf dem Gebiet des Datenschutzes vieles mit großem Erfolg auf den Weg gebracht. Die Hochschule München ist stolz und außerordentlich dankbar, Begleiterin und Profiteurin dieses Wegs zu sein.

München, im Juni 2022

Prof. Dr. Martin Leitner
Präsident der Hochschule München

Inhaltsverzeichnis

Prolog: Menschenrechtliche Grundierung der Rechte auf Privatheit, Datenschutz und Informationsfreiheit[1]

Benedikt Buchner/Thomas Petri

I. Kulturelle und ideengeschichtliche Grundlegungen

Geschriebene Grundrechtsverbürgungen sind nicht Ausdruck und Ergebnis abstrakt-rationaler Systembildungen, sondern historisch-konkrete normative Antworten auf jeweils als unerträglich empfundene Freiheitsgefährdungen und -beschneidungen.[2] So war es die Beunruhigung zahlreicher „loyaler Staatsbürger", die das Bundesverfassungsgericht dazu veranlasste, in seinem Urteil zum Volkszählungsgesetz 1983 das Recht auf informationelle Selbstbestimmung zu begründen.[3] Ideengeschichtlich ist es also durchaus folgerichtig, wenn heute Menschenrechte nicht nur gegen staatliche Freiheitsbeschränkungen, sondern auch gegen die Übermacht nichtstaatlicher sozialer Gewalten mobilisiert werden.[4]

Vor diesem Hintergrund kann es kein Zufall sein, wenn Marie-Theres Tinnefeld in nahezu einzigartiger Weise die informationellen Menschenrechte in Beziehung zu ihren ideengeschichtlichen Grundlagen setzt. In ihren Abhandlungen verlässt sie den Rahmen einer rein rechtlichen Analyse, um mit Bildern, literarischen Beispielen und Erkenntnissen aus anderen wissenschaftlichen Disziplinen ein tiefes Verständnis von Privatheit, Datenschutz und Informationsfreiheiten zu erzeugen. Sie bringen das Schutzanliegen der informationellen Menschenrechte anschaulich zum Ausdruck.[5]

---

[1] Die Herausgeber bedanken sich ganz herzlich bei Kerstin True-Biletski und Petra Wilkins (IGMR, Universität Bremen), die mit ihrer tatkräftigen und engagierten Unterstützung maßgeblich zum Erscheinen des vorliegenden Bandes beigetragen haben.

[2] Vgl. z. B. *Denninger*, in Denninger/Hoffmann-Riem/Schneider/Stein (Hrsg.), Kommentar zum Grundgesetz für die Bundesrepublik Deutschland, Reihe Alternativkommentare, 3. Auflage 2001, vor Art. 1 Rn. 1 m. w. N. Ähnlich auch Peters, in Grimm/Peters/Wielsch, Grundrechtsfunktionen jenseits des Staates, 2021, 76. Vgl. in Bezug auf die Meinungsfreiheit auch *Kellermann*, DuD 2021, 363 f., wonach mit der Zensur zunächst die Kehrseite der Meinungsfreiheit in Erscheinung trat, bevor der Ruf nach Meinungsfreiheit laut wurde.

[3] Vgl. BVerfGE 65, 1, 3.

[4] *Denninger*, in Denninger/Hoffmann-Riem/Schneider/Stein (Hrsg.), Kommentar zum Grundgesetz für die Bundesrepublik Deutschland, Reihe Alternativkommentare, 3. Auflage 2001, vor Art. 1 Rn. 1 (a. E.).

[5] Sinnfällig beispielsweise *Tinnefeld*, Überleben in Freiräumen, Wien 2018, aber auch

Ideengeschichtlicher Ausgangspunkt der Menschenrechte ist für Marie-Theres Tinnefeld die Aufklärung. Auch wenn bereits Denker der Antike die Forderung nach eigenständigem Denken („Sapere aude!“[6]) erhoben, liegt der eigentliche Standort der Menschenrechte auf dem Boden der Aufklärung des 17. und 18. Jahrhunderts. Sie erst verlieh der Forderung Nachdruck, das Leben der Bürgerinnen und Bürger an dem Kriterium der individuellen Selbstbestimmung auszurichten.[7] Die Entdeckung des Individuums durch die Aufklärung ließ die Forderung nach Privatheit in Abgrenzung zur Öffentlichkeit, zum Gemeinwesen erstarken.[8] Auch das Grundgesetz geht davon aus, dass der Mensch „eine mit der Fähigkeit zu eigenverantwortlicher Lebensgestaltung begabte Persönlichkeit" ist.[9] Seine Lebensgestaltung kann nur gelingen, wenn er in freier Selbstbestimmung als Glied einer freien Gesellschaft wirken kann.

Privatheit, Datenschutz und Informationsfreiheiten sind zentrale menschenrechtliche Verbürgungen, die das Verhältnis von Öffentlichkeit und Privatheit in einem freiheitlichen Rechtsstaat regulieren. Sie stehen in einer engen Wechselbeziehung zueinander, die allerdings auch nicht frei von Spannungen ist.

II. Geschützte Kommunikationsräume

Die Rechte auf Privatheit und Datenschutz werden sowohl im allgemeinen Sprachgebrauch als auch in der juristischen Fachsprache teilweise synonym gebraucht und sollen auch hier nicht näher voneinander abgegrenzt werden.[10] Beide Rechte gemeinsam sollen insbesondere dem Einzelnen einen Raum erhalten, der von staatlicher und/oder gesellschaftlicher Überwachung frei bleibt. Dieser Raum ist zentrale Voraussetzung für eine freie Persönlichkeitsentfaltung und stellt zugleich eine wesentliche „Funktionsbedingung eines auf Handlungs- und Mitwirkungsfähigkeit seiner Bürger begründeten freiheitlichen demokratischen Gemeinwesens“[11] dar.

Wenn hier vom „geschützten Raum“ die Rede ist, kann dies durchaus in einem wörtlichen und in einem übertragenen Sinne verstanden werden:

Schmale/Tinnefeld, Privatheit im digitalen Zeitalter, 2014; Duttge/Tinnefeld (Hrsg.), Gärten, Parkanlagen und Kommunikation, 2006; Lamnek/Tinnefeld (Hrsg.), Privatheit, Garten und politische Kultur, 2003.

[6] Siehe *Horaz* (Epistel. I, 2, 40): „Dimidium facti, qui coepit, habet: sapere aude, / incipe.“.

[7] Einzelheiten bei *Tinnefeld*, NJW 2007, 625 ff.

[8] Vgl. *Hohmann-Dennhardt*, in Duttge/Tinnefeld (Hrsg.), Gärten, Parkanlagen und Kommunikation, 2006, 83.

[9] BVerfGE 5, 85, 204; vgl. auch *Denninger*, in Hohmann (Hrsg.), Freiheitssicherung durch Datenschutz, 1987, 132 f.; zustimmend *Tinnefeld*, NJW 1993, 1117, 1118.

[10] Vgl. etwa *Augsberg*, in von der Groeben/Schwarze/Hatje (Hrsg.), Europäisches Unionsrecht, 7. Aufl. 2015, GRCh Art. 8 Rn. 1, der das Grundrecht auf Datenschutz als eine Art lex specialis „zur Achtung der Privatsphäre und der Kommunikation“ aus Art. 8 GRCh sieht.

[11] BVerfGE 65, 1, 43.

Wörtlich verstanden schützt das Recht auf Achtung des Privat- und Familienlebens aus Art. 7 GRCh die Vertraulichkeit des Verhaltens und der Kommunikation (auch der Selbstkommunikation[12]) in der eigenen Wohnung. Einen Schutz bietet das Grundrecht auf Unverletzlichkeit der Wohnung aus Art. 13 Abs. 1 GG. Der umfriedete Garten nimmt dabei an dem grundrechtlichen Schutz teil. Der Schutz des eigenen Anwesens, der eigenen Wohnung gehört zu den ältesten Grundrechtsgewährleistungen. Eines der ersten staatlichen Gesetze zum Schutz der räumlichen Privatsphäre soll aus dem Jahr 1361 stammen: der „Justices of the Peace Act" verbot das Belauschen und heimliche Beobachten anderer.[13] Wie bereits die Schilderung des Ur-Garten Eden im Alten Testament zeigt, spiegelt dieses Menschenrecht ganz offenbar ein Urbedürfnis des Menschen nach Geborgenheit wider und hat damit eine extrem hohe Persönlichkeitsrelevanz.[14]

Jedoch auch in einem übertragenen Sinne bieten Privatheit und Datenschutz einen Raum für die persönlich-individuelle Kommunikation. Nach der Grundrechtsdogmatik zum allgemeinen Persönlichkeitsrecht hat die betroffene Person selbst zumindest ein Mitbestimmungsrecht, ob und wem gegenüber dieser Kommunikationsraum geöffnet wird. Das Bundesverfassungsgericht fasst dieses Mitbestimmungsrecht in die Worte, das Grundrecht gewährleiste insoweit „die Befugnis des Einzelnen, grundsätzlich selbst über die Preisgabe und Verwendung seiner persönlichen Daten zu bestimmen."[15] Vor dem Hintergrund der kommunikativen Einbindung des Einzelnen in die menschliche Gemeinschaft ist diese Befugnis allerdings nicht als ein eigentumsähnliches Recht misszuverstehen. Es ist – in aller Regel – durch Gesetze einschränkbar und stößt in der gesellschaftlichen Sphäre insbesondere auf die (Kommunikations-)Rechte anderer. Auch das Grundrecht auf Datenschutz aus Art. 8 der Charta der Grundrechte der EU sieht in Abs. 2 Satz 1 ausdrücklich vor, dass eine Verarbeitung personenbezogener Daten nur entweder auf Grundlage der Einwilligung der betroffenen Person oder auf einer sonstigen gesetzlichen legitimen Grundlage erfolgen darf.

Wird eine Öffnung des individuellen Kommunikationsraums ohne oder gegen den Willen der betroffenen Person zugelassen, lautet danach die Kernfrage, in welchem Umfang und unter welchen Rahmenbedingungen sie zulässig ist. Unter den heutigen Bedingungen einer modernen Kommunikationsgesellschaft tun sich damit bereits in der gesellschaftlichen Sphäre extreme Spannungsfelder zu anderen Grundrechtsgewährleistungen und Rechtsgütern auf, die sich einer

---

[12] Vgl. BGH, NJW 2005, 3295, 3297 – Selbstgespräch im Krankenzimmer.

[13] Abrufbar unter https://www.legislation.gov.uk/aep/Edw3/34/1 (letzter Abruf: 16.6.22).

[14] Vgl. *Tinnefeld*, in Duttge/Tinnefeld (Hrsg.), Gärten, Parkanlagen und Kommunikation, 2006, 3ff. Ausführlich zur Funktion des „Inneren Garten" vgl. z. B. *Lachmayer*, in Tinnefeld/Lamnek (Hrsg.), Privatheit, Gärten und politische Kultur, 2005, 80ff.

[15] BVerfGE 65, 1 (Leitsatz 1).

statischen grundrechtsdogmatischen Lösung entziehen. Dies kann nachfolgend nur skizzenhaft angedeutet werden:

1. Transparenz personenbezogener Datenverarbeitung, Informationszugang

Zunächst setzt informationelle Selbstbestimmung voraus, dass die betroffene Person die wesentlichen Rahmenbedingungen einer sie betreffenden Verarbeitung kennt. Schon früh wurde das Problem einer fehlenden Transparenz personenbezogener Datenverarbeitung dahingehend beschrieben, dass

> „der Einsatz informationsverarbeitender Maschinen den Menschen ‚ihre' Informationen entfremdet, indem diese und damit die Menschen fremden Interessen in einer Weise verfügbar werden, die es den Menschen nicht mehr gestattet, dies zu durchschauen und darauf sinnvoll zu reagieren, da sie zunehmend nicht mehr in der Lage sind zu wissen, wer was wann wo und bei welcher Gelegenheit über sie weiß."[16]

Es ist daher ein folgerichtiger Schritt des EU-Gesetzgebers gewesen, die *Transparenz der Verarbeitung personenbezogener Daten* als einen zentralen datenschutzrechtlichen Grundsatz in die DSGVO einzuführen (Art. 5 Abs. 1 Buchstabe a). Allerdings sind die Grundrechte auf Privatheit und auf Datenschutz auch Grundrechte, die zur Teilhabe am demokratischen Willensbildungsprozess befähigen sollen. Unter dem Gesichtspunkt der demokratischen Teilhabe kann Transparenz deshalb nicht auf die konkret-individuelle Betroffenheit beschränkt bleiben. In diesem Zusammenhang nimmt das Stasi-Unterlagen-Gesetz (StUG) eine besondere Rolle ein.[17] Es regelt die Einsichtnahme von Betroffenen in die eigene Akte, die ein nicht mehr existierender Geheimdienst angelegt hatte. Zu Recht weist Marie-Theres Tinnefeld darauf hin, dass das StUG als erstes deutsches Gesetz Informationsfreiheit und Persönlichkeitsschutz miteinander verbunden habe.[18]

Informationszugangsrechte nach den Informationsfreiheits- und nach den Transparenzgesetzen eröffnen Bürgerinnen und Bürgern einen Zugang zu Verwaltungsinformationen, ohne dass die Auskunftssuchenden persönlich und konkret von einem laufenden Verfahren betroffen sein müssen.[19] Eine solche von individueller Betroffenheit losgelöste Transparenz staatlicher Datenverarbeitung ist ein wichtiges Mittel zur selbständigen Reflexion und Willensbil-

---

[16] Vgl. *Podlech*, in Hohmann (Hrsg.), Freiheitssicherung durch Datenschutz, 1987, 21. Siehe auch *Tinnefeld*, in *Tinnefeld/Buchner/Petri/Hof*, Einführung in das Datenschutzrecht, 7. Aufl. 2020, 5 (Rn. 14).

[17] Zu Datenschutz und Informationsfreiheit bei den Stasi-Akten vgl. im Einzelnen *Tinnefeld*, in *Tinnefeld/Buchner/Petri/Hof*, Einführung in das Datenschutzrecht, 7. Aufl. 2020, 76 ff.

[18] *Tinnefeld*, NJW 2007, 625, 627.

[19] Zum den Informationsfreiheitsgesetzen nachgebildeten allgemeinen Recht auf Auskunft in Bayern vgl. Art. 39 BayDSG sowie *Engelbrecht*, Das allgemeine Recht auf Auskunft im Bayerischen Datenschutzgesetz, 2019.

dung, das seine dogmatische Legitimation teils aus Art. 5 Abs. 1 Satz 1 GG,[20] teils aus dem Rechtsstaats- und Demokratieprinzip[21] erhält.

2. Informationsquellen und Risiken bei ihrer Nutzung, insbesondere Desinformation, Informationsfragmentierung und Informationsmonopole

Von der teils grundrechtlich, teils nach dem Demokratie- und Rechtsstaatsprinzip gebotenen Transparenz staatlichen Handelns zu unterscheiden sind Informationsquellen in der *gesellschaftlichen* Sphäre. Deren Regulierungsdichte ist deutlich geringer als die des staatlichen Informationszugangs. Sie ist Ausdruck der Privatautonomie und verheißt dem Einzelnen eine schnelle und unkomplizierte Beschaffung von Informationen. Allerdings bringt sie zugleich erhebliche, oft unterschätzte Risiken gleichermaßen für die Gesellschaft wie für das Persönlichkeitsrecht Einzelner mit sich.

Zunächst schließt der gesellschaftliche Informations- und Kommunikationsraum die (bisweilen offene, oft aber verschleierte) Einflussnahme durch inländische und ausländische staatliche Instanzen nicht aus.

So zeichnete sich das politische Handeln des ehemaligen US-Präsidenten Donald Trump durch einen äußerst unbefangenen Umgang mit der Wahrheit aus.[22] Eine solche von Hannah Arendt als „Entwirklichung" der Politik[23] charakterisierte Vorgehensweise der Missachtung wissenschaftlicher Erkenntnisse, Tatsachen und logischer Zusammenhänge durch staatliche Entscheidungsträger ist nicht nur unter dem Aspekt der individuellen Freiheit hochproblematisch. Denn auch die freiheitliche Demokratie basiert auf einem freien gesellschaftlichen Diskurs, der auf ein Minimum an zuverlässigen Sachinformationen angewiesen ist.[24] Entsprechendes gilt für Erscheinungsformen der hybriden Kriegsführung, wie sie gegenwärtig vor dem Hintergrund der Krim-Annexion im Jahr 2014 und dem Angriff auf die Ukraine im Februar 2022 in Bezug auf die

[20] Das Grundrecht auf Informationszugang umfasst ein gegen den Staat gerichtetes Recht auf Zugang, wenn eine im staatlichen Verantwortungsbereich liegende Informationsquelle aufgrund rechtlicher Vorgaben zur öffentlichen Zugänglichmachung bestimmt ist, vgl. BVerfGE 103, 44 ff. Mit anderen Worten eröffnet Art. 5 Abs. 1 S. 1 GG ein individuelles Informationszugangsrecht erst nach Herstellung der allgemeinen Zugänglichkeit, vgl. BVerfGE 103, 60.

[21] Nach BVerfGE 103, 44, 64 bedürfen die Verfassungsgrundsätze des Rechtsstaats und der Demokratie allerdings der näheren Ausformung durch Gesetz.

[22] Siehe z. B. *Frankfurt*, Donald Trump is BS, says Expert in BS, Times, May 5, 2016 (abgerufen am 1.3.2022 unter https://time.com/4321036/donald-trump-bs/).

[23] Vgl. *Arendt*, Wahrheit und Lüge in der Politik, Zwei Essays, 6. Aufl. 2021, 40.

[24] Es ist sicherlich kein Zufall, dass im Bereich individueller Kommunikation die erwiesen unrichtige Tatsachenbehauptung nicht in den Schutzbereich der Meinungsfreiheit fällt (so BVerfGE 99, 185, 197) oder es zumindest für sie von Verfassung wegen keinen rechtfertigenden Grund gibt (so BVerfGE 114, 339, 352). Generell fällt der Wahrheitsgehalt einer Tatsachenbehauptung bei der Abwägung widerstreitender Rechtsgüter ins Gewicht (BVerfGE 99, 185, 197).

russische Einflussnahme auf die gesellschaftliche Kommunikation in Europa diskutiert wird. Hybride Kriegsführung ist variantenreich und hat aus Sicht des Angreifenden den Vorzug, dass sie hinsichtlich der Akteure und Verantwortlichkeiten leicht verschleiert werden kann.[25] Sie zielt darauf ab, durch subversive Maßnahmen gegnerische Kräfte auf staatlicher und nichtstaatlicher Ebene zu lähmen. Neben schweren Hackerattacken auf systemrelevante Infrastrukturen[26] kommt auch dem Versuch der Destabilisierung der Öffentlichkeit durch gezielte Desinformationen eine besondere Rolle zu.[27]

Beide beispielhaft aufgeführten Erscheinungsformen der staatlichen Einflussnahme auf gesellschaftliche Kommunikationsprozesse leisten insbesondere in der digitalisierten Gesellschaft einer Diskursfragmentierung etwa in Gestalt von Filterblasen, Echokammern[28] und von Microtargeting zum Zwecke der politischen Einflussnahme Vorschub.[29] Bis zu einem gewissen Grad gehören Diskursfragmentierungen – also die Aufteilung in mehr oder weniger geschlossene Kommunikationsräume – zwar zu einem freiheitlichen, dynamischen Willensbildungsprozess.[30] Für die freiheitliche Demokratie gefährlich werden Fragmentierungsprozesse aber, wenn die dort entwickelten Positionen nicht mehr in einen Austausch mit anderen Standpunkten treten.[31]

Ein Beispiel für eine vergleichbar gefährliche Freiheitsbedrohung *aus dem gesellschaftlichen Raum* ist die Markt- und Informationsmacht[32] von Betreibern großer Plattformen: Sie suggerieren den Nutzenden, dass sie lediglich einen technischen, „rationalen“ Informationsmechanismus betätigen. Tatsächlich erfolgt etwa bei Suchmaschinen die Platzierung von Suchergebnissen nach intransparenten Kriterien, bei denen ein Suchmaschinenbetreiber ihm genehme Webseiten bevorzugt referenziert.[33] Diese fehlende Transparenz ist ein nicht untypisches Merkmal zahlreicher digitaler Informationsquellen heutigen Zuschnitts. Gleich ob in Bezug auf staatliche oder private Stellen – fehlende Trans-

---

[25] Bundesverteidigungsministerium, Weißbuch Sicherheit 2016, 37.

[26] Vgl. dazu etwa *Kuhn/Alvarez*, Wie aus dem Lehrbuch der hybriden Kriegsführung, Wirtschaftswoche, 28.2.2022 (abgerufen am 16.6.2022 unter www.wiwo.de).

[27] In Bezug auf die russische Einflussnahme auf europäische Gesellschaften vgl. Bundesakademie für Sicherheitspolitik, Arbeitspapier Sicherheitspolitik, Nr. 22/2018, Das Prague Manual (abgerufen am 16.6.2022 unter https://www.baks.bund.de/). Das Arbeitspapier verweist auf die ausführlichere Darstellung im „Prague Manual“ von 2018 (abgerufen am 16.6.22 unter https://europeanvalues.cz/en/prague-manual/).

[28] Zur Diskursfragmentierung durch Echokammern und Filterblasen vgl. etwa *Mitsch*, DVBl 2019, 811, 812f.

[29] Hierzu siehe den Fall „Cambridge Analytica“. Einen Überblick gibt z.B. *Christl*, APuZ 24–26/2019, 42ff.

[30] Vgl. dazu – losgelöst von der Problematik staatlicher Diskurssteuerung – *Spiecker gen. Döhmann*, VVDStRL 77 (2018), 9, 17ff.

[31] Vgl. *Mitsch*, DVBl 2019, 811, 813.

[32] Zum Problem des Datensammelns als Marktmachtmissbrauch vgl. z.B. Buchner, WRP 2020, 1401.

[33] Vgl. bereits *Tinnefeld*, NJW 2007, 625, 628.

parenz erschwert der einzelnen Person die Beurteilung, wie zuverlässig die gefundene Information ist und erhöht massiv das Risiko der Desinformation.[34] Sie verunklart zudem die Verantwortlichkeit für bestimmte Verarbeitungsvorgänge, die sich in den verteilten Strukturen des world wide web zu verflüchtigen droht.[35]

Dieser Umstand deutet bereits darauf hin, dass gesteigerte Transparenzanforderungen in digitalisierten Kommunikationsräumen ein probates Mittel gegen gezielte Desinformationen darstellen könnten. Die Transparenz von Verantwortlichen einer Kommunikation kann die Resilienz freiheitlicher gesellschaftlicher Systeme ebenso wie die des Individuums steigern. Um nicht ihrerseits freiheitsgefährdend zu wirken, muss eine solche Transparenz allerdings in besonders grundrechtsschonender Weise hergestellt werden.

3. Eingebauter Datenschutz, Recht auf Vergessenwerden

Wird ein *individueller* Kommunikationsraum der betroffenen Person ohne ihren Willen geöffnet, stellt sich auch die Frage, inwieweit die für die Öffnung konkret Verantwortlichen das Persönlichkeitsrecht zumindest im Sinne eines „eingebauten Datenschutzes“ durch technische Mittel zu schützen haben. Diese Frage wird noch heute allzu oft als lästige Bürokratie abgeschüttelt, drängt aber immer mehr nach befriedigenden Antworten. Denn die Informationsquellen des digitalen Zeitalters führen dazu, dass Menschen ihrer Vergangenheit kaum noch entkommen können, soweit sie nur digital erfasst wurde. Der geflügelte Ausdruck „Das Internet vergisst nichts“ erhält damit durchaus eine sehr bedrohliche Dimension. Er kann sich auf alle Informationen beziehen, die irgendjemand aus dem tiefen Brunnen der Vergangenheit schöpft und ins Netz stellt. Unter diesem Gesichtspunkt haben selbst kommunizierte Privatheitserwartungen nur noch begrenzte Erfolgsaussichten. Vor diesem Hintergrund hat der EuGH noch vor Geltungsbeginn der DSGVO aus den Grundrechten der Art. 7, 8 GRCH ein „Recht auf Vergessenwerden“ abgeleitet.[36] Für das Grundrechtsregime des Grundgesetzes hat das Bundesverfassungsgericht festgestellt, der verfassungsrechtliche Maßstab für den Schutz gegenüber Gefährdungen durch die Verbreitung personenbezogener Berichte und Informationen *als Teil der öffentlichen Kommunikation* sei eine „äußerungsrechtliche Ausprägung des allgemeinen Persönlichkeitsrechts“ (also keine Ausprägung des Rechts auf informationelle Selbstbestimmung). In diesem Sinne hat es ebenfalls ein Recht auf Vergessen in gewissen Grenzen anerkannt – und zugleich relativiert.[37] Denn als

---

[34] Vgl. dazu *Lipowicz/Szpor*, Neue Aspekte der Desinformation, DuD 2021, 381 ff.

[35] Ausführlich dazu *Bauman/Lyon*, Daten, Drohnen, Disziplin, 2. Aufl. 2013.

[36] Grundlegend EuGH, Urt. v. 13.05.2014 – C-131/12 Rn. 89 ff.; vgl. auch BVerfGE 152, 152 ff. und BVerfGE 152, 216 ff.

[37] Vgl. BVerfGE 152, 152 (Recht auf Vergessen I).

Teil der öffentlichen Kommunikation gerät das allgemeine Persönlichkeitsrecht dann recht schnell in Konflikt mit widerstreitenden Grundrechtspositionen, wie etwa den Kommunikationsgrundrechten. Während der EuGH diesen Konflikt tendenziell zugunsten der Grundrechte auf Privatleben und auf Datenschutz löst, fällt beim BVerfG zumindest bei den veröffentlichten Entscheidungen die Abwägung eher zugunsten der Meinungsfreiheit und des Informationszugangs aus.

Insoweit unterscheiden sich die Abwägungsvorgänge kaum noch von den Fallkonstellationen, in denen die betroffene Person selbst ihren individuellen Kommunikationsraum öffnet, insbesondere wenn sie sich selbst öffentlich äußert. Hier gilt erst recht das Risiko, dass diese Äußerungen nicht mehr in Vergessenheit *(λήθω lḗthō)* geraten. Das verdeutlicht beispielsweise der jüngst durch das Bundesverfassungsgericht entschiedene Fall von Renate Künast.[38] Er betrifft zwar im Ausgangspunkt eine Äußerung der Politikerin, die sie selbst im Jahr 1986 (also vor dem digitalen Zeitalter[39]) im Berliner Abgeordnetenhaus gemacht hatte. Dementsprechend wurde sie in einer Drucksache des Abgeordnetenhauses festgehalten, die alsbald in Vergessenheit geriet.[40] Erst im Rahmen der Aufbereitung der sogenannten Pädophilenaffäre durch den Berliner Landesverband der Grünen im Jahr 2013 kam sie erneut in Erinnerung und wurde dann zunächst durch eine Tageszeitung aufgegriffen und später durch einen Blogger verfremdet. Dieses verfremdete Zitat führte zu einer Flut von Schimpftiraden im Netz. Erst kürzlich nutzte das BVerfG diesen Fall erneut, seine „Soldaten-sind-Mörder"-Rechtsprechung[41] zu konkretisieren und auf das Verhältnis zwischen allgemeinem Persönlichkeitsrecht und Meinungsfreiheit einzugehen.[42] Verkürzt ausgedrückt stellt das Gericht sinngemäß fest, dass Schmähkritik unter den heutigen Kommunikationsbedingungen längst nicht mehr nur im Rahmen der Privatfehde stattfindet.[43] Zudem weist es darauf hin, dass das Fehlen einer Formalbeleidigung oder einer Schmähkritik nicht allein zu einem Vorrang der Meinungsfreiheit gegenüber dem grundrechtlichen Ehrenschutz führt. Geboten ist dann eine Rechtsgüterabwägung, die an den Besonderheiten des Einzelfalls zu erfolgen hat. Mit anderen Worten haben die Fachgerichte die Voraussetzungen der Beleidigung auch zu prüfen, wenn eine Schmähkritik oder

---

[38] BVerfG, Beschl. v. 19.12.2021 – 1 BvR 1073/20, ZD 2022, 220 mit Anm. Petri. Zuvor bereits Tinnefeld (Hrsg.), DuD Heft 6/2021, Schwerpunkt: Meinungsfreiheit und Persönlichkeitsrecht im digitalen Kreuzfeuer.

[39] Über den Beginn des digitalen Zeitalters lässt sich streiten, nach Auffassung der Autoren liegt er jedoch zumindest nicht vor der Entwicklung des world wide web im Jahr 1989.

[40] Vgl. Abgeordnetenhaus von Berlin, 10. Wahlperiode, Protokoll der 30. Sitzung vom 29.5.1986, 1702.

[41] Grundlegend BVerfGE 93, 266ff., vgl. dort insb. 292ff.

[42] BVerfG, Beschl. v. 19.12.2021 – 1 BvR 1073/20; zuvor bereits BVerfG, Beschl. v. 19.5.2020 – 1 BvR 2397/19.

[43] BVerfG, Beschl. v. 19.12.2021 – 1 BvR 1073/20 Rn. 35ff.

eine Formalbeleidigung *nicht* vorliegt.[44] Ganz ähnlich und in Anlehnung an Karl Popper[45] rät Marie-Theres Tinnefeld dazu, keine unbedingte Toleranz für Feinde der Freiheit walten zu lassen.[46]

4. Meinungsfreiheit und Persönlichkeitsrecht

Abstrakt ist die Abgrenzung zwischen zulässiger Meinungsäußerung und Verletzung des Persönlichkeitsrechts verhältnismäßig leicht vorzunehmen: Soll eine Äußerung erkennbar einen Beitrag zu einer Angelegenheit des öffentlichen Interesses leisten, wiegt die Meinungsfreiheit schwer. Das Persönlichkeitsrecht dürfte hingegen höher zu gewichten sein, wenn die Äußerung hauptsächlich darauf abzielt, einen Menschen herabzusetzen, ohne dass erkennbar ein Beitrag zur Sache erfolgt. Konkret sieht die Sache anders aus: Denn gerade die in Satire gekleidete Kritik wird von den Betroffenen oft als ehrverletzend empfunden, wenn und weil sie in extrem pointierter und zugespitzter Form erfolgt. Genau dieser Umstand aber regt in besonderer Weise zu Rede und Widerrede an, die wertvoll für den freiheitlich-demokratischen Willensbildungsprozess ist. Zwischen zulässiger Meinungsäußerung und Persönlichkeitsverletzung durch Beleidigung ist also nur ein äußerst schmaler Grat, der unter anderem darüber entscheidet, ob ein Provider die Identität eines „anonymen" Kritikers offenlegen muss oder nicht.

III. Menschenrechte unter Druck

Wie Marie-Theres Tinnefeld immer wieder untermauert hat, stehen unabhängig davon die Menschenrechte auf Privatheit und auf Datenschutz unter den gegenwärtigen Bedingungen der Digitalisierung unter Druck. Legitime Vertraulichkeitsinteressen werden von der Wissbegierde gesellschaftlicher und hoheitlicher Interessenträger zunehmend infrage gestellt, für die technische Machbarkeit mehr zählt als der Grundsatz, dass personenbezogene Daten nur aus legitimen Gründen und im erforderlichen Umfang verarbeitet werden dürfen (vgl. Art. 8 Abs. 2 S. 1 GRCh). Beschrieben hat Marie-Theres Tinnefeld diese Entwicklung insbesondere an den Beispielen der Überwachungsmaßnahmen des Sicherheitsstaats, des Beschäftigtendatenschutzes[47] und der Nutzung von genetischen Da-

---

[44] BVerfG, Beschl. v. 19.12.2021 – 1 BvR 1073/20 Rn. 41 ff.

[45] Nach Popper führt uneingeschränkte Toleranz mit Notwendigkeit zum Verschwinden der Toleranz (sog. Paradoxon der Toleranz), vgl. *Popper*, Die offene Gesellschaft und ihre Feinde, Band 1 (UTB-Ausgabe Verlag Paul Siebeck) 1992, Anm. 4 zu Kapitel 7.

[46] *Tinnefeld*, DuD 2021, 359.

[47] Vgl. z. B. *Schild/Tinnefeld*, DuD 2009, 469 ff., *Tinnefeld/Petri/Brink*, MMR 2010, 727 ff.; *dies.*, MMR 2011, 427 ff.; *Beisenherz/Tinnefeld*, DuD 2010, 221 ff.

ten vor allem durch die Forschung.[48] Für sie bildet dabei die Menschenwürde den „archimedischen Punkt" unserer Zivilgesellschaft: Sie – und damit sämtliche Grundrechte als Konkretisierungen des Prinzips Menschenwürde[49] – sind der zentrale Standort der offenen demokratischen Gesellschaft.[50] Anhand Kafka's Parabel „Der Bau" hat sie frühzeitig den Zielkonflikt veranschaulicht, den der Staat zu lösen hat, wenn er einerseits eine sichere Kommunikationsinfrastruktur gewährleisten soll und andererseits mithilfe von sog. Staatstrojanern gerade die IT-Sicherheit beeinträchtigt.[51] Eine Problematik, die das BVerfG etwa neun Jahre später in einer Kammerentscheidung aufgegriffen hat.[52] Ihre Appelle, bei der Erfassung von Telekommunikationsverkehrsdaten nicht über das Ziel hinauszuschießen,[53] verhallten zwar bei den nationalen und europäischen Gesetzgebern. Sie durfte sich allerdings später durch mehrere höchstrichterliche Entscheidungen bestätigt fühlen, welche die EG-Richtlinie 2006/24 bzw. ihre Umsetzungsgesetze zu Fall brachten. Die Vielzahl der gerichtlichen Entscheidungen zeigt allerdings, dass die Diskussion um eine Vorratsspeicherung von Verkehrsdaten noch lange nicht an ihr Ende gelangt ist.[54]

An anderer Stelle wies Marie-Theres Tinnefeld auf die Funktion des Datenschutzes als Lotsen der Informationsgesellschaft hin.[55] Eben diese Funktion einer Lotsin hat sie selbst wiederum über Jahrzehnte hinweg für den Datenschutz wahrgenommen, allein schon mit ihrem Einsatz als Herausgeberin und Autorin all der datenschutzrechtlichen Monographien und Beiträge, die hier nur auszugsweise gewürdigt werden konnten. Lotsin ist sie darüber hinaus vor allem aber auch mit ihrem persönlichen Wirken als engagierte und kundige Streiterin für eine Informationsgesellschaft, die von Respekt und Toleranz geprägt ist. Marie-Theres Tinnefeld ging es nie um Datenschutz als Selbstzweck, sie verstand ihn vielmehr stets als ein Instrument, um die Menschen in all ihrer Unterschiedlichkeit zu einem respekt- und verantwortungsvollen Miteinander zu bewegen. In diesem Jahr wird Marie-Theres Tinnefeld 85 Jahre alt. Gemeinsam mit den Autorinnen und Autoren gratulieren die Herausgeber ihr mit diesem Band ganz herzlich zu diesem Ehrentag.

---

[48] Vgl. z.B. *Tinnefeld/Böhm*, DuD 1992, 62ff.; *Tinnefeld*, NJW 1993, 1117, 1118, *dies.*, DuD 1993, 261ff., *dies.*, DuD 1999, 317ff., *dies.*, RDV 2006, 97ff., *dies.*, RDV 2010, 209ff. Allgemein zur Verarbeitung von sensiblen Daten zu Forschungszwecken siehe *Buchner/Tinnefeld*, in Kühling/Buchner, DS-GVO, BDSG, 3. Aufl. 2020, § 27 BDSG Rn. 1ff.

[49] BVerfGE 93, 266, 293.

[50] Vgl. *Tinnefeld*, MMR 2004, 797ff.

[51] Vgl. dazu *Schmale/Tinnefeld*, DuD 2012, 401ff., vgl. zuvor bereits *Tinnefeld*, DuD 2008, 7ff., DuD 2009, 490ff.

[52] BVerfG, Beschl. v. 8.6.2021 – 1 BvR 2771/18, ZD 2021, 685ff. mit Anm. Petri, 689f.

[53] *Lepperhoff/Tinnefeld*, RDV 2004, 7ff.

[54] Einen Überblick über die Rechtsprechung gibt z.B. *Petri*, ZD 2021, 493ff.

[55] Vgl. *Tinnefeld*, DuD 2005, 328ff.

Digitaler Human(itar)ismus

Wolfgang Schmale

I. Digitalisierung

Unsere Lebenswelt wird nach und nach vollständig digitalisiert: jegliche Kommunikation und Medien, private und öffentliche Verwaltung, Infrastruktur und Verkehr, Gesundheit, Haushalt, Fabriken, Finanzen, Wirtschaft, Landwirtschaft, Kunst und Kultur, Wissenschaft. Am wenigsten scheint Religion davon betroffen zu sein, aber die Covid-19-Pandemie hat hier ebenfalls zur Digitalisierung beigetragen. Zwar kann das persönliche Zusammentreten einer Gemeinde nicht ersetzt werden, aber das Spirituelle einer Religion kann digital lebendig gehalten werden.

Digitalisierung benutzt das Internet als Infrastruktur. *Im Grundsatz* kennt sie daher keine Grenzen. Die Technik ist *im Grundsatz* überall dieselbe, Innovationen verbreiten sich in der Regel im Handumdrehen global. Die Digitalisierung bereitet à la longue sogar die Vernetzung der Menschheit mit Außenstellen im Weltraum, bzw., wenn mit Stephen Hawking von einem Worst-case-Szenario um ca. 2600 u.Z. ausgegangen wird[1], die Umsiedlung der Menschheit von der Erde auf einen anderen oder mehrere andere Planeten vor. Zugleich verändert die Digitalisierung unsere Wahrnehmung von Wirklichkeit, sie verändert den grundlegenden individuellen und gesellschaftlichen Prozess der Konstruktion von Wirklichkeit.

In der Praxis unterliegt die Digitalisierung immer wieder Einschränkungen und abweichenden Verläufen, beispielsweise weil in autoritären Staaten das Internet teilweise oder ganz für gewisse Zeiten abgeschaltet oder/und der Zugang zu bestimmten Webangeboten, insbesondere im Bereich der Social Media und Suchmaschinen, unterbunden wird. Oder weil Cyberattacken angeordnet werden. Darauf kann in diesem kurzen Text aber nicht im Detail eingegangen werden.

Im Folgenden geht es nicht um einen nationalen oder europäischen Kontext, vielmehr handelt es sich *im Grundsatz* um global relevante Fragen und Probleme. Digitalisierung verläuft auch in dem Sinne global, als Digitalisierung in ei-

---

[1] Vgl. den Bericht in dem österreichischen Magazin News vom 2.1.2018: https://www.news.at/a/zukunftsprognose-stephen-hawking-armageddon-8597358. Alle im Folgenden zitierten Links wurden am 28.2.2022 kontrolliert.

ner Sparte nie völlig getrennt von Digitalisierung in einer anderen Sparte ist. Bei der Digitalisierung hängt alles mit allem zusammen, weil Digitalisierung potenziell alles mit allem zusammenbringt.

Digitalisierung bedeutet:[2] elektronische (= digitale) Steuerung und Verknüpfung von Prozessen, gegebenenfalls auch selbstgesteuert durch selbstlernende, sich „kreativ verhaltende" Systeme (Künstliche Intelligenz); Nutzung von Komplexität bei gleichzeitiger Komplexitätsreduktion für die einzelne Person; passgenaue Optimierung des Verbrauchs von Ressourcen aller Art; Verflüssigung von Prozessen und Tätigkeiten aller Art; Umwandlung von bisher einzeln für sich ausgeführten Tätigkeiten in gesteuerte und verknüpfte flüssige Prozesse. Digitalisierung bedeutet, dass das Zusammenspiel von menschlicher Sprache, von Sprachbefehlen mit elektronischen Geräten (oder Maschinen oder Robotern) ständig verbessert und intensiviert wird, dass biologische Körper und Geräte (Maschine, Roboter) immer mehr zu einer Handlungsgemeinschaft als Teil verknüpfter flüssiger Prozesse entwickelt werden. Digitalisierung ersetzt nicht nur bisher manuell oder mechanisch-maschinell ausgeführte Tätigkeiten, sondern ermöglicht neuartige Tätigkeiten wie autonomes Fahren von Bahnen, Bussen und sonstigen Fahrzeugen, um nur ein Beispiel zu nennen.

Die Digitalisierung der Lebenswelt stellt sich als dynamischer Prozess dar: Digitalisierung führt zu weiterer Digitalisierung. Sie ermöglicht, Komplexität zu bewältigen und zu reduzieren bzw., insoweit sie neue Komplexität schafft, diese konstruktiv einzusetzen und zu nutzen. Viele Alltagshandlungen werden durch Digitalisierung von „Schema-F", das für alle gilt, auf individuelle (meistens App-basierte) Schemata umgestellt. Beschwerlichkeiten des Alltags für Menschen mit besonderen Bedürfnissen bzw. Behinderungen können gelindert werden, eine gesunde Lebensführung kann unterstützt und gefördert werden, digitale interaktive Tische verbessern die Reaktionsfähigkeit von Demenzkranken, die Sicherheit im Verkehr und des Zuhauses kann verbessert werden. Die niederschwellige Zugänglichkeit von Informationen und Wissen, inklusive wissenschaftlichen Wissens, *kann* für ein, gemessen an der bisherigen Menschheitsgeschichte, bisher nicht erreichtes individuelles Kompetenzniveau sorgen. Digitale Techniken ermöglichen es, die Partizipation der Bürgerinnen und Bürger an politischen Debatten und der Vorbereitung von Gesetzesbeschlüssen des Parlaments auszubauen. All dies und mehr ist mit human(itar)istischen Idealen kompatibel.

Trotz vieler positiver Aspekte kollidiert die Digitalisierung der Lebenswelt aber häufig mit den Werten des Human(itar)ismus. Sie erweist sich dann als mit

---

[2] In den letzten zwanzig Jahren habe ich mich ausgiebig theoretisch und in Forschungsprojekten mit Digitalisierung, Digitalität, Digital Humanities, Digitalem Humanismus etc. befasst. Ich greife darauf zurück und setze daher in diesem Beitrag Fußnoten nur sparsam ein. Ohnehin ist die Literatur zum Thema viel zu umfangreich, als dass sie hier auch nur annähernd aufgelistet werden könnte.

deren Idealen inkompatibel. Sie tut das teils, weil die technische Entwicklung schneller war und ist als die Fortentwicklung philosophischer, ethischer, sozialer und anderer Konzepte und Zielsetzungen. Teils geschieht das aufgrund der Überforderung der intellektuellen Leistungsfähigkeit des Menschen durch immer höhere, scheinbar nicht mehr durchschaubare Komplexität. Teils spielen Unachtsamkeit, Nachlässigkeit oder Desinteresse, teils Ignoranz und Inkompetenz eine Rolle. Inkompetenz zeigt sich oft bei der Programmierung von Algorithmen, diese verstärken dann bereits vorhandene Diskriminierungen von Minderheiten, sozial Benachteiligten, von Frauen, sie verstärken eine sich negativ auswirkende Intersektionalität. Teils gilt: Missbrauch ist einfach, Geschäftemacherei in blinder Geldgier ist leicht, Verlogenheit lässt sich gut camouflieren. Cyberkriminalität sowie hybride Kriegsführung profitieren von der Digitalisierung in hohem Ausmaß.

Diesen, hier zunächst sehr allgemein benannten Nachteilen bzw. Missbrauchsmöglichkeiten der Digitalisierung wird mit verschiedenen Mitteln entgegengetreten: mit gesetzlichen Maßnahmen, mit technischen Kontroll-, Gegen- und Abwehrmaßnahmen, mit Wissenschaft und Forschung, mit Aufklärung und öffentlicher Debatte, mit Kompetenzaufbau und Bildung, mit der Fortentwicklung der ethischen und wertebasierten Konzepte.

Vor allem letztere Aspekte werden seit gut einem Jahrzehnt zunehmend mit dem Begriff des Digitalen Humanismus bzw. noch rezenter eines Digitalen Humanitarismus angesprochen.[3] Die sich darin äußernden Konzepte sind im Werden begriffen, sie sind aber noch nicht zur Reife gelangt. Umso wichtiger und intellektuell spannender ist die Auseinandersetzung mit ihnen. Verwiesen sei jedenfalls auch auf das „Wiener Manifest für Digitalen Humanismus“ vom Mai 2019.[4]

II. Human(itar)ismus

Der Humanismus entwickelte sich in der Antike. Das Wort selber ist jüngeren Datums, es entstand zunächst im Deutschen in der Sattelzeit um 1800, bevor es Eingang in andere Sprachen fand.[5] Die Sache geht auf die Antike zurück, doch die Häufigkeit des Begriffs seit seiner Schöpfung verweist auf eine besondere Relevanz seit der Zeit zwischen den beiden Weltkriegen. (Abb. 1) Der quantita-

[3] Einen guten Einblick in den Forschungsstand gibt das folgende Buch: Fritz/Tomaschek (Hrsg.), Digitaler Humanismus. Menschliche Werte in der virtuellen Welt, 2020.

[4] https://dighum.ec.tuwien.ac.at/wp-content/uploads/2019/07/Vienna_Manifesto_on_Digital_Humanism_DE.pdf.

[5] Auf die Literatur zu „Humanismus“ kann nicht eingegangen werden. Vgl. stattdessen: Cancik/Groschopp/Wolf (Hrsg.), Humanismus: Grundbegriffe, 2016. Darin u. a. die Artikel „Humanismus“ (*H. Cancik*, 9–15); „Humanismus als Kultur“ (*Groschopp*, 23–30); „Humanitarismus“ (*Wohlfarth*, 31–38).

tive Höhepunkt wird überdeutlich im Deutschen und Französischen sehr bald nach dem Zweiten Weltkrieg erreicht. Für das Italienische gilt dieselbe Bemerkung, aber das quantitative Niveau ist ungleich niedriger. Niedrig ist es auch im Englischen, dessen Kurve allerdings bis heute leicht ansteigt.[6]

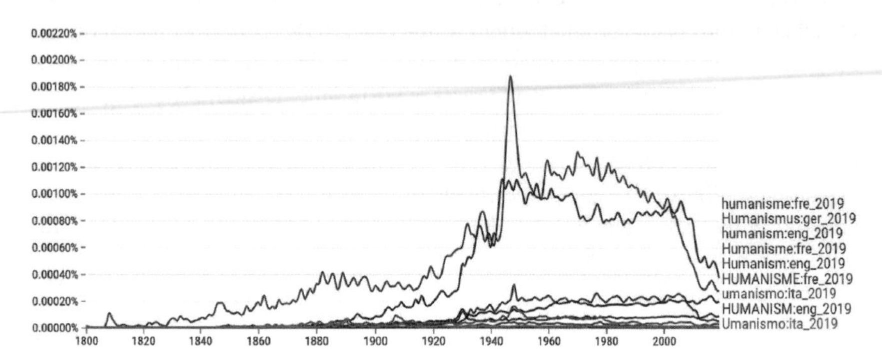

Abbildung 1: Häufigkeit von Humanismus, humanisme, humanism, umanismo 1800–2019, Groß- und Kleinschreibung (Ngram Viewer Google/https://tinyurl.com/559k5dxm).

Der Kern des Humanismus besteht in der Menschenbildung. Auch wenn der Mensch ein Gemeinschafts-, ein soziales Wesen ist, ändert das nichts an der Notwendigkeit einer auf Bildung basierenden hohen Selbstbestimmtheit, da diese nicht nur dem Individuum, sondern auch der Gemeinschaft zugutekommt. Seit der Aufklärung des 18. Jahrhunderts gelten die Grund- und Menschenrechte als praktischer Ausdruck dieser Selbstbestimmtheit und ihrer Zuträglichkeit in einer Gemeinschaft. Die Menschenbildung, die der Humanismus meint, gründet sich auf Menschenliebe. Seit der Aufklärung gilt der Philanthropismus bzw. dann der Humanitarismus als praktischer Ausdruck der Menschenliebe, die auch zum Kern der Menschenrechtsidee gehört. Menschenbildung und Menschenliebe setzen Menschenwürde einerseits voraus, setzen diese andererseits aber auch praktisch um.

Dass der Humanismus die praktische Lebenswelt der Antike stark *prägte*, muss bezweifelt werden, aber es wurden ideelle Grundlagen formuliert, auf die die mittelalterliche und, ab dem italienischen 14. Jahrhundert, die Renaissance-Philosophie sowie nachfolgend die bis heute aktuelle Philosophie der Aufklärung zurückgreifen konnten. Der Begriff Humanismus zeigt eine epochenübergreifend gültige Ethik an.

---

[6] Die vier ausgewählten Sprachen sind exemplarisch zu verstehen. Ngram Viewer von Google lässt Untersuchungen an folgenden weiteren Sprachen zu: Chinesisch, Hebräisch, Russisch und Spanisch. Für Englisch gibt es Differenzierungsoptionen, die hier nicht eingesetzt wurden.

Zweifellos war die Trias von Menschenbildung, Menschenliebe und Menschenwürde in der Praxis immer diskriminierenden Einschränkungen, Missachtungen oder sogar Negationen bis hin zu Völkermorden ausgesetzt. Heute wird sie außerdem durch die Missbrauchsphänomene bei der totalen Digitalisierung der Lebenswelt infrage gestellt. Hackerangriffe auf Krankenhäuser und allgemein Einrichtungen, die zur kritischen Infrastruktur zählen, haben bereits zu Todesfällen geführt.

Julian Nida-Rümelin definiert Digitalen Humanismus wie folgt:

> „Im Kern des philosophischen Humanismus steht die menschliche Autorschaft und die damit verbundene Verantwortung und Freiheit. Der Digitale Humanismus möchte die digitalen Technologien einsetzen, um menschliche Handlungsmöglichkeiten zu erweitern und die Werte der Humanität zu realisieren. Damit stellt er sich sowohl gegen die Aufwertung von Software Systemen zu Akteuren, als auch gegen die Abwertung des Menschen zu algorithmischen Maschinen. Es geht ihm um die Stärkung menschlicher Handlungskompetenz und die Verhinderung der Verantwortungsdiffusion in digitaltechnologischen Systemen."[7]

Von diesen Definitionselementen kann man ausgehen, aber es wird sich im weiteren Verlauf dieses Beitrags zeigen, dass das Feld breiter zu konzipieren ist.

Humanitarismus bezieht sich auf ethische Haltungen vor allem seit dem späteren 18. Jahrhundert, um, in den Worten von Heinz-Bernhard Wohlfarth, „besonders schwere moralische Übel zu beseitigen oder wenigstens abzumildern. In der Sprache der Menschenrechte sind ‚besonders schwere moralische Übel' prinzipiell vermeidbare Leiden, die die physisch-seelische Grundlage von Menschen als Rechtspersonen zerstören."[8]

Die steigende Gebrauchsintensität des Begriffes Humanitarismus in der zweiten Hälfte des 19. Jahrhunderts (Abb. 2) spiegelt die wachsende praktische Bedeutung der ethischen Haltung des Humanitarismus wider – zu nennen ist etwa die die Genfer Konvention von 1864, die eng mit der Gründung des Roten Kreuzes in diesen Jahren verbunden war. Auch der Humanitarismus wird durch die Missbrauchsphänomene im Zuge der totalen Digitalisierung der Lebenswelt infrage gestellt.

---

[7] *Nida-Rümelin*, Digitaler Humanismus. Interview in: Hauck-Thum/Noller (Hrsg.), Was ist Digitalität? Philosophische und pädagogische Perspektiven, 2021, 34–38, Zitat 38.

[8] *Wohlfarth*, in: Cancik/Groschopp/Wolf (Hrsg.), Humanismus: Grundbegriffe, 2016, 31.

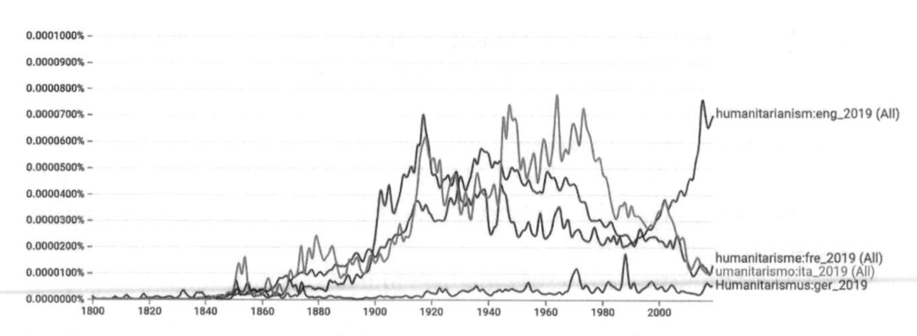

Abbildung 2: Häufigkeit von Humanitarismus, humanitarisme, humanitarianism, umanitarismo 1800–2019, Groß- und Kleinschreibung (Ngram Viewer Google/https://tinyurl.com/3xyew6ph).

Es geht nicht darum, Digitalisierung pauschal als falsche Entwicklung und als schlecht zu charakterisieren. Sie kann genauso gut humanistischen und humanitären Zielsetzungen dienen, und tut es auch, aber es gibt, wie oben skizziert, gute Gründe dafür, dass die Forderung nach einem Digitalen Humanismus aufgekommen ist. Noch ist die Gebrauchsintensität der Formulierung „Digitaler Humanismus" gering, messbar wird sie erst seit ca. einem Jahrzehnt.[9] „Digitaler Humanitarismus" scheint derzeit nur im Englischen („digital humanitarianism") verwendet zu werden, und dies seit ungefähr zehn Jahren.

Per Aarvik definiert „digital humanitarianism" wie folgt:

„Digital humanitarianism is humanitarian intervention conducted at a distance, sometimes without physical presence on the ground, through digital tools and often in an online, collaborative manner including citizen participation."[10]

So eng wird der Begriff von mir hier nicht verwendet werden; inhaltlich lehne ich mich an das obige Zitat von Wohlfarth an. Eine strikte Trennung zwischen Digitalem Humanismus und Digitalem Humanitarismus scheint schon aus historischen Gründen nicht sinnvoll zu sein, ich verwende daher die Schreibweise Digitaler Human(itar)ismus.

Tatsächlich sind wohl die vielen Kehrseiten von Digitalisierung erst seit einem guten Jahrzehnt stärker ins Bewusstsein der Öffentlichkeit getreten. Aus Sicht des Datenschutzes sieht das anders aus, die Kehrseiten sind von Anfang an erkannt und formuliert worden, das Datenschutzrecht wurde international vorangetrieben. Trotzdem besitzt das Thema des Datenschutzes nicht den hohen Stellenwert in der Öffentlichkeit, den es haben sollte, ganz zu schweigen von der Nachlässigkeit, die viele Menschen gegenüber ihren Daten walten lassen.

[9] Hier ohne Grafik, nachprüfbar mithilfe des Ngram Viewer, Google.

[10] *Aarvik*, Artikel „Digital Humanitarianism", in: De Lauri (Hrsg.), Humanitarianism. Keywords, 2020, 43–44, Zitat 43.

Was „Soziale Medien“ anrichten können, weil sie niederschwellig den Missbrauch für Fake News, Verschwörungstheorien, Diskriminierungen aller Art sowie Hass- und Todesbotschaften zulassen, wurde, ebenso wie das Phänomen der Echokammern und Filterblasen, erst nach und nach erkannt. Speziell die Pädokriminalität, die sich wie andere Kriminalität auch des Dark Net bedient, öffnet unserer Zeit die Augen und treibt allfällige Reste von Gutgläubigkeit gegenüber der Digitalisierung aus.

Die noch junge Begriffsbildung Digitaler Human(itar)ismus reagiert nicht nur auf Fehlentwicklungen, sondern auch auf Potenziale z. B. in der Mensch-Roboter-Beziehung.[11] Digitaler Human(itar)ismus stellt folglich kein allein durch Ab- oder Gegenwehr bestimmtes Konzept dar, sondern webt Human(itar)ismus in die digital gewordene bzw. werdende Lebenswelt ein, um dieser eine für den Menschen gedeihliche Zukunft wahrscheinlicher zu machen.

III. Einige praktische Aspekte des Digitalen Human(itar)ismus

Im Zuge der bisherigen Diskussion um Digitalen Humanismus, die langsam den Aspekt des Digitalen Humanitarismus aufnimmt, werden vor allem folgende Bereiche angesprochen: Digitale Wirtschaft, Bildung und Erziehung, Demokratie und Partizipation, Transformation der Arbeitswelt durch Digitalität, Datenschutz und Datensicherheit, digitales kulturelles Erbe, eHealth, Medien, dabei besonders Social Media.[12]

In diesen Bereichen erweist sich Digitalisierung immer sowohl als Segen wie als Fluch. Ohne Social Media hätte der Arabische Frühling nicht stattgefunden. Selbst wenn heute, ein gutes Jahrzehnt danach, von seinem Scheitern auszugehen ist, behält er für das Demokratiegedächtnis der Zivilgesellschaft von Syrien über Ägypten und Tunesien bis Marokko eine hohe Bedeutung. Der Einsatz von Algorithmen macht es sinnvoll, über digitale Plattformen inhaltliche Positionen hunderttausender Menschen einzuholen, wie es in Frankreich in der Folge der Gelbwesten-Proteste geschah, um ein differenziertes Bild der Gravamina der Bevölkerung zu erhalten, das nicht durch die Fragen von Meinungsumfragen vorstrukturiert wurde. Ohne Algorithmen, deren Programmierung höchst sorgfältig zu planen ist und außerdem veröffentlicht werden muss, damit über die Algorithmen selber wie über die Inhalte der Beiträge diskutiert werden kann, ist diese Art der Partizipation kaum durchführbar. Das lässt sich der Idee des Digitalen Humanismus zuordnen.

---

[11] S. bspw.: *Nida-Rümelin/Weidenfeld, N.*, Digitaler Humanismus. Eine Ethik für das Zeitalter der Künstlichen Intelligenz, 2018.

[12] *Mayer/Strassnig*, The Digital Humanism Initiative in Vienna. A Report based on our Exploratory Study Commissioned by the City of Vienna, in: Fritz/Tomaschek (Hrsg.), Digitaler Humanismus. Menschliche Werte in der virtuellen Welt, 2020, 27–39, hier 35.

Die Covid-19-Pandemie hat gezeigt, dass bei der – gewiss – unter Zeitdruck erfolgten Programmierung von Apps zur Kontaktverfolgung Infizierter oder von Portalen für die Buchung von Test- und dann Impfterminen viel geschlampt wurde. So schlecht, wider das intuitive Bedienen von Webseiten, unabgestimmt und altersfeindlich ist schon lange nicht mehr programmiert worden. Kann es denn wirklich sein, dass das informatische Chaos ausbricht, wenn es zu einer druckvollen Krisensituation kommt?

Das ist ein Feld für Digitalen Humanismus: Die Ausbildung nicht nur von Programmiererinnen und Programmierern, sondern auch von Beschäftigten in Behörden, Unternehmen und Bildungseinrichtungen muss mehr daraufhin orientiert werden, um in Krisensituationen trotz Zeit- und Handlungsdruck optimale digitale Techniken und Infrastrukturen zu schaffen und einzusetzen.

Jugendliche im Schulalter und Studierende wurden in den ersten Lockdowns quasi sich selbst überlassen. Meistens fehlte die Hardware, Geld für die an sich vorhandene Software für die verschiedensten Bildungsaufgaben und Unterrichtserfordernisse gab es nicht, vielfach fehlten geeignete Internetverbindungen. Altenheime waren ebenso wenig darauf vorbereitet, den im Lockdown verbotenen persönlichen Kontakt wenigstens durch digitale Instrumente wie Videochats ein klein wenig auszugleichen.

Digitale Kommunikation ersetzt den persönlichen Kontakt nicht, aber sie kann die sozialen und psychischen Folgen der verordneten Isolierungen und Kontaktbeschränkungen abschwächen. In dieser Beziehung hat die Covid-19-Pandemie viel gelehrt – das gilt es im Geist des Humanismus umzusetzen, um beim nächsten Mal, das sicher kommen wird, besser vorbereitet zu sein.

Generell sind existentielle Gefährdungen näher an uns herangerückt. Vieles hat mit der Zerstörung der Erde durch den Menschen zu tun. Die Wahrscheinlichkeit, dass persönliche menschliche Kontakte für kürzer oder länger unterbrochen werden, dass es zu Isolierungen aufgrund höherer Gewalt oder vorsorglicher behördlicher Anordnung kommt, steigt. In dieser Beziehung muss digital-human(itar)istisch gedacht werden, wie mithilfe digitaler Kommunikationstechniken die jeweilige Situation erträglicher gemacht werden kann.

Ungelöst ist das Problem ausreichender elektrischer und umweltverträglich erzeugter Energie, die möglichst wenig störungsanfällig zur Verfügung gestellt wird. Das ist als Aufgabenstellung für den Digitalen Human(itar)ismus mindestens ebenso wesentlich wie die kritische Beobachtung der Folgen des Einsatzes von Algorithmen bei der Auswertung von Bewerbungen (eRecruiting), der Erstellung von Sozialprognosen für Häftlinge oder der Suche nach Arbeitsmöglichkeiten für Langzeitarbeitslose, alleinerziehende Mütter oder Flüchtlinge.

Müsste nicht, um zur Energieversorgung zurückzukehren, jeder Mensch gratis mit einer (solarzellenbetriebenen) Powerbank ausgestattet werden, um mindestens mit dem Smartphone Kontakt halten zu können – womit die Verfügbarkeit von WLAN bzw. Telekommunikationsverbindungen noch nicht geklärt ist? Das heißt, dass Zivilschutzaspekte wie auch etwa Pandemieaspekte als Teil des Digitalen Human(itar)ismus zu betrachten sind.

Anders ausgedrückt: Wir müssen lernen, uns weniger auf die schöne heile Welt des Internets der Dinge, des Smart Home, des autonom fahrenden PKW usw. zu konzentrieren, sondern wir müssen uns vielmehr mit Krisen und Nöten befassen und versuchen zu klären, wie hier digitale Techniken zur Situationsbewältigung beitragen können. Dabei ist es zentral, dass die Gesellschaft menschlich bleiben kann, wenn die äußeren Krisen- und Notumstände dem entgegenstehen. Körperliche Nähe kann durch „digitale Nähe" nicht ersetzt werden, aber wenn körperliche Nähe ausgeschlossen ist, kommt der „digitalen Nähe" Bedeutung zu. Es wäre Aufgabe des Digitalen Humanismus, Konzepte für „digitale Nähe" zu entwickeln. Das sollte bis hin zu globalen Standards, wenn nicht Rechten gehen, wenn man an die weltweite Migration und dabei besonders an die prekäre bis hoffnungslose Situation vieler Flüchtlinge denkt.

Die Covid-19-Pandemie hat uns gelehrt, dass nicht jede Besprechung oder Konferenz mit Vor-Ort-Präsenz stattfinden muss, sondern dass digitale Videoformate es auch tun, teilweise sogar effektiver und ertragreicher. Was nichts daran ändert, dass nicht nur die Effektivität zählt, sondern immer auch menschliche Nähe. Millionen von Menschen wurden von jetzt auf sofort ins Homeoffice geschickt – nach dem Motto: irgendein Platzerl fürs Notebook oder Laptop gibt es immer, im Zweifelsfall auf dem Küchentisch oder auf dem Bett. Was braucht es da lange Überlegungen? So darf es sicher kein zweites Mal ablaufen.

In der Tat lässt sich viel Präsenzgeschehen durch digitale Kommunikation ersetzen, und es gibt kaum ungeeignete Plätze dafür. Mit einem Headset lässt sich sogar Umgebungslärm heraushalten. Aber wenn diese digitale Kommunikation, wenn Homeoffice, was im Wesentlichen ja eine digitale Arbeitsweise meint, in Zukunft sehr viel häufiger als bisher zum Einsatz kommt, muss man sich intensiver mit dem unmittelbaren räumlichen Kontext befassen, in dem das digitale Arbeiten stattfindet. Das Arbeiten bildet einen großen Teil des Lebens und steht daher vielfach im Zentrum human(itar)istischer Überlegungen. Aber tut es auch das digitale Arbeiten? Welcher unmittelbare räumliche Kontext, welche Raumkontextgestaltung ist dem digitalen Arbeiten psychisch und physisch zuträglich?

IV. Human(itar)ismus im Digitalen Zeitalter

Dass der Humanismus als Ethik epochenübergreifende Gültigkeit erlangt hat, spricht für seine Wirksamkeit, seine Praxistauglichkeit und Relevanz. Doch wie steht es damit im „digitalen Zeitalter"[13], das häufig, mehr oder weniger wört-

---

[13] Zum Begriff s. *Schmale*, Theorie des Digitalen Zeitalters, in: *Schmale*, Blog „Mein Europa", wolfgangschmale.eu/theorie-des-digitalen-zeitalters [Eintrag 28.10.2020].

lich, mit einer kulturellen Revolution in Verbindung gebracht wird? Felix Stalder[14] sagte in einem Interview: „Digitalisierung ist ein ähnlicher Prozess, wo die Grundlagen gelegt werden, um neue Handlungsabläufe, aber auch neue Wahrnehmungsformen und neue Denkstrukturen zu entwickeln." „Neue Handlungsabläufe", „neue Wahrnehmungsformen" und „neue Denkstrukturen" – das ist eine ganze Menge an Neuem in *wesentlichen* Feldern des menschlichen Lebens und kommt einer zivilisatorischen Revolution nahe. Das „ähnlicher Prozess" bezieht sich auf einen Vergleich Stalders mit der Alphabetisierung, die ähnlich tiefgreifende Veränderungen verursacht habe: „Dinge, die vorher mit analogen Medien organisiert wurden, werden nachher mit digitalen Medien organisiert. Aus dieser Perspektive ist Digitalisierung ähnlich wie Alphabetisierung. Auch diese kann man in einem engen Sinne verstehen, dass Menschen individuell Lesen und Schreiben lernen, und in einem weiten, dass die Gesellschaft als Ganzes sich verändert, weil Prozesse nun auf Basis von Schriftlichkeit und eben nicht Mündlichkeit organisiert werden."[15]

Nach Stalder war die Digitalisierung zur Jahrtausendwende „so weit vorangeschritten, dass wir sagen können, sie sind der dominante kulturelle Raum, in dem wir uns bewegen, bzw. die dominante Bedingung, unter der wir uns bewegen, ist nicht mehr die der Schriftlichkeit sondern eben der (bzw. die) der Digitalität."[16]

Der Epochenbegriff „digitales Zeitalter" hat sich zu Recht herausgebildet und inzwischen gegenüber z. B. „Computerzeitalter" durchgesetzt. Das digitale Zeitalter stellt eine neue Epoche dar, in dem die „digitale Konstruktion von Wirklichkeit"[17] eine sehr spezielle Rolle spielt, insoweit sie mit der uns scheinbar vertrauten Geschichtlichkeit von Gesellschaft in Widerstreit gerät. Die digital konstruierte Wirklichkeit stellt nämlich zu einem guten Teil eine *errechnete* Wirklichkeit dar, die nur durch Visualisierung am Bildschirm „real" wird. Wie könnte sich das auf die bisher epochenübergreifend gültige Ethik des Human(itar)ismus auswirken? Hierzu muss wenigstens ein kurzer Blick auf das geworfen werden, was als digital konstruierte Wirklichkeit zu gelten hat.

Die „Konstruktion von Wirklichkeit" gehört zum Menschen wie das Atmen oder Schlafen.[18] Erkenntnislehren gehen in der Regel davon aus, dass Wirklichkeit durch den Menschen individuell (subjektiv) *und* kollektiv (gesellschaftlich)

---

[14] Stalder ist Autor des Buches „Kultur der Digitalität", 2016.

[15] Beleg für beide Zitate: *Stalder*, Was ist Digitalität? Interview, in: Hauck-Thum/Noller (Hrsg.), Was ist Digitalität? Philosophische und pädagogische Perspektiven, 2021, 3–7, Zitate 4.

[16] *Stalder*, Was ist Digitalität? Interview, in: Hauck-Thum/Noller (Hrsg.), Was ist Digitalität? Philosophische und pädagogische Perspektiven, 2021, 4.

[17] Zur digitalen Konstruktion von Wirklichkeit s. *Schmale*, Digital Construction of Reality – Epistemological Aspects, in: *Schmale*, Blog „Mein Europa": https://wolfgangschmale.eu/digital-construction-of-reality [Eintrag 2.3.2018].

[18] Im Folgenden greife ich auf meinen Text „Digital Construction of Reality", in: *Schmale*,

konstruiert wird. Normalerweise sind beide Konstruktionswege eng miteinander verwoben. Die umfassendste Theorie haben dazu Peter L. Berger und Thomas Luckmann 1966 in dem Buch „Die soziale Konstruktion der Wirklichkeit" entworfen.[19]

Zu dieser Zeit gab es längst Informationstechnologien, die dazu nötigen Computer, und sicher war das alles schon längst keine exotische Angelegenheit mehr. Das Memorandum „The Triple Revolution" thematisierte die „Cybernation Revolution", und das war im März 1964.[20] Trotzdem spielte der Begriff „digital" in den weltberühmt gewordenen Erkenntnistheorien des Jahrzehnts zwischen 1965 und 1975 (erwähnt sei die „Archäologie des Wissens" von Michel Foucault[21], 1969, und die „Theorie der Praxis" von Pierre Bourdieu[22], 1972) noch keine Rolle. Das hatte sicher damit zu tun, dass damals die zunehmende maschinelle Automatisierung von Fertigungsprozessen vor allem in Bezug auf die Arbeitsplatzverluste und noch nicht in Bezug auf KI analysiert wurde. Die inzwischen eingetretene umfassende Digitalisierung in allen Lebens- und Produktionsbereichen wirft das Problem der digitalen Konstruktion von Wirklichkeit als neuartiges Problem auf.

Die individuelle und gesellschaftliche Konstruktion von Wirklichkeit hängt eng mit Formen und Methoden der Wahrnehmung von Wirklichkeit sowie von Wissen über die Wirklichkeit zusammen. Berger und Luckmann bauten ihre wissenssoziologische Theorie auf der grundlegenden Situation der Evidenz auf. Es geht um Alltagswissen, mit dessen Hilfe eine durchlebte Alltagssituation verifiziert werden kann oder, umgekehrt, Alltagswissen als falsch oder unzureichend modifiziert werden muss. Die grundlegende Instanz ist dabei zunächst einmal der konkrete einzelne Mensch, der seine Sinne einsetzt: das Sehen, das Hören, das Tasten. Es handelt sich, wohlgemerkt, hierbei nur um die Ausgangssituation oder Basissituation der sozialen Konstruktion von Wirklichkeit.

Wie verändert sich diese Basissituation, wenn Wirklichkeit zunehmend digital konstruiert wird? Was heißt „digitale Konstruktion der Wirklichkeit" praktisch?

Blog „Mein Europa": https://wolfgangschmale.eu/digital-construction-of-reality [Eintrag 2.3.2018] zurück, dessen deutsche Version unveröffentlicht ist.

[19] *Berger/Luckmann*, The Social Construction of Reality. A Treatise in the Sociology of Knowledge, 1966 (zahlreiche Ausgaben und Übersetzungen seit 1967).

[20] The Triple Revolution. Cybernation, Weaponry, Human Rights. The Ad Hoc Committee on the Triple Revolution. Unterzeichnet von Donald G. Agger und 31 weiteren Persönlichkeiten. Text: http://www.educationanddemocracy.org/FSCfiles/C_CC2a_TripleRevolu tion.htm.

[21] *Foucault*, L'archéologie du savoir, 1969 (zahlreiche Ausgaben und Übersetzungen seit 1969).

[22] *Bourdieu*, Esquisse d'une théorie de la pratique: Précédé de trois études d'ethnologie kabyle, 1972 (zahlreiche Ausgaben und Übersetzungen seit 1972).

Digitale Medien decken ein sehr weites Spektrum ab, das von der Wissenschaft über Kunst- und Kulturbetrieb, Wirtschaft, Politik, Spiele (Computerspiele) bis hin zu den „Sozialen Medien“ reicht. Viele digitale Techniken, die im Privatbereich (Haushalt), in der industriellen und landwirtschaftlichen Produktion, in Fahrzeugen, in der Wettervorhersage usw. zum Einsatz kommen, beruhen auf der Konstruktion einer spezifischen Wirklichkeit. Es wird, ausgehend von der fundamentalen Bedeutung von Algorithmen, von der „rechnerischen Konstruktion der Wirklichkeit“ gesprochen. Hierin liegt ein bezeichnender Unterschied zu bisherigen menschlichen Konstruktionsverfahren, die *ursprünglich* auf der Basissituation des Vis-à-vis und des unmittelbaren Sehens aufbauten. Ein Beispiel: Dass es den Planeten Kepler 90i gibt, dass er real ist, weiß man nur aufgrund der Auswertung von 14 Milliarden Daten des früheren Weltraumteleskops Kepler. Seine Realität ist, jedenfalls bisher, rein rechnerisch belegt.

Die „rechnerische Konstruktion von Wirklichkeit“ stellt einen Aspekt dar; ein anderer ist die Erfassung von Wirklichkeit, besonders der Mikro-Wirklichkeit, durch Sensoren und Kameras in einem Umfang, wie es die menschlichen Sinne des Sehens, Hörens und Fühlens nicht können.

Hochauflösende Digitalisierungen in 2D oder 3D von Objekten aller Art können Eigenschaften dieser Objekte zum Vorschein bringen, die vorher mit bloßem Auge oder auch der Lupe nicht erkennbar waren. Das ist vergleichbar dem Röntgen von Organen unter der Haut oder der unteren Schichten auf alten Gemälden. Digitalisierung führt wie das Röntgen oder die Computertomografie zu einer erweiterten Realität, zu „augmented reality“.

Diese Basissituation von erweiterter Realität eröffnet gleichwohl den Blick auf potenziell unerschöpfliche neue Welten des Wissens. Sie eröffnet auch den Blick auf die simultane Visualisierung von Wissen und Wirklichkeiten, die nur die digitale Technik erlaubt.

All dies verändert in der historischen Rückschau bereits enorm unsere Wirklichkeitswahrnehmung, weil die Digitalisierung und die digitale Visualisierung unsere Sinneswahrnehmung vom Diktat des Vis-à-vis und des unmittelbaren Sehens – und sei es mit einer Sehhilfe wie dem Fernrohr, über das sich seinerzeit Galilei epistemologische Gedanken machte – befreien. An welchem konkreten Ort sich die reale Welt befindet, wird weniger wichtig, weil sie digital auf dem Bildschirm beliebig zusammengeführt werden kann.

Diese digitale Zusammenführung am Bildschirm stellt auch etwas anderes dar als die Repräsentation bzw. Vergegenwärtigung jener Teile der realen Welt, die uns nicht physisch gleichzeitig zugänglich sind, durch Zeichen- und Symbolsysteme wie Sprache und Schrift.

Die digitale Zusammenführung stellt außerdem nur eine Möglichkeit dar, kein Muss. Auf den Bildschirm kommt nur eine Auswahl aus der digitalisierten/digitalen Wirklichkeit. Die Auswahl erledigen häufig Algorithmen. Objektiv gesehen ist kein einzelner Mensch in der Lage, die theoretisch verfügbare totale Wirklichkeit wahrzunehmen und zu erfassen. Die Totalität nutzt eigentlich nichts. Zwar folgt die Wirklichkeitswahrnehmung (als Voraussetzung der Konstruktion von Wirklichkeit) in der nichtdigitalen Welt ebenfalls dem Auswahlprinzip, aber insoweit sie einen situativen Kontext darstellt, bin ich ihr bis zu einem gewissen Grad ausgeliefert. Ich kann sie nicht wegklicken.

Die Grenze zur digitalen Fiktionalisierung von Wirklichkeit, wie sie in den globalen Blockbustern wie Jurassic World, Star Wars, Godzilla oder Avatar usw. usf. praktiziert wird, ist im Übrigen äußerst unscharf. Man muss lernen, insbesondere wenn man ein „urban digital native" ist, wo sich die Grenze zwischen realer erweiterter Realität und fiktionalisierter erweiterter Realität befindet.

Der entscheidende Unterschied im Verhältnis zu den bisherigen Voraussetzungen, unter denen die soziale Konstruktion von Wirklichkeit sozusagen der konkurrenzlos einzige Weg der Wirklichkeitskonstruktion gewesen ist, besteht in der Kombination von Digitalisierung, erweiterter Realität und KI.

Damit ist eine so umfassende Realitätserfassung und Archivierung verbunden, dass sie eine bisherige Grundvoraussetzung sozialer Wirklichkeitskonstruktion offenbar außer Kraft setzt oder dies über kurz oder lang tun wird: Der geschützte Raum der Privatheit schmilzt dahin, auch die Funktionen des Nichtwissens, des kleinen Geheimnisses sowie des Vergessens für die soziale Konstruktion von Wirklichkeit werden annulliert.

Um zu verstehen, was da passiert, sollte man weniger an George Orwell und Big Brother denken, sondern eine andere Gedankenfolge zulassen. Digitale Videoobjekte, beispielsweise, können für ganz unterschiedliche Zwecke genutzt werden, unter denen Big Brother nur ein denkbarer Zweck ist. Wichtiger ist, dass die Erfassung der Wirklichkeit hier immer weniger weiße Flecken hat, zumal noch hinzukommt, was am Beispiel des Planeten Kepler90i evoziert wurde: Gesehen hat ihn bisher niemand, auch das ehemalige Kepler-Teleskop hat ihn nicht „gesehen", trotzdem ist er Wirklichkeit, da er sich aus empirisch erhobenen Daten errechnen lässt. Dieses Verfahren wird in vielen Zusammenhängen eingesetzt. Das heißt, was wir bisher als Wirklichkeit empfunden haben, wird durch eine Wirklichkeit ersetzt, die potenziell keine weißen Flecken mehr hat, die in diesem Sinn „total" ist. Diese Totalität war bisher in der Geschichte nicht möglich und auch nicht vorstellbar, jetzt wird sie Realität. Aber sie hat eine unheimliche Eigenschaft: Sinnlich ist sie nur bruchstückhaft erfassbar, sie ist nur mittels digitaler Geräte ganz erfassbar. Habe ich kein geeignetes digitales Gerät oder kann ich es nicht so umfassend nutzen, wie ich es müsste, um ungeteilt an der totalen Wirklichkeit teilhaben zu können, gleite ich einen Zustand der Isolation hinein. Digitaler Human(itar)ismus muss dann dafür sorgen, dass das keinem Menschen passiert.

Die mittels digitaler Technologie errechnete Realität, die erst durch digitale Visualisierung „sichtbar" wird, hat eine riesige „Ausdehnung". Sie wird nicht mehr „konstruiert“, sondern – eben – errechnet. Das verändert die Beziehung des Menschen zur sogenannten „Realität“, das bedeutet ein zutiefst humanistisches Problem, dem wir uns stellen müssen.

Andere Formen der Digitalisierung betreffen Maschinen, Haushaltsgeräte, Autos und andere Mobilitätsgeräte, Roboter usw., die mit der entsprechenden Software nicht mehr nur fixe Standardprogramme absolvieren, wie sie es bereits seit Jahrzehnten können, sondern aus jeder Situation lernen können und somit immer unabhängiger von voreingestellten Handlungstypen selbsttätig agieren. Diese Form der Digitalisierung ist mit KI untrennbar verbunden. Die häufigste Frage lautet, ob uns diese intelligenten Geräte in Zukunft nicht nur im Alltag unterstützen und diesen erleichtern, sondern ob sie uns beherrschen werden und uns unsere Entscheidungsfreiheit nehmen, weil sie rationeller, ökologischer, logischer etc. als ein Mensch denken.

Die Begriffe „denken“ und „handeln“ sind hier angebracht, zumal die Grenze zum Menschenroboter unscharf ist. Diese Geräte werden Interaktionspartner des Menschen, und zwar schon jetzt, nicht erst in der Vision vom menschengleichen Roboter, den wir so schnell nicht bekommen werden. Der Interaktionspartner ist aber in der sozialen Konstruktion der Wirklichkeit ein zentraler Aspekt. Berger und Luckmann hatten festgestellt, dass die Alltagswirklichkeit die Wirklichkeit par excellence sei. Was bedeutet es also, dass einige der Interaktionspartner aus der Alltagswirklichkeit Roboter mit KI werden?

Noch sind nicht alle Digitalisierungsprozesse miteinander verknüpft, noch können nicht alle Daten aus allen Digitalisierungen miteinander verbunden und ausgewertet werden. Der Schutz persönlicher Daten, das informationelle Selbstbestimmungsrecht sind Menschenrechte, die dem entgegenstehen. Nicht jede Datenverknüpfung scheint zweckmäßig zu sein, also lässt man sie sein. Je größer die Datenmenge, desto größere Supercomputer und desto mehr davon braucht man. Die kommende Generation von solchen Supercomputern wird mehr als 1 Milliarde Euro pro Anlage kosten, der Stromverbrauch entspricht dem einer Kleinstadt, und die regelmäßig zu startenden Notstromdieselaggregate, um ihre Funktionstüchtigkeit zu testen, verpesten die Luft wie ein Riesendampfer, der seine Motoren mit Schweröl befeuert. Das ist mit den Zielen, den Klimawandel abzubremsen und keine Erderwärmung von mehr als 1,5 Grad Celsius zuzulassen, nicht vereinbar.

Trotzdem ist die Wahrscheinlichkeit, dass immer mehr unterschiedlichste Daten miteinander verknüpft und nach immer neuen Fragestellungen ausgewertet werden, sehr hoch. Das heißt, der Energieverbrauch steigt und steigt, nicht zuletzt aufgrund der immer attraktiveren Blockchain-Technik. KI erlaubt es außerdem, die Generierung von Fragestellungen zu automatisieren. Anschließend wird das umfangreiche Datenmaterial – Big Data – selbsttätig durchsucht und ausgewertet, so dass ich am Ende nur noch entscheiden muss, ob ich mit dem Ergebnis etwas anfangen kann oder möchte; aber auch diesbezüglich kann mir das Programm wohlüberlegte Vorschläge machen. Das funktioniert in Bezug auf Wissenschaft genauso wie in Bezug auf den Alltag, die Alltagswirklichkeit. Je mehr menschliche Gehirntätigkeit durch Rechenleistung ersetzt wird, desto höher steigt der Energieverbrauch und der Verbrauch anderer Ressourcen, die zur Herstellung der Rechner und individuellen Endgeräte benötigt werden. Desto mehr wird zur Erderwärmung beigetragen – es ist im Moment unwahrscheinlich, dass die nötige Energie nur aus erneuerbaren Energien bestehen wird.

Der vom Menschen in Gang gesetzte Klimawandel bedroht den Menschen, und Digitalisierung ist Teil des Problems. Wenn in den 1970er Jahren die Frage nach den „Grenzen des Wachstums" aufgeworfen wurde, muss im Sinne des Digitalen Human(itar)ismus die Frage nach den „Grenzen der Digitalisierung" gestellt werden. In beiden Fällen signalisiert „Grenzen" auch „Begrenzung".

Zurück zur Frage der „Realität": Es werden nicht nur die weißen Flecken aus der Wahrnehmung von Realität verschwinden, es wird nicht nur die Realität erweitert werden können durch Rechenoperationen und „augmented reality" im engeren herkömmlichen Wortsinn, sondern Realität wird dem Einzelnen, trotz aller oben genannten Beschränkungen, in einem nie dagewesenen Umfang zugänglich sein und in einem nie dagewesenen Umfang Handlungs- und Interaktionsoptionen sowie Interpretationsoptionen eröffnen.

Man kann annehmen, dass dies der Autonomie des Einzelnen zugutekommt. Aber was kommt damit auf uns alle zu? Können wir eine solche totale Realität noch bewältigen oder werden wir überfordert sein?

Bisher waren soziale Konstruktion von Wirklichkeit und Gesellschaftsentwicklung ein verschränkter Prozess. Wird das so bleiben? Wird die Autonomisierung des Einzelnen zur Atomisierung der Lebenswelt führen? Was nicht nur die Reduktion oder das Ende von Gesellschaft, sondern auch von Staat und kollektiven Identitäten bedeuten würde. Diese Gefahr besteht, jedenfalls können die Konsequenzen der digitalen Konstruktion von Wirklichkeit derzeit noch nicht hinreichend überblickt werden.

Die Ethik des Human(itar)ismus kann im vorliegenden Fall Orientierung bieten. Die Menschenbildung bedarf unter den Bedingungen der Digitalität eines massiven Schubs. Das Recht auf Teilhabe in vollem Umfang an der digitalen Welt, nicht zuletzt an der digitalen Konstruktion von Wirklichkeit, erweist sich als Überlebensrecht, mithin als Menschenrecht. Wenn eine Gesellschaft es zuließe, dass nicht alle Mitglieder in den Prozessen der Digitalisierung mitgenommen werden, würde sie der Menschenwürde unter den Bedingungen des Digitalen Zeitalters teilweise die Grundlage entziehen.

An der Wirklichkeitskonstruktion teilzuhaben, war bisher für Menschen etwas Gegebenes. Unter den Bedingungen der Digitalität ist es das nicht mehr. Es besteht die Gefahr, dass die beschriebene digitale Konstruktion/Errechnung der Wirklichkeit nur mehr von einer „digitalen Elite" bewerkstelligt wird.

Hierauf muss der Digitale Human(itar)ismus sein Augenmerk richten und den Maßstab von Menschenbildung, Menschenwürde und Menschenrecht in den Mittelpunkt der Diskussion rücken.

Of wicked wizards and indigo jackals

Legal regulation of privacy and identity in cultural comparative perspective[1]

Burkhard Schafer

I. Privacy between universalism and localism

In her book "Überleben in Freiräumen", Marie Theres Tinnefeld offers us twelve vignettes that show the interdependence between architecture, ecology and law to create "survival spaces", spaces conductive and necessary for human flourishing. She develops a normative anthropology, a conception of human flourishing and of what humans need to live well. On the basis of such a normative anthropology, our Human Rights canon becomes intelligible. It prescribes the boundaries that states are obligated to create – and themselves to observe and respect – to create these "free spaces" within which human autonomy and self-determination can be realised.

At this point however, we encounter an inevitable tension. On the one hand, Human Rights claim universal validity, expressed in particular in the Universal Declaration of Human Rights. From this perspective, they are grounded in human nature and express cultural universals that transcend national boundaries, traditions and jurisdictions. On the other hand, the book traces back the specific expression that the right to privacy took, and indeed the specific understanding of the role of "rights" and the law, to highly contingent historical developments in Europe. Discussed are the role of Greek philosophy and later Christianity, whose ideas and concepts then became secularised and transformed during the Enlightenment, but still show traces of their origin in religious discourse. Other contingent events also played a role in shaping the specific form the *legal* expression of Human Rights has taken – the European wars, the history of oppression and intolerance, feudalism and absolutism against which they are developed as a

[1] This paper benefited greatly from working with Rowena Rodrigues during her time in Edinburgh. Some of the research that informs this paper comes from her PhD thesis, *Rodrigues*, Revisiting the legal regulation of digital identity in the light of global implementation and local difference, University of Edinburgh, 2011. Research for this paper was supported by Creative Informatics AH/S002782/1; as per University of Edinburgh policy, for the purpose of open access, the authors habe applied a Creative Commons Attribution (CC BY) licence to any Author Accepted Manuscript version arising from this submission.

foil in a dialectical process over centuries. This then raises an obvious question: How can it be that a universalist conception of human flourishing can be so intimately linked to contingent historical developments? If the expression of these rights is so visibly mediated by local cultural expressions that encompass architecture, gardening, religion, literature, and music, why should we assume that they transcend these contexts? These cultural traditions all provide modes of thinking, metaphors and analogies that are harnessed by Tinnefeld to bring her analysis of "free spaces" to life – but in doing so also create the risk to tie the discussion even more closely to a uniquely European understanding.

One part of the answer that Tinnefeld explored in her writing is the tension between privacy and other fundamental Human Rights such as Freedom of Speech. Even within Europe, and even more so when we expand our perspective to include also the US, different jurisdictions resolve these tensions in different ways, sometimes emphasising e.g. privacy, sometimes freedom of speech, some put more trust in the benevolence of state authorities and permit greater intrusion in the name of the protection of security, others less so. How these tensions are resolved is then also shaped by different historical experiences, cultural norms and social expectations. For instance, countries where state abuse of surveillance powers is still in living memory may strike the balance differently from those where concerns about state surveillance are more abstract and theoretical, something that might help to explain different approaches to data protection in the UK and Germany respectively. While this opens up the space for cultural differences and contextual sensitivity, we can ask if there are more radical ways to rethink privacy from a global perspective.

Technology companies operate globally, and with the majority of social media users living in the "global south", the question whether this ever-growing group of users are adequately protected by western-centric privacy conceptions is extremely pressing. Comparative lawyers have for a long time warned of the dangers in transplanting legal concepts across cultural boundaries.[2] Just as with biological transplants, legal transplants can lead to autoimmune reactions, where the imported concept is rejected by the receiving body, and either rendered non-functional, or worse, dysfunctional.[3] For the GDPR and the "Brussel effect" that saw countries outside Europe instigating similar legislative projects, this provides a challenge.[4] The global reach of data-hungry technology

[2] So e.g. *Legrand*, Maastricht journal of European and comparative law 1997, 111; *Legrand*, Negative Comparative Law: A Strong Programme for Weak Thought, 2022.

[3] The term legal transplant was coined in 1974 by Alan Watson, who saw it as a largely benign and affiant driver of legal change: *Watson*, Legal transplants: an approach to comparative law, 1974; see also *Cairns*, Ga. J. Int'l & Comp. L. 2012, 637. The metaphor however allowed subsequent commentators also a more critical use of the term as potentially dangerous. So e.g. *Teubner*, The modern law review 1998, 11.

[4] On the Brussel effect see *Bradford*, Northwestern University Law Review 2012, 1. Specifically for data protection see *Bygrave*, Computer Law & Security Review 2021, 105460.

companies makes the idea of learning from successful regional initiatives prima facie tempting, and emphasising local cultural differences can and has been used as a strategy by them to avoid more stringent legislation in emerging markets.[5] But the discussion on legal transplants also acts as a reminder that the success of a law in one legal culture very often does not guarantee the success of its transplant into a different environment.

More recently, academics have begun to "de-colonise" the privacy discourse, and to develop more inclusive privacy policies.[6] There are (at least) two dangers that the unthinking transfer of western privacy conceptions to other cultures faces: the first is the danger that the wider legal, social, cultural and political environment within which they find themselves render them ineffective – underenforced, ignored or circumvented. This can happen when the inscribed normative assumptions create a mismatch with local social norms. Rodrigues describes one such example: In rural India, the winner of a competition receives a smartphone from a large, US based technology company that uses its Terms and Conditions, designed with US users in mind, also in this environment. One of the conditions is a prohibition to share login credentials. While this may make sense for users in New York or London, in the Indian village it would equate to social suicide: as the only smartphone in the village, there would be a strong social expectation of sharing this vital asset and turning individual property to something more akin to communal property. The Indian user, facing a conflict between the social reality of communal village live and the terms and conditions hidden deeply in a legal document, will in all likelihood not comply with the stipulated formal rules. This however means that being technically in breach of their contract, the technology company can now offload all the risks to the user. A much better outcome would have been to require the company to design methods for safe sharing that respect communal values, buttressed by T&Cs that do not force their customers into a choice between unacceptable (legal) risks or unacceptable behaviour.[7]

Even more worrying than the possible inefficiency of transplanted legal concepts is the possibility that they actively cause harm. In the privacy field, this is a challenge raised by authors such as MacKinnon and Nussbaum.[8] Nussbaum,

---

[5] See e.g. *Wong*, Philosophy & Technology 2020, 705; *Birhane*, SCRIPTed 2020, 389.

[6] See e.g. *Arora*, Television & New Media 2019, 366; *Couldry/Mejias*, Television & New Media 2019, 336.

[7] *Rodrigues*, Revisiting the legal regulation of digital identity in the light of global implementation and local difference, University of Edinburgh, 2011, 66; *Chavan*, A dramatic day in the life of a shared Indian mobile phone, International Conference on Usability and Internationalization, 2007; *Konka*, in: Lindholm/Keinonen (eds.), Mobile Usability: How Nokia Changed the Face of the Mobile Phone, 2003.

[8] *MacKinnon*, Feminism unmodified: Discourses on life and law, 1987; *Nussbaum*, Boston Review 2020, https://bostonreview.net/articles/martha-c-nussbaum-privacy-bad-women/ (last accessed: 2nd June 2022).

analysing the way in which the privacy discourse was instrumentalised in India by the courts, argues that the focus on privacy could reinforce a division between the private and the public that in a patriarchal society exposes women to unacceptable risks, including, ironically, privacy risks. Nussbaum notes that we can discern conceptions of privacy in Indian legal culture that predate colonialism, and are therefore not themselves legal transplants.[9] Spatial privacy has been recognized in Hindu law, with ancient cases discussing for instance how installing new windows or doors that enable intrusive views on someone's home impact on a customary "right of privacy".[10] While these could be seen as evidence for a universalist conception of privacy, however, these privacy conceptions were often tied to a social understanding of modesty that was highly gendered. Building on the work of MacKinnon, she argues that the distinction in law between public and private spheres has historically been instrumentalised to deprive women of the equal protection of the law. In the western tradition, this can be traced back to the Aristotelian distinction between *polis* and the *oikos*. In the polis, the public sphere, men act as "equals among equals", subject to public law and the requirements of justice. In the private sphere by contrast, men's rule is unconstrained by public laws, so that they rule like kings.[11] Privacy in these contexts means the retreat of the state from its role to guarantee liberty for all. For India, Nussbaum shows the same dynamic. The 9th chapter of the Manusmṛiti for instance describes women as inherently untrustworthy, and in need of constant surveillance in the confines of the household:

2. Day and night woman must be kept in dependence by the males of their families, and, if they attach themselves to sensual enjoyments, they must be kept under one's control.

3. Her father guards her in childhood, her husband guards her in youth, and her sons guards her in old age; a woman is never fit for independence.

5. Women must particularly be guarded against evil inclinations, however trifling (they may appear); for, if they are not guarded, they will bring sorrow on two families.

The Manusmṛiti (Laws of Manu) is one of the oldest and most important Sutras that lay down rules for appropriate social behaviour.[12] While not technically speaking a legal text (in the sense of officially enforced laws issued by a sovereign), the multi-authored work nonetheless gives a detailed account of social norms over an extended period of Indian history. It was also one of the first

---

[9] She cites in particular *Ahmed-Ghosh*, in: Hasan (ed.), Forging Identities, 1994, 169ff.

[10] *Kane*, Hindu customs and modern law, 1950, 99–100 as cited in *Nussbaum*, Boston Review 2020, https://bostonreview.net/articles/martha-c-nussbaum-privacy-bad-women/ (last accessed: 2nd June 2022).

[11] This distinction was at the centre of *Arendt*, The human condition, 2013, 22ff., though for her, arguably, the distinction was benevolent. For a feminist critique along the lines outlined here see *Long*, Philosophy & social criticism 1998, 85.

[12] *Olivelle*, in: The Cambridge Handbook of Law and Hinduism, 2009, 112ff.

Sanskrit texts to be translated into English in 1776. This allowed it to become also an important tool for the East India Company, facilitating the governance of their enclaves through the construction of a Hindu law codified along western models.[13] According to Nussbaum, this co-optation of traditional legal ideas into the colonial legal system brought the dangers of legal transplants to the fore: The European conception of privacy – an Englishman's home is his castle – acted so to speak as an "accelerant" to the social rules of pre-colonial Indian society, and created in the process a toxic (auto-immune?) reaction that further disempowered women. "Privacy" in this environment turned the domestic sphere into a lawless domain: "privacy" became a tool to justify the refusal of the state to intervene in abusive domestic relations.

Following Nussbaum, this too ultimately served the ends of the colonial masters: while Indians became disempowered in the public sphere, the "sweetener", at least for men, was the promise that they could now rule like kings in their own household – "the last pure space left to a conquered people."[14] The combination of codified English privacy conceptions with social norms resulted in increased surveillance of and control over women in the domestic sphere.

This withdrawal of the state from the enforcement of laws in the context of the home under the banner of "privacy" outlasted the empire, and became a legal trope also in post-colonial India. Nussbaum discusses in particular how post-independent courts in India evoked privacy to protect the husband's right to "restitution of conjugal rights" – a legal action by the husband that petitioned the court to restore his access to intercourse against an unwilling partner.[15]

This idea of forcible restitution of conjugal rights through a tort law action was British in origin too, but had found its way into the Hindu Law of Marriage. Nussbaum shows how the concept of "marital privacy" protected this concept from constitutional challenges: Sareetha Subbaiah, a famous actress, was sued for restitution of conjugal rights by her husband, Venkata. She had married him while still a high school girl, and the two had separated before her career began. In what seemed initially a triumph of constitutional protection, including a constitutional right to privacy, over pre-independence family law, Justice Choudary declared the relevant section of the Hindu Marriage Act unconstitutional.[16] While a constitutional right to privacy had been recognised in

[13] *Romila*, Early India: From the origins to AD 1300, 2002, 2f.

[14] *Nussbaum*, Boston Review 2020, https://bostonreview.net/articles/martha-c-nussbaum-privacy-bad-women/ (last accessed: 2nd June 2022), 10 where she cites *Sarkar*, Economic and Political Weekly, September 4, 1993, 1869 to show how "ancient traditions" that gave males unfettered control were invented at that time by Hindu nationalists and, paradoxically, enforced and entrenched through colonial law.

[15] See e.g. *Agarwala*, Journal of the Indian Law Institute 1970, 257–268. See also *Uma*, International Journal of Law, Policy and the Family 2021, ebab004.

[16] T. Sareetha vs T. Venkata Subbaiah, AIR 1983 Andhra Pradesh 356, cited in *Nussbaum*, Boston Review 2020, https://bostonreview.net/articles/martha-c-nussbaum-privacy-bad-

earlier cases of police surveillance, an application to the control of husbands over their wives was unprecedented.

„The remedy of restitution is „a savage and barbarous remedy, violating the right to privacy and human dignity guaranteed by Art. 21 of the Constitution."

Drawing extensively on American case law and legal theory, he continued:

„[I]t cannot but be admitted that a decree for restitution of conjugal rights constitutes the grossest form of violation of an individual's right to privacy. Applying Professor Tribe's definition of right to privacy, it must be said that the decree for restitution of conjugal rights denies the woman her free choice whether, when and how her body is to become the vehicle for the procreation of another human being. Applying Parker's definition, it must be said, that a decree for restitution of conjugal rights deprives a woman of control over her choice as to when and by whom the various parts of her body should be allowed to be sensed. Applying the tests of Gaiety and Bostwick, it must be said, that the woman loses her control over her most intimate decisions. Clearly, therefore, the right to privacy guaranteed by Art. 21 of our Constitution is flagrantly violated by a decree of restitution of conjugal rights."

While this decision seemed to demonstrate the liberating potential of a constitutional right to privacy, for Nussbaum it was a pyrrhic victory at best. Grounding the decision in privacy rights enabled subsequent courts to re-affirm the notion of marital privacy, and so to undercut the reasoning completely. Just five months later, the Delhi High Court was therefore able to evoke privacy to come to the exact opposite result in a new case (my highlights):

„Introduction of Constitutional Law in the home is most inappropriate. It is like introducing a bull in a china shop. It will prove to be a ruthless destroyer of the marriage institution and all that it stands for. *In the privacy of the home* and the married life neither Art. 21 nor Art. 14 have any place. In a sensitive sphere which is at once intimate and delicate the introduction of the cold principles of Constitutional Law will have the effect of weakening the marriage bond."

– *Delhi High Court, in* Harvinder Kaur v. Harmander Singh, *1984*[17]

A year later, the Supreme Court would affirm the judgment of the Delhi High Court, and with that the constitutional legitimacy of restitution of conjugal rights.[18] Nussbaum concludes:

„In short, anyone who takes up the weapon of privacy in the cause of women's equality must be aware that it is a double-edged weapon, long used to defend the killers of women."[19]

---

women/ (last accessed: 2nd June 2022), 14. She also discussed this case in her book "Sex and Social Justice", 1999.

[17] https://indiankanoon.org/doc/191703/ (last accessed: 2nd June 2022).

[18] Smt. Saroj Rani vs Sudarshan Kumar Chadha on 8 August 1984, https://indiankanoon.org/doc/1382895/ (last accessed: 2nd June 2022).

[19] *Nussbaum*, Boston Review 2020, https://bostonreview.net/articles/martha-c-nussbaum-privacy-bad-women/ (last accessed: 2nd June 2022), 10.

We find the same ambiguity of the role of privacy also at play in a field particularly close to Tinnefeld's heart, the design and layout of gardens. We know of the Hindu gardens of ancient India only from descriptions, as none survived the rise of the Mughal Empire.[20] The Rajpul rulers however incorporated ideas from the Mughal gardens into their design. In both we find the expression of the architectural concept of the Zenana, (literally „belonging to women"), which refers in this context to a part of a dwelling separated by walls which is reserved for the women of the household.

Zenana are the build expressions, or "enforcement by architecture", of the concept of purdah, the seclusion of women in some Muslim, Sikh and Hindu societies. When transferred to the garden environment, there too walls create enclaves for women only (with access rights, inevitably, for male relatives). Herbert, in "Flora's Empire" reports that one of the design prescriptions for these garden walls was that they had to be high enough that a man standing on an elephant could not peek over them.[21]

How can we make sense of such a requirement? Is it a privacy-enhancing technology that protects women from the male gaze?[22] Or are these prison walls, "gilded cages" in the words of Herbert's source, the British travel writer Fanny Parks?[23] Depending on one's perspective, every wall can be a protection to keep the outside world at bay, or a prison wall that confines those who are inside.

Nussbaum's analysis has not been without criticism, and her case against privacy may be weaker than this paper may have indicated so far. Vakharia, in her reply to Nussbaum argued forcefully that more recent Indian Supreme court decisions such as Justice KS Puttaswamy v. Union of India (Puttaswamy) and Navtej Singh Johar v. Union of India affirmed a constitutional right to privacy with potentially far-reaching consequences for woman's rights in India.[24] Similarly, Sarkar argued in a comprehensive historical analysis of privacy conceptions in Indian culture and history that while there are indeed court decisions that misused privacy to entrench visions of the ideal family, these are

---

[20] Bowe, Garden History, 2016, 272.

[21] Herbert, Flora's Empire: British Gardens in India, 2011, 12.

[22] This line of argument that sees these conventions as protecting, or even empowering, can be found e.g. in Feldman/Shelley/McCarthy, Journal of Marriage and the Family 1983, 949 or, with a focus on dress codes, in *Mir-Hosseini*, in: Women and politics in the third world, 1996, 145ff.

[23] So *White*, Frontiers: A Journal of Women Studies 1977, 31; *Haque*, South Asian Studies 2010, 303. For an account that traces the development through literature, from a (potentially) empowering beginning to an oppressive presence, see *Asha*, ICFAI Journal of English Studies 2008, 41.

[24] *Vakharia*, Law Rev. Gov't LC 2019, 37. Similarly *Bhatia*, The Constitution and the Public/Private Divide: T. Sareetha vs. Venkatasubbaiah (July 30, 2017). Available at SSRN: https://ssrn.com/abstract=3010972 or http://dx.doi.org/10.2139/ssrn.3010972 (last accessed: 2nd June 2022) in a similar vein. On the other hand, supporting Nussbaum, see *Mookherjee*, J. Indian L. & Soc'y 2017, 43.

demonstrably "wrong decisions" on both doctrinal constitutional and historical-sociological grounds, and should therefore not be taken as a statement of the role of privacy in Indian law, nor as a reason to doubt its liberating potential.[25]

This paper does not aim to resolve these issues. Neither does it offer a grand theory of privacy in non-western cultures. Rather, as a provocation, it will give three vignettes, based on popular Indian folk tales and religious "sagas".[26] The hope is that these will help to build a context sensitive and culture specific understanding of privacy that at the same time helps finding common ground between different traditions. One function of fables, myths and sagas is to find a shared vocabulary that is intuitively appealing, and in this way creates a type of understanding that is also conductive to trust, overcoming the issues identified above in the story of the "Indian smart phone" and its T&Cs.

II. Telling stories about privacy

The aim of this section is to show how concepts from pan-Indian fables and soties, and also religious imagery, can shed light on how conceptions of identity and privacy can be reconstructed that can underpin legal and other regulatory solutions to online identity assurance.

While there have been attempts to describe Indian culture as communitarian, collectivist or non-individualist, the better empirical studies qualified these typically as "tendencies", not absolutes.[27] There is no such thing as a monolithic "Indian legal mentality", cultures are internally too fragmented, diverse and heterogeneous to allow such a reification.[28] This is particularly true for India. Above we saw some aspects of the complex interaction between the colonial reception of English common law that left Hindu law as a parallel legal system. We can add to this complexity also the economic and social differences between affluent urban elites and impoverished, rural communities, and also the diversi-

---

[25] *Sarkar*, Journal of Indian Law and Society 2021, 53.

[26] This term is borrowed from the theological writing of Karl Barth, and aims at a more neutral characterisation than "myth" or "mythology" when talking about religious texts in their narrative, story-telling dimension. For Barth, Genesis provides a "saga of creation", a text where the answer to the question "is it literally true" is not "right" or "wrong", but "is a misguided question that misses the point of the story entirely. See *Barth*, Church Dogmatics Study Edition 13: The Doctrine of Creation III. 1 §40–42, 2010, 65 ff.; see also *Wallace*, The journal of religion 1988, 396.

[27] For the privacy discourse, and a juxtaposition of "individualistic, western conceptions of privacy" vs. possible communal conceptions, see on the alleged lack of privacy concerns in India, and a nuanced "relativistic" account *Basu*, Indian JL & Tech. 2010, 65.

[28] *Schafer*, Social Epistemology 1999, 113.

ty of religions – from Christian[29] and Islamic[30] minorities to the rich tapestry of Hinduism, which ranges from atheist philosophies[31] to polytheistic approaches[32] to monotheism.[33] In addition, we find several hundred linguistic groups[34] and their associated cultures.

The attempt to derive a concept of privacy and digital identity from a small selection of cultural narratives is therefore by no means to be understood to speak "authoritatively on behalf" of these communities. Rather, its tries to find concepts and ideas that are of more immediate intelligibility across communities, and in this way set free the heuristic, problem-solving potential of law, while avoiding stereotyping or reifying "Indian culture" beyond what the empirical evidence suggests.

In addition to the "high philosophy" that is used to develop a culturally situated notion of legal protection of digital identity, there are numerous other, pan-Indian stories, folklore tales and narratives that can also be utilised, first, to communicate these legal ideas to an Indian audience, and second, to shape and educate their understanding of the dangers, obligations and rights that come with an online identity and lives lived in cyberspace. As a result, these stories form a web that grounds our attempt to find a culturally situated right to identity that is communicated through shared stories and narratives.

We can here but briefly give three examples of the "common narrative capital" of Indian culture that are particularly pertinent for situating online privacy rights.[35]

1. Privacy enhancing technologies in the presence of the Gods

In one of her works on the importance of gardens and their connection to privacy, Tinnefeld references the story of the Garden of Eden, the foundational Christian saga (in the Barthian sense). From a privacy perspective, this is a highly ambiguous account however. Before the Fall, the Garden of Eden, for all its pleasures, was an example of total surveillance – inevitable with an omniscient and omnipresent deity. Is there a need to be worried about such unlimited control? Maybe not, as God is not just omniscient and omnipresent, but also omnibenevolent, so we can trust Him not to abuse what he knows. But is this line

[29] *Frykenberg*, Christianity in India: From Beginnings to the Present. Oxford History of the Christian Church, 2008.

[30] *Wright*, The Journal of Asian 1964, 253.

[31] *Sen Gupta*, The Evolution of the Sāṃkhya School of Thought, 1986.

[32] *Danielou*, The Gods of India: Hindu Polytheism, 1985.

[33] *Matchett*, Krsna, Lord or Avatara? the relationship between Krsna and Visnu: in the context of the Avatara myth as presented by the Harivamsa, the Visnupurana and the Bhagavatapurana, 2000.

[34] *Simpson*, Language and national identity in Asia, 2007.

[35] For a very comprehensive account, see *Narayan*, Storytellers, Saints and Scoundrels: Folk Narrative in Hindu Religious Teaching, 1989.

of argument not akin to saying that he who has nothing to fear has nothing to hide? Hiding is of course the first thing Adam and Eve did – their nakedness, through the fig leave, and also themselves, to escape punishment:

Then the eyes of both of them were opened, and they realized they were naked; so they sewed fig leaves together and made coverings for themselves.

Then the man and his wife heard the sound of the Lord God as he was walking in the garden in the cool of the day, and they hid from the Lord God among the trees of the garden.

This, of course, was inevitably futile, and their punishment was severe. The first attempt by humans to develop privacy-enhancing technology (biodegradable and locally sourced!) ended in disaster, not just for them, but also for their descendants, and their descendants' descendants. In India too, we find a saga about privacy-enhancing technologies in the context of a creation saga, but here the end is very different.

One day the Goddess Parvathi was getting ready for her bath and needed someone to guard her chamber, having experienced unwanted intrusion by her husband and some of the other Gods before.[36] Together with two female friends, Jaya and Vijaya, they scraped the sandalwood paste from her body, and from this she created a beautiful young boy and gave him life. He became her trusted guardian of her chamber against *all* incomers.

Now it so happened that her husband, Lord Shiva, first among the Gods, returned home. There he now found a stranger standing guard at the entrance to his wife's chamber and blocking his entry. He asked, "Who are you and why are you blocking my path?" The boy replied "No one enters my mother's chamber." Shiva sent his servants, powerful beings in themselves, to remove this obstinate obstacle, only to see them defeated by the skilful use of the boy's weapon, and many of them destroyed. Shiva got increasingly angry, sending more and more of his fearsome servants against the child, and then also some of the other male Gods. But the boy did not move and stood his ground. Angry and not in the least amused at being disobeyed, Lord Shiva had to use all the magic weapons at his disposal, all his skills and all his cunning to overcome the guardian of his wife's chambers. But eventually, he prevailed by brute force, and in his anger he cut off the boy's head.

When Parvati heard what had happened to her protector, she became enraged. So enraged did she become that she decided to destroy all of creation in a gigantic flood. The very future of all that is was in the balance, as her wraths not only overpowered the other deities, but threatened to unravel creation itself. Lord Brahma himself pleaded with her to reconsider. Which she did, eventually, but not unconditionally: first, her husband had to bring her guardian back to life,

[36] There are several accounts of the birth of Ganesha, the one used here is a synthesis of *Shiva Purana* IV. 17.47–57 and *Matsya Purana* 154.547.

and second, her creation was to be given prominence over all other gods in prayer.

Shiva had little choice but to agree to Parvati's conditions, as her destructive power matched his own. But what to do with the mutilated body that was missing its head? He ordered his followers to bring the head of the first creature that they would find. When they returned, they brought with them the head of a powerful elephant. Connecting the head to the body, Lord Braham himself breathed new life into him. From then on he was known as Ganesha, and in accord with the agreement given the status as the foremost among the Gods in prayer.

This story can be seen as a powerful counter-narrative to the male-dominated account of the private sphere in the law that we saw above. Here, respect for privacy even protects against one's own husband – and even if he happens to be the foremost of the Gods. Transgressing boundaries and overcoming privacy-enhancing technologies – even for someone who has in principle a right to access to a space – results in severe and very public punishment. While the domestic conflict is not technically resolved through trial, the invocation of Lord Brahma and his intercession as a third party does involve an element of official arbitration through an independent authority. Privacy, we learn, is a value worth protecting with one's life if necessary, and those who overstep the boundaries others are setting face repercussions. Just as with the Genesis account of the Garden of Eden, it is also a creation saga – but one where Parvati takes a creative role that is in marked opposition to the common view of woman as passive receptacle for the male seed.[37]

2. *Of jackals and other miscreants*

The second story I want to tell is less obviously about privacy. It is a story about deception, identity and how it can be assured. The connection to our topic is strong however. It is in the context of digital identity management systems, most notably Aadhaar, that Indian law developed its most current and strongest privacy regime.[38] The Aadhaar system is a digital identity management system that uses a 12-digit unique identity number based on biometric and demographic data. With over 1.3 billion users, Aadhaar is the world's largest biometric ID system. Biometric information can be in the form of fingerprints, Iris scans and, at least in the near future, facial recognition technology.[39]

---

[37] *Vanita/Kumkum*, in: Vanita/Kidwai (eds.), Same-sex love in India, 2000, 81 ff.

[38] On Aadhar see e.g. *Chaudhuri/König*, Contemporary South Asia 2018, 127; *Madon/Ranjini/Krishnan*, Information Technology for Development 2022, 1.

[39] https://www.ndtv.com/business/aadhaar-authentication-via-face-recognition-from-july-how-it-will-work-1800194 (last accessed: 2nd June 2022).

To administer the system, a statutory authority, the Unique Identification Authority of India (UIDAI), was established, and in 2016, in response to critical court decisions, the Aadhaar (Targeted Delivery of Financial and other Subsidies, benefits and services) Act 2016 was enacted to provide legal foundations. Aadhaar is used to deliver social benefits and health programs, identifying citizens entitled to support, even though it is not a national ID document. It has also been used for more straightforward surveillance purposes, e.g. to police workplace attendance by civil servants.

The system was controversial on privacy grounds very much since its inception.[40] Legal challenges against it resulted in the most explicit recognition of a constitutional right to privacy in India yet, even though the core of Aadhar survived these challenges. In 2013, and before the enabling legislation had been enacted, the Supreme Court issued an interim order that enjoined the government to not deny a service merely because a resident was not in possession of an Aadhaar number, affirming its voluntary nature.

In 2017, the Indian Supreme Court delivered the landmark decision of Puttaswamy v. Union, which finally established the right to privacy as a constitutional right.[41] In 2018, the Supreme Court delivered its long expected verdict against a number of specific challenges against Aadhaar and its de-facto mandatory use for several private sector initiatives. In its judgement, the court upheld the Aadhaar legislation in principle, but stipulated that the Aadhaar card must not be required even by private sector entities for opening bank accounts, getting a mobile number, or being admitted to a school, and also ruled some sections as unconstitutional on privacy grounds[42].

The story of the blue jackal, one of the most popular children fables in India, will allow us to contextualise some of the questions surrounding identity, change of identity and privacy in systems such as Aadhaar. We will then look at the fable through the lense of different digital identity architectures, before drawing some comparisons with the GDPR, especially its "right to be forgotten": should this right also be understood as a right to radically re-invent oneself, and leave one's (data) past behind?

---

[40] See e.g. *Chaudhuri*, Information Technology for Development 2021, 37; *Masiero/Arvidsson*, Information Systems Journal 2021, 903; *Gopichandran et al.*, Bulletin of the World Health Organization 2020, 277; *Tyagi/Rekha/Sreenath*, Is your privacy safe with Aadhaar?: an open discussion, 2018 Fifth International Conference on Parallel, Distributed and Grid Computing *(PDGC)*, IEEE, 2018.

[41] https://globalfreedomofexpression.columbia.edu/cases/puttaswamy-v-india/ (last accessed: 2nd June 2022).

[42] https://www.bqprime.com/aadhaar/aadhaar-a-quick-summary-of-the-supreme-court-majority-order (last accessed: 2nd June 2022), see Anand, Journal of Science Policy & Governance 2021, 1; *Singh*, Information, Communication & Society 2021, 978.

The indigo jackal:

This tale is a version of the story of the blue jackal taken from the Pūrnabhadra recension of the *Pancatantra*.[43]

A jackal named Ćandarava lived in a cave in the forest. One day, hunger drove him into a nearby city. While he was foraging for food in the bins, some mongrel dogs spotted him, and then viciously attacked him, the foreign interloper. Petrified, Ćandarava fled as far as his legs could carry him in search of a place of safety. He jumped through the nearest window and fell into a vat of indigo dye. When his pursuers gave up the chase, he exited the barrel: but lo and behold, he was now in a brilliant indigo colour, from snout to tail.

The other animals, on seeing such a strangely coloured animal, were taken aback: They had never seen a creature like him before. They wondered who he was and where he had come from, recalling an ancient saying:

When you do not know someone's strength,
Or his lineage or conduct,
It is not wise to trust him –
And that is in your best interests.

When Ćandarava realised that the other animals were distrustful of him, he called upon them: „My dear friends, be not scared of me, or run away from me in terror. The sovereign gods have anointed me as your King – to rule over you. Come to me and I will protect you."

Hearing this proclamation, the forest creatures big and small – the lions, tigers, monkeys, elephant, deer, leopards, hares and all the others came forth and paid their respects to their new King. He then appointed his cabinet – the lion as his chief minister, the tiger as his chamberlain. The leopard was given control over the royal beetle casket; the elephant was made the royal doorkeeper while the monkey was made the bearer of the royal umbrella. However, all the jackals were banished from the kingdom.

All was well for a while. One day though, while Ćandarava was holding court, he heard some jackals howling. Feeling an irresistible urge to respond to the call of his pack, Ćandarava howled back on the top of his voice. But you cannot imagine how aghast, appalled and antagonised his "loyal" courtiers, ministers and hangers-on in the court were when they heard the howl. As Ćandarava's true identity became apparent, they recognised that they had bowed their legs to an inferior, an outcast and an imposter. And before you can say "Tiger, Tiger, Burning Bright" Ćandarava's chamberlain broke his neck with his paw and ripped open his jugular with his teeth.

The Panchatantra is a collection of ancient animal stories built on political strategies and statecraft. It plays a very important part in Indian literature and

---

[43] See *Visnu Sarma*, The Pancatantra, translated by Rajan, 1993.

philosophy and was said to rank only second to the Bible in world circulation.[44] According to Hertel, as early as 1914, there were over 200 versions in fifty languages.[45] It has had a profound influence on world literature[46] and has been subject to work and re-work, revision, expansion, abstraction, conversion into prose, verse, translation and re-translation.[47]

The authorship of the Panchatantra is often attributed to Visnu Sarma, a renowned teacher from Mahilaropya.[48] The most common, but possibly itself mystical, story has Visnu Sarma appointed by king Amara Sakti to instruct his three young sons, and awaken their judgement and learning. A number of teachers had tried to educate the princes and had failed miserably. Sarma came up with the method of using real life experiences set in stories that would encourage the thought process through human and animal role plays. For our purpose this reinforces the point that these fables and stories are not just an entertaining collection of tales; they had a purpose and were meant to be instructive and educational, and giving normative advice on "how to act properly".[49]

We can now see how the tale of the indigo jackal could be used in an Indian context to make digital ID systems and privacy laws intelligible. Like Ćandarava, people visit varieties of (virtual) "worlds" to satisfy their needs, conduct ecommerce transactions on the net, socialise, entertain themselves, seek health and other information and communicate with loved ones. If a need is not fulfilled in one virtual world, domain, chat room, or by an email provider, users seek out another that best satisfies their needs. In the real-life context, people who are not happy with the money they earn change jobs or move home in search of employment to another country.

But borders are protected by customs and immigration, and cities are patrolled by police to protect citizens and residents and to maintain law and order. The mongrels ensure that only "approved identities" enter the city – in the online world, their role is played by digital identity management companies, websites, login screens, ISP's, universities, employers, and the government. All these engage in some form of gate keeping and control. Ćandarava was lacking the appropriate credentials, and was hence chased away.

Ćandarava, in his attempt to flee the mongrels, fell into a vat of indigo dye and was coloured indigo all over. This is symbolic of a change in identity, for in

---

[44] *Winternitz*, DLZ 1910, 2693.

[45] *Hertel*, Das Pañcatantra, seine Geschichte und seine Verbreitung: Gekrönte Preisschrift, 1914.

[46] See *Macdonell*, India's past: a survey of her literatures, religions, languages and antiquities, 1994.

[47] Edgerton (ed.), The Panchatantra reconstructed: an attempt to establish the lost original Sanskrit text of the most famous of Indian story-collections on the basis of the principal extant versions. Vol. 2. American oriental society, 1924.

[48] See *Visnu Sarma*, The Pancatantra, 2006.

[49] *Naithani*, Marvels & Tales 2004, 272.

Ćandarava's case his colour represented a very important aspect of his self and who he was. The reaction of the animals to this change is interesting: on one hand, they cannot trust him – as the quote above indicates, trusting someone requires to "know who they are", their lineage and heritage. In an online world, this corresponds to the trust rating associated with e.g. a digital identity as an ebay seller and the track record they build over time.[50] Losing your identity also means to lose this type of "accumulated trust", your data-past that allows you to be trusted in the present. In GDPR terms, had there been "data portability", Ćandarava might have been able to gain the trust of the other animals sooner – provided that he is was able to disclose only some, but not all of his old self.

Ćandarava first saw definite positive benefits of his changed identity (his indigo colour) when he escaped from a potentially fatal attack by the mongrels. This corresponds to the liberating potential of online identities, and the loose connection they may have with offline reality – freeing yourself from the accidents of birth and the constraints it can bring with it. This issue has particular salience in the Indian context, where the politics of caste and caste membership left an enduring legacy even after their abolition in post-colonial India.[51] The British administrators, seeing it as a convenient mode of divide and control, had been all too willing to integrate the system into their administrative apparatus. Public opposition to the Aardhaar system stems in good parts from the experience with the use of bureaucratic control that connected cast membership with modern forms of governmentality. The fear that it allows to identify family relations, and with that inherited caste membership, is particularly strong amongst those who try to shred their connection to this past identity.[52]

Let us now explore the nuances of Ćandarava's new identity in depth. Using the classificatory system of Windley[53], the fact that Ćandarava was a jackal represented a trait (feature of the subject; however, Windley perceived a trait as being inherent). So therefore, Ćandarava's new colour could be an attribute. For Windley attributes are "things like medical history, past purchasing behaviour, bank balance, credit rating, dress size, age, and so on."[54] Ćandarava's proclamation that he was sent by God coupled with his uniqueness was his credential.[55] One might suggest that this credential was flawed, but it was this credential in

[50] *Patton/Jøsang*, Electronic Commerce Research 2004, 9.

[51] *Deshpande*, Economic Development and Cultural Change 2007, 735.

[52] *Arora*, Global Digital Cultures: Perspectives from South Asia 2019, 37; *Sarkar/Chakravorty/Lyonette*, Social Identity and Aspiration-Double Jeopardy or Intersectionality? Evidence from Rural India, No. 724. GLO Discussion Paper, 2020.

[53] *Windley*, IEEE Internet Computing 2019, 8.

[54] *Windley*, Digital Identity: Unmasking identity management architecture (IMA), 2005.

[55] Windley defines credential as "proof that a subject has a right to assert a particular identity". *Windley et al.*, Using reputation to augment explicit authorization. Proceedings of the 2007 ACM workshop on Digital identity management, 2007.

the absence of any other proof that Ćandarava used to become king of the forest.

We can now examine how the three types of identity management – user-centric, domain centric or federated – are present in our tale, again with the ultimate goal to use fables like this to make design choices and the privacy rights that they support intelligible to their users. User-centric systems like OpenId and CardSpace are those that permit the user to decide what identity attributes he or she should reveal to the content provider. In a domain centric system, the user approves domain specific identity attributes. In a federated system, the user approves the transfer of identity attributes already released to other federation members to be transferred between them.[56]

In our illustrative tale, Ćandarava chose and decided what attribute of his identity he was going to reveal to the animals of the forest. This is typical of a user-centric system. The feature in question, his colour, can be seen as analogous to a biometric identifier – a pattern that uniquely identified him as different from all other animals.

In an attempt to maintain and manage his new identity to his advantage, Ćandarava had all the jackals of the forest banished. The jackals, knowing him from his past, were the only ones who had the capacity to recognise him for what he was (that is, a jackal not unlike them). This he couldn't let happen. Individuals often do the same. On social networking sites, they do this by blocking and limiting access to individuals they do not like or want accessing their profiles. Some consciously choose not to belong to communities online they are normally associated with offline.

The identity, security and privacy relationship are central for our discussion. So what can we infer from Ćandarava's tale for this relationship? The identity element is represented by Ćandarava, and his being a jackal. That was his birth identity. Circumstances forced him to turn indigo in colour. He then went on to become the king of the forest. These were all his identities (or attributes thereof, depending on context). Ćandarava needed privacy for his new identity, and achieved it by banishing the jackals – in data protection parlance, he exercised his right to be forgotten by effectively getting "de-indexed" – the other animals could now not any longer find the information that allowed his re-identification.

The story of the indigo jackal shows also an ambivalence in Indian culture towards multiple identities. The first part of the story reads as liberating – challenging the caste system and its rigidity, and accepting the jackal for who he, individually, is by losing the ability to simply classify him as one of a specific kind, with specific "access rights" and privileges. Very possibly, in the West this

---

[56] These simplified definitions are taken from Liberty Alliance Project, Digital Identity Management A Critical Link to Service Success: A Public Network Perspective – 1/2007, A Telecompetition Group Market Study Report, January, 2007, 12, http://www.projectliberty.org/liberty/resource_center/papers (last accessed: 2nd June 2022).

is how the story would have ended, a celebration of individualism undermining the caste system. But our story has a bad ending. The jackal was "maya", deceptive, not true to his own self and therefore ultimately doomed. We find the same ambiguity to the legal protection of online pseudonymity. The present-day "jackal mongrels" don't accept their banishment, that is the state reserves the right to pierce online pseudonyms, and the liberating abilities of change of online identity carry the opprobrium of deception.

In a European context, we find similar ambivalent attitudes, but with a different overall outcome, in the context of the GDPR. The right to be forgotten too has been deemed to be a vehicle for deception, crime and dishonesty.[57] Nonetheless, the appeal of the "self-made man" and the "unencumbered self" in individualistic societies provided a framework within which such a right is intelligible, where *our* past is essentially our *past* and therefore something we can also abandon. In communal societies like India where identity is more visibly tied to the totality of social and familial relations of a person, severing these ties to reinvent oneself is more problematic, and it may be here that we find the most substantial differences in the privacy conception between these cultures.

3. *Of Gods and demons*

In this final section, we will take a second look at the question of identity, deception and the right to appear under different attributes to different audiences. It will furnish us with sagas whose moral lessons are more positive and accommodating to multiple identities.

Avatars have special significance in Hinduism. Avatars in the context of Hinduism represent the most popular and potent form of identity that manifests itself in relation to the Gods. Avatar is a description for a God taking human form (an incarnation). The most famous avatar representations are those manifestations by Lord Vishnu (the preserver of the Universe) in the form of the Dasavatars (ten avatars) – Sri Rama, Sri Krishna, Matsya the fish, Kurma the tortoise, Varaha the boar, Narasimha the lion man, Vamana the dwarf, Parashurama the Brahmin priest, Buddha and Kalki.

Gods do not simply assume the form of avatars. Godly avatars have specific purpose (and reasons for existence). They appear in times of crisis. Vishnu (as Lord Krishna) says this to Arjuna in the Bhagwadgita: "Many are my births, and I know them all ... unborn and Lord of all creatures I assume this phenomena, and am born by the illusion of the spirit. Whenever there is lack of righteousness or wrong arises, then I emit myself." All the avatars of Lord Vishnu had such a specific purpose – Matsya the fish (save holy scriptures from the flood), Kurma (rendering stability to the world by preserving it balance), Vara-

---

[57] https://cioj.org/right-to-be-forgotten-ruling-branded-a-criminals-charter/ (last accessed: 2nd June 2022); *Zittrain*, Financial Times (19th Sept 2014).

ha the boar (helping keep the earth afloat), Narasimha (to kill an evil demonic tyrant ruler), Parashuram (to deal with the tyranny of the Kshatriyas), Rama (idealise virtue and defeat evil king Ravana), Lord Buddha (to enlighten the world). Thus, avatars come into being for the protection of the righteous and innocent, destruction of the wicked, enlightenment and establishment of order.

These stories emphasise the positive role of multiple identities and shifting contexts. Common narratives of "guises" have similar functions.

An account from the Mahabharata can illustrate this idea: Arjuna, the brave Pandava prince, exiled in the jungle, went out to the Himalayas to worship Lord Shiva so that he could obtain the *Paasupataastram*, an infallible weapon. There, he indulged in severe penance. Lord Shiva assumed the guise of a hunter *(Kiraatamurthy)*, appeared before him, picked a quarrel with him over a wild boar, and challenged him to a fight. The prince fought the hunter valiantly and to the best of his efforts. When Lord Shiva had stripped the Prince of his weapons and his ego, he revealed his true self and blessed the Prince with the *Paasupataastram*.

Here too we can see the ambiguous attitude towards disguise: it is in this story an acceptable means to an end, but the end is revealing a true identity, a true self. In our legal and technological analogy, this corresponds to the idea that identities must ultimately be traceable to a common source, legitimizing some restrictions on technological solutions to identity management.

Like the Gods, demons have the capacity to adopt powerful and often lethal identity guises. This is brought home by the account of Golden Deer in the Ramayana. The demon king Ravana covets Sita, the wife of Sri Rama. He asks another demon Maricha for help. Maricha turns himself into a deer of dazzling beauty and begins to graze near Sita's cottage. Sita is enamoured by the deer's beauty and asks her husband Sri Rama to capture it for her. Sri Rama's brother Lakhsmana, who is also with them, has misgivings about the identity of the deer. Despite this, Sri Rama on Sita's persuasion goes after the deer leaving her and Lakshmana alone in the cottage. The deer lures Sri Rama very deep into the forest. Sri Rama manages to rent the heart of the deer (or Maricha's) with his arrow. But Maricha disguises his voice to sound like Rama at that moment and calls for help from Sita and Lakshmana. Sita sends Lakshmana to help Sri Rama. And Ravana is able to take advantage of the situation and abduct Sita.

While the guising of the Gods is perceived as legitimate (lacking dishonesty), guising by the demons generally is illegitimate. The identities of the demons are problematic. They do not have socially acceptable identities, so they take on forms of valid and accepted identities of others, resulting in what can only be termed identity fraud or in Indian legal terms (and per the IPC s 416) cheating by impersonation.

We can try a final contrast with western lore. One of the foundation myth of Britain centres around a story of deception and identity theft very similar to the one told about Ravana. King Uther Pendragon, legendary king of Britain in the

6th century, was the father of King Arthur. Uther is depicted as a rather ambiguous individual yet overall a strong king and a defender of his people, hero rather than villain of the story. According to Arthurian legend, Uther falls in love with the wife of his enemy Gorlois. Merlin, Uther's magician, magically disguises Uther to look like Gorlois. Disguised as Gorlois, Uther enters his enemy's castle and there sleeps with Lady Igraine. Arthur, "the once and future king", is the illegitimate child of this rape by deception.[58] Despite lacking redeeming or exculpating factors, neither he, nor Arthur, are described as tainted by these events, indicating again a high level of tolerance towards the "reinvented self".

III. In lieu of a conclusion

The aim of this paper was to explore the potential of pan-Indian sagas, fables and stories to get a more locally and contextually grounded perception of privacy outside the western world. It does not offer a grand theory, nor does it resolve the many ambiguities that shape the privacy discourse in India. Hopefully however, it showed a way to supplement Tinnefeld's account of culturally grown free spaces through data narratives from outside the western tradition. Hopefully too, it showed both common ground, and interesting divergence. It is difficult to speak clearly about the meaning of privacy, and it is twice as difficult to speak clearly about the meaning the concept may have in someone else's culture. "What can be said at all can be said clearly; and whereof one cannot speak thereof one must be silent." Hopefully, the stories speak clearly where I as author should remain silent.

---

[58] At least in the eyes of modern law, see *Kennedy*, Legal Studies 2021, 91.

Der Schutz der Privatsphäre

Neue Aspekte und Perspektiven

Irena Lipowicz

I. „European Dream" in der Defensive?

Der Schutz der Privatsphäre scheint aufgrund der turbulenten Entwicklung neuer Technologien in der Defensive zu sein[1]. Das Recht auf Privatsphäre, die große zivilisatorische Errungenschaft Europas, wird in jüngster Zeit von autoritären Staaten, aber auch von großen multinationalen Unternehmen in einer Weise in Frage gestellt, wie dies bei anderen klassischen Grundrechten der ersten und zweiten Generation in Lehre und Rechtsprechung schon lange nicht mehr der Fall ist.[2] Einerseits wird die persönliche Integrität, die Privatsphäre – das Recht, in Ruhe gelassen zu werden – außerhalb Europas als ein typisch europäischer Wert wahrgenommen (und manchmal sogar von autoritären Staaten gezielt in diesem Kontext abgewertet), obwohl das Recht auf Privatsphäre originär seine Wurzeln in der amerikanischen Doktrin hat. Andererseits wird darauf hingewiesen, dass es durch eine Art „Wettrüsten" der Informationstechnologien immer schwieriger wird, auch nur ein Minimum an Privatsphäre zu wahren. Überdies ist der Marktwert von Big Data zu einem immer wichtigeren wirtschaftlichen Faktor geworden: Sollte man wirklich die Privatsphäre weiter so prinzipiell verteidigen, könnte man fragen, wenn sie der Wirtschaftsentwicklung im Wege stehen kann?

Haben also Menschen wie Marie-Theres-Tinnefeld[3] ihr Leben und ihre wissenschaftliche Arbeit einem romantischen, europäischen Traum gewidmet, der heute eher eine verlorene Sache zu sein scheint? Wird die ausgefeilte, auf der DSGVO basierende Rechtsprechung der Europäischen Union den immer größer werdenden Herausforderungen letztendlich nicht gerecht? Die europaweiten Regelungen in Gestalt der DSGVO stellen einen wichtigen Schritt in der Integration der Europäischen Union und ihres Rechtssystem dar. Mit der Zeit

---

[1] Vgl. *Drobek*, in: Grażyna Szpor (Hrsg.), Internet. Publiczne bazy danych i bigdata [Internet. Öffentliche Datenbanken und Big Data], 2014, 105 ff.

[2] Vgl. *Solove*, Digital Person. Technology and private in the information age, 2004. 151 f. und *Tinnefeld*, DuD 2013, 461.

[3] Vgl. *Tinnefeld/Buchner*, DuD 2019, 321; *Tinnefeld/Buchner*, DuD 2018, 335 und *Tinnefeld/Buchner*, DuD 2011, 591.

ist aber auch klar geworden, dass der Datenschutz allein nicht alle Aspekte des Schutzes der Privatsphäre abdecken kann, sondern jetzt die Zeit gekommen ist, auch andere Aspekte stärker zu berücksichtigen.

II. Die Privatsphäre und demokratische Resilienz

Es ist sehr bezeichnend, dass der Schutz der Privatsphäre und das Recht auf Privatsphäre viele Jahre lang fast am Rande der Menschenrechtstheorie angesiedelt waren, als ein spezielles, seit den Zeiten von Spiros Simitis geschätztes, aber eher nischenhaftes Thema. Angesichts neuer Erfahrungen, etwa im Zuge des Brexit und bei der Rolle von Cambridge Analytics bei Wahlen in den Vereinigten Staaten und anderswo in Mitteleuropa, steht das Thema der Privatsphäre auch im Mittelpunkt von Überlegungen über die Widerstandsfähigkeit, die Resilienz einer Demokratie, die sich zuerst selbst verteidigen muss, bevor sie ihre Bürgerinnen und Bürger beschützen kann.

Es wird allmählich klar, dass die umfassende Profilierung des Menschen es ermöglicht, ihn auf äußerst wirksame Weise in einer Informationsblase einzuschließen, so dass er Argumenten nicht mehr zugänglich ist, die zwar rational sind, ihm aber emotional fremd bleiben. Desinformation wird zu einer immer tödlicheren Waffe auch gegen freie Wahlen, die nur noch scheinbar, als ein Ritual und eine Dekoration erhalten bleiben sollen. Eine Situation, in der eine rechtsstaatliche Ordnung ihre wehrlosen Bürgerinnen und Bürger aggressiven Maßnahmen aussetzt, die ihnen im Grunde die Entscheidungsfreiheit nehmen, verändert den Blick auf den Staat. Dabei geht es nicht so sehr um seine bis dato wichtigste Funktion der Gefahrenabwehr, sondern viel mehr um seine künftigen Aufgaben und Handlungsformen.

Wie sollten konkret die Aufgaben der öffentlichen Verwaltung modifiziert werden, um die Fähigkeit des Einzelnen zu erhalten, sein Weltbild und seine Wahlpräferenzen auf der Grundlage seiner eigenen, tatsächlichen Erfahrungen zu gestalten und nicht auf der Grundlage eines formatierten Bildes, das von Manipulationsspezialisten vermittelt wird? Noch nie war der Schutz nicht nur der Informationsfreiheit, sondern allgemein der freien Willensbildung des Menschen so sehr eine Aufgabe der öffentlichen Verwaltung in der Sorge um das Gemeinwohl.

Bezeichnenderweise ist es für tiefgreifende Desinformationskampagnen nicht erforderlich, eine Online-Präsenz zu haben oder sich an sozialen Netzwerken zu beteiligen. Technologien der Desinformation werden auch bei Fernsehzuschauern eingesetzt und die Beispiele Russland und Ungarn zeigen, dass die vollständige Beherrschung der öffentlichen Medien ausreicht, um das öffentliche Bewusstsein grundlegend zu beeinflussen. Es geht nicht nur um Kommentare im Programm, sondern auch darum, dass alle Beteiligten des öffentlichen Lebens geplant und punktgenau immer wieder dieselben Thesen wiederholen. „Alle können sich doch nicht so irren" – sollte man denken.

Auch das mittelbare Eindringen in die Privatsphäre von Fernsehzuschauern wird immer mehr zu einem umstrittenen Thema. In Polen wird derzeit an einem Gesetz gearbeitet, das die Erfassung der Sympathie von Zuschauern für konkrete, politisch assoziierte Fernsehsender ermöglicht. Die in diesem Zusammenhang versprochene Anonymisierung wird im Fall kleinerer Städte eher illusorisch sein; gezielt kann man dann die Propaganda dort verstärken.

Betrachten wir die staatlichen Organe, die für den Schutz personenbezogener Daten (auf nationaler und europäischer Ebene), für die Überwachung und die Gewährleistung des Pluralismus der öffentlichen Medien, für die Freiheit der Information und den Zugang zu öffentlichen Informationen verantwortlich sind, so ist festzustellen, dass die Verteidigung des Rechts auf Privatsphäre immer kostspieliger und komplexer wird. Es könnte sich daher die Frage stellen, ob die anfallenden Ausgaben angesichts der immer bescheideneren Ergebnisse nicht zu hoch sind. Es ist allerdings wichtig, die Bedeutung des Schutzes der Privatsphäre gerade auch im Hinblick auf das System als Ganzes zu erkennen. Die Wahrung der Privatsphäre kann sich als entscheidend für das „Überleben" der anderen Menschenrechte und des gesamten Systems erweisen.

Eine der wichtigsten Erkenntnisse von Franciszek Longchamps – einem der großen Vertreter der Verwaltungsrechtswissenschaft in Polen in der zweiten Hälfte des 20. Jahrhunderts, der unter den äußerst schwierigen Bedingungen des kommunistischen Regimes unabhängig wissenschaftlich arbeitete – war die Darstellung der Rolle der Institutionalisierung im System des Schutzes der individuellen Rechte. Ohne Institutionalisierung sind diese Rechte wie im luftleeren Raum,[4] und die Einrichtungen, deren Aufgabe es ist, diese Rechte zu pflegen und weiterzuentwickeln, sind von zentraler Bedeutung. Eine der Stellen, die sich mit diesen Fragen befasst, ist in vielen Ländern der Welt – darunter in fast ganz Europa, aber nicht zentral in Deutschland – der Bürgerbeauftragte (in der polnischen Nomenklatur der Ombudsmann). Es ist bezeichnend, dass in den Berichten der Bürgerbeauftragten verschiedener Länder in den letzten Jahren der Schutz der Integrität des Einzelnen und die Bereitstellung von Raum für die ungestörte Bildung seiner Überzeugungen und Meinungen immer mehr in den Vordergrund gerückt sind.

Seit vielen Jahren wird die Rolle der wissensbasierten Verwaltung hervorgehoben. Eine solche Verwaltung ist – nicht nur für die Organe der Europäischen Union – ein Maßstab für Fortschritt, Rationalität und Berechenbarkeit. Zum

---

[4] Vgl. *Berberich*, Trusted WEB 4.0 – Infrastruktur für eine Digitalverfassung. Handlungsempfehlungen für die Gesetzgebung, Gesellschaft und soziale Marktwirtschaft, 2018 und *Longchamps*, Współczesne kierunki w nauce prawa administracyjnego na zachodzie Europy [Zeitgenössische Trends im Studium des Verwaltungsrechts in Westeuropa], 2001, 146f. und 164.f.

Wissen gehört aber auch das Wissen darüber, wie Individuen oder auch ganze Gruppen durch Manipulation zu bestimmten Verhaltensweisen verleitet werden können. In diesem Sinne sind Länder, die routinemäßig Desinformation und Propaganda betreiben – die das Bild der Realität zerstören, damit Fake News vertrauensvoll als offizielle Informationen akzeptiert werden können – auch wissensbasierte Verwaltungen. Das Gleiche gilt für das so genannte Fachwissen, d.h. die zunehmende Rolle von Experten bei der Erfüllung der Aufgaben der öffentlichen Verwaltung. Der Einzelne ist der Macht des Staates, ihm alles Private zu nehmen, schutzlos ausgeliefert. Im Sinne der These von Francis Longchamps müssen daher Strukturen geschaffen werden, die die Menschenrechte gerade aus der Perspektive des Individuums und nicht nur der Interessen des Staates fördern und sich bei der Definition verschiedener Bedrohungen auf die Seite des Individuums stellen.

III. Eine neue Dimension der Menschenwürde

Die Europäische Union basiert auf dem Konzept der Menschenwürde und der Solidarität. Die Entwicklung der Informationstechnologie hat dazu geführt, dass man eine neue Dimension der Achtung der Würde, der Achtung der inneren Sphäre der menschlichen Reflexion und Meinungsbildung erleben kann. Das bedeutet Verzicht auf Manipulationen durch den Staat, die nur vordergründig dem Wohl des Menschen dienen können, aus Achtung vor seiner Würde und Freiheit. Im Kampf gegen soziale Ausgrenzung ist z.B. die öffentliche Verwaltung in der Lage, die Menschen mit psychologischen und informativen Methoden so zu beeinflussen, dass die Wahrscheinlichkeit ihrer sozialen „Genesung" erhöht wird. Wir akzeptieren solche positiven Maßnahmen zum Wohle des Einzelnen und des Gemeinwohls. Es stellt sich jedoch die Frage, wo die Grenzen eines solchen Einflusses liegen und inwieweit die öffentliche Verwaltung darauf verzichten sollte, ihren Wissensvorsprung zu nutzen. Das Verwaltungsrecht stößt somit an die Grenzen des Problems, auf soziale Missstände zu reagieren und den freien Willen des Menschen zu respektieren – zentrale Probleme, die sich schon immer in verschiedenen Religionsstudien fanden.

Es stellt sich die Frage: Welche Verwaltungs- und Staatsstrukturen sollten all dies überwachen? Bislang wurde die gesamte Last der Prüfung den Gerichten, einschließlich des Verfassungsgerichts, aufgebürdet. Von den staatlichen Organen, die sich mit der Integrität der Information, der Informationsautonomie und dem Schutz der Privatsphäre des Einzelnen befassen, können wir die Organe für den Schutz personenbezogener Daten, die Organe der öffentlichen Medien sowie die Organe – in dieser Hinsicht gibt es in Polen institutionelle Defizite – nennen, die sich mit dem Recht auf öffentliche Information befassen. Fehlt etwas in dieser Liste? Man sollte auch verschiedene Ethikgremien benennen, z.B. eine Ethikkommission der öffentlichen Medien und eine Ethikkommission für die Berufe des öffentlichen Vertrauens. Diese Einrichtungen sind häufig in den Strukturen der professionellen Selbstverwaltung verankert und nicht so leicht in der öffentlichen Verwaltung zu finden.

Marie-Theres-Tinnefeld ist sowohl in der Wahl ihrer Themen als auch in der Diskussion einzelner Bedrohungen ihrer Zeit oftmals voraus. Es lohnt sich also, sich vor Augen zu führen, worauf sie sich in letzter Zeit konzentriert hat – denn auch das kann ein Hinweis auf zukünftige Herausforderungen sein. Konkret soll es hier darum gehen, dass das Bild, die Ehre und die Privatsphäre von Menschen im Internet aus privaten oder politischen Gründen zerstört werden – als Folge von Desinformation.

So wie im Falle des Datenschutzes in vielen europäischen Ländern – im Gegensatz zu den Vereinigten Staaten – anfangs die Erkenntnis herrschte, dass der zivilrechtliche Schutz vor Datenschutzverstößen unzureichend ist, so stellt man heute fest, dass sich der zivil- und strafrechtliche Schutz des Einzelnen vor Beeinflussung und Desinformation als zu kostspielig, langwierig und unzureichend erweist. Die Instrumente zur Beeinflussung und Zerstörung der Persönlichkeit werden immer ausgefeilter, nicht zuletzt dank des wissenschaftlichen Fortschritts. Der Schutz, den der Staat bietet, hat damit nicht Schritt gehalten. Aufgrund der Entwicklungen in der Psychologie sind wir jedoch mehr denn je in der Lage, die tiefgreifenden Schäden zu beurteilen, die eine solche Beeinflussung verursachen kann, insbesondere wenn sie eng mit der Erstellung von Profilen einer Person verbunden ist. An dieser Stelle sei auf eine Veröffentlichung von Marie-Theres-Tinnefeld[5] verwiesen, in der sie auf einen vergessenen Teil eines bekannten Aufsatzes über die Privatsphäre von S.D. Warren und L.D. Brandeis Bezug nimmt, der zur Grundlage des Rechts auf Privatsphäre[6], nämlich des Rechts auf eine intakte Persönlichkeit, geworden ist. Der Scharfsinn der frühen Autoren zielte darauf ab, den freien Zugang zu den wichtigsten Ideen und zu sozialen, politischen und moralischen Erkenntnissen zu gewährleisten. Zweifellos sind die Bürger, die sich auf das Recht auf Information berufen, die wertvollste Stütze für die Demokratie, aber der Schutz ist für alle erforderlich. In der Rechtsprechung anderer Länder, wie z.B. des deutschen Bundesverfassungsgerichts in seinem Urteil vom 9. September 1996, wurde betont, dass ein Bürger nur dann politische Entscheidungen treffen kann, wenn er umfassend informiert ist, die Meinungen anderer kennt und sie bewerten kann. Das damalige Urteil wurde im Zusammenhang mit der Rolle der investigativen Journalisten und dem so genannten „Staatstabu“ formuliert, das vom Staat definiert wird. Heute sehen wir dieses Zitat anders, denn die Schaffung von Informa-

---

[5] Vgl. *Tinnefeld*, in: Szpor (Hrsg.), INTERNET. Cloud computing. Przetwarzanie w chmurach [Datenverarbeitung in der Cloud / Cloud Computing], 2013, 57f., 59.

[6] Vgl. *Warren/Brandeis*, Harvard Law Review 1890, 193f.

tionsblasen, die von der Profilbildung der Bürger abhängen, bedeutet, dass selbst der beste Qualitätsjournalismus, der noch erhalten wird, in diesem Fall ohne Kraft ist. Die gedruckte oder elektronische Presse oder der aufschlussreichste investigative Journalismus werden keinen Zugang zu den Menschen finden, die in einer Blase eingeschlossen sind.

Es ist eine große Errungenschaft, den Schutz sensibler Daten und deren Verarbeitung zu regeln. Auch die Erweiterung der Schutzmöglichkeiten über die Kategorie der Anonymisierung und Pseudonymisierung ist eine nachhaltige Errungenschaft. Es wird jedoch allmählich deutlich, dass das Recht, das im Zusammenhang mit der technologischen Entwicklung ständig neue Formen des Missbrauchs verfolgt, seine Perspektive erweitern sollte, und zwar mehr darauf, Bedingungen zu schaffen, unter denen dank der Wahrung der Integrität des Individuums die Entwicklung unterschiedlicher Ideen möglich ist. Der Raum für die Freiheit eines Menschen, der zu solchen Überlegungen fähig ist, erweist sich als zerbrechlicher als je angenommen. In der Maslowschen Bedürfnispyramide sind das Bedürfnis nach Sicherheit und Zugehörigkeit zwar höherrangige Bedürfnisse, aber sie gehören auch zu den Grundbedürfnissen. Die Verwaltungswissenschaft zeigt auch, dass das Bedürfnis nach Zugehörigkeit ein mächtiges Instrument für die Verwaltung ist. Das Bedürfnis nach individueller Freiheit erscheint fragiler und anfälliger für psychologische Manipulationen. Wir verstehen immer besser, dass es nicht notwendig ist, durch Terror oder Erpressung einen starken Entscheidungsdruck auf den Einzelnen auszuüben, sondern dass es ebenso wirksam ist, die Informationsbasis komplett zu beherrschen, die dem Einzelnen zur Verfügung steht, um Entscheidungen zu treffen. Da wir am Eingang dieser Blackbox des Entscheidungsprozesses alle eingehenden Informationen (Input) kontrollieren – was die Propaganda totalitärer und absoluter Staaten bereits in Perfektion beherrscht –, scheint die am „Ausgang" (Output) erhaltene Entscheidung determiniert zu sein. Das Recht versucht mit Hilfe von Pressegesetzen und Gesetzen über die öffentlich-rechtlichen Medien diese Vielfalt an „Input" zu verteidigen, aber die Instrumente erweisen sich in dieser Hinsicht als zu schwach. Die staatliche Propaganda wird durch Tausende von Stimmen im Internet verstärkt, die ebenfalls entsprechend manipuliert werden. Es sollte betont werden, dass eine solche Beeinflussung – in einer gewissen Abfolge von Profiling, „Microtargeting", Propaganda – der Wahlentscheidungen von Millionen von Bürgern für die Demokratie bereits verheerend genug ist. In verstärktem Maße geht es jedoch um den Einfluss auf die Entscheidungsprozesse der gesetzgebenden Organe auf zentraler, regionaler und lokaler Ebene. Diese strenge Kontrolle der Informationsbasis von Entscheidungsprozessen der Gesetzgebung auf allen Ebenen in einem bestimmten Staat erweist sich als besonders wirksam bei der Zerstörung der „Freiheitssphären". Dieses Problem wurde auch schon früh erkannt, am Beispiel des Schweizer Parlaments – einer Art Festung der Freiheit. Auch wurde dort rechtzeitig erkannt, wie wichtig es ist, dem

Parlament eine von der Regierung komplett unabhängige Informationsbasis zur Verfügung zu stellen. Wenn dies für die Schweiz ein Problem war, was können wir dann über andere Länder und andere Fälle sagen? Im Übrigen handelt es sich hierbei um eine Feststellung aus den 1960er Jahren; im Bereich der Informationstechnologie ist seitdem eine ganze Ära vergangen.

IV. Informationelle Selbstbestimmung

Abschließend lässt sich sagen, dass die DSGVO[7] nur der Anfang eines langen Weges ist. Der deutschen Lehre verdanken wir den Begriff der wehrhaften Demokratie. Es wird jedoch zunehmend anerkannt, dass der Schutz der Integrität und der informationellen Selbstbestimmung in Zukunft einer ihrer wichtigsten Bestandteile sein muss. Im Falle der polnischen Verfassung wiederum geht es um das Recht auf Privatsphäre, das Teil des Konzepts der Menschenwürde ist, sowie um die Freiheit der Meinungsäußerung und die Freiheit der Beschaffung und Verbreitung von Informationen, wie sie in Artikel 54 der polnischen Verfassung festgelegt sind. Die Entwicklung der Informationstechnologie und der Infrastruktur macht es immer schwieriger, diese Güter in ein Gleichgewicht zu bringen, das längst über die traditionellen Konzepte des Presserechts, des Rechts auf Information und des zivilrechtlichen Schutzes der Persönlichkeitsrechte hinausgeht. In den verschiedenen Systemen der Europäischen Union wurde wegen des Grundsatzes der Verhältnismäßigkeit und der Schwierigkeiten bei dieser Abwägung manchmal dem Recht auf Privatsphäre und manchmal dem Recht auf Information Vorrang eingeräumt[8]. Aber nicht nur aus diesen Überlegungen heraus wird deutlich, dass es notwendig ist, den öffentlich-rechtlichen Schutz dieser bisher oft nur zivilrechtlich geschützten integralen Persönlichkeitssphäre zu erweitern. Dies ist ein ähnlicher Weg wie beim Schutz personenbezogener Daten, bei dem sich der zivilrechtliche Schutz nach und nach als zu unwirksam erwiesen hat. In diesem Zusammenhang wäre es daher angebracht, eine breitere interdisziplinäre Studie über die nichtwirtschaftlichen Aspekte der Persönlichkeitsrechte und deren Schutz durchzuführen. Die Menschenwürde, die ein unverzichtbarer Regulierungsanker ist, sollte stets das Zentrum bleiben, um das herum sich weitere Regulierungsbemühungen herauskristallisieren sollten.

---

[7] Verordnung (EU) 2016/679 des Europäischen Parlaments und des Rates vom 27. April 2016 zum Schutz natürlicher Personen bei der Verarbeitung personenbezogener Daten, zum freien Datenverkehr und zur Aufhebung der Richtlinie 95/46/EG (Datenschutz-Grundverordnung), ABl. L 119/1.

[8] Vgl. *Barta/Markiewicz*, Media a dobra osobiste [Medien und die Persönlichkeitsrechte], 2009, 396.

Der Begriff des Privatlebens wird in der Regel in zweifacher Hinsicht verstanden, nämlich positiv und negativ, so dass er sowohl ein Verbot staatlicher Eingriffe in die Privatsphäre der Bürger als auch positive Verpflichtungen des Staates zum Schutz des Privat- und Familienlebens beinhaltet. Privatsphäre ist sowohl das Recht, in Ruhe gelassen zu werden, als auch das Recht, über den Inhalt und die Freigabe von Informationen zu bestimmen. Andrew Kopff wies darauf hin, dass die Privatsphäre „alles ist, was durch die berechtigte Abschirmung des Einzelnen von der Allgemeinheit der Entfaltung der körperlichen und geistigen Persönlichkeit und der Erhaltung des Angenommenen dient“[9]. Der Autor betonte, dass die Privatsphäre nicht durch Abgeschiedenheit eingeschränkt werden kann, da der Mensch ein soziales Wesen ist, aber diese Zugänglichkeit und Einbindung des Menschen in seine Umgebung sollte durch das Gesetz geschützt werden. Die polnische Rechtsprechung des Obersten Gerichtshofs in dieser Hinsicht begann 1984, ist aber nach Ansicht der Literatur durch einen großen Mangel an Stabilität gekennzeichnet. Man kann sagen, dass es eine Art Gleichgewichtsstörung gegeben hat. Die turbulente Entwicklung des Schutzes personenbezogener Daten hat die anderen Verstöße gegen die Privatsphäre in den Schatten gestellt.

Allmählich wird die Aufmerksamkeit auf die Tatsache gelenkt, dass auch der passive Schutz der Rechte auf Privatsphäre von großer Bedeutung ist. Der Schutz der Persönlichkeitsrechte im Zusammenhang mit dem Betrieb von sozialen Netzwerken und dem Internet im Allgemeinen ist zu sehr auf die Verletzung personenbezogener Daten ausgerichtet, ohne den Schutz der Persönlichkeitssphäre des Einzelnen umfassend zu berücksichtigen. Die Kategorie der personenbezogenen Daten wird zu sehr mit der Kategorie der Privatsphäre verwoben und es wird darauf hingewiesen, dass das Problem der Verletzung der Persönlichkeitsrechte im Internet oft auf die Verletzung personenbezogener Daten reduziert wird, wobei die Aspekte, die nicht unmittelbar mit der materiellen und wirtschaftlichen Bedeutung zusammenhängen, außer Acht gelassen werden. Das Bedürfnis nach Abgeschiedenheit, Anonymität und Intimität wird dadurch in den Hintergrund gedrängt. Im Allgemeinen spricht man von nichtwirtschaftlichen Aspekten des Schutzes der Persönlichkeitsrechte[10]. Es gibt begründete Forderungen, die DSGVO in dieser Hinsicht zu erweitern. Personenbezogene Daten werden als Komponenten sichtbarer Aspekte der Privatsphäre dargestellt, die sich auf materielle Objekte beziehen – das Gegenteil dieser Ka-

---

[9] *Kopff*, Ochrona sfery życia prywatnego jednostki w świetle doktryny i orzecznictwa [Schutz der Privatsphäre des Einzelnen im Lichte von Lehre und Rechtsprechung], Zeszyty Naukowe UJ Prace prawnicze 1982 Zeszyt 100, 37. Derselbe Autor hat die Begriffe des Rechts auf Intimität und Privatsphäre des persönlichen Lebens angegeben (Zagadnienia Konstrucyjne, Studia cywilistyczne 1973, Band XX).

[10] Vgl. *Barta/Markiewicz*, Media a dobra osobiste [Medien- und Persönlichkeitsrechte], 2009, 396; *Lugarezzi*, 2002, Warsaw Paper Nr. 42.

tegorie ist die Kategorie der sensiblen Objekte, die sich auf die Bedürfnisse und Erwartungen eines Individuums innerhalb materieller Objekte bezieht. Es besteht die Gefahr, die sensiblen Aspekte der Privatsphäre, die sich nur teilweise mit dem Schutz personenbezogener Daten überschneiden, zu vernachlässigen und z. B. das Bedürfnis des Alleinseins oder der Intimität in den Schatten zu stellen.

Die Privatsphäre ist ständig unter Druck, da mittlerweile jeder Aspekt des Lebens wirtschaftlich interessant wird. Es gibt kein Thema, das zu alltäglich oder banal wäre, als dass es nicht auch noch vermarktet werden könnte. Damit ist die Privatsphäre als solche ein kontinuierliches Anliegen, damit sich in diesem wertvollen geschützten Raum Ideen, Überzeugungen und Ansichten bilden. Wenn dieser Bereich unkontrollierten Manipulationen ausgesetzt wird und dem Einzelnen die Möglichkeit der Abgeschiedenheit genommen wird, wird dies zu einem ernsten Problem in der Zukunft.

Aufgrund des Bedürfnisses nach Zugehörigkeit und Anpassung ist eine Person geneigt, ihr Verhalten an die in der Umgebung erwartete Norm anzupassen. Nie zuvor, vor der Ära der sozialen Netzwerke, war die ständige Bewertung und Korrektur des Verhaltens eines Individuums seit seiner Kindheit durch seine Umgebung so intensiv und kontinuierlich. Diese Bewertungen prägen das Selbstbild des Einzelnen und sind eine der Ursachen für zunehmende psychische Probleme und Selbstaggression in der jungen Generation. Das Bedürfnis, sich in einer Gruppe von Gleichaltrigen anzupassen, war schon immer stark und wichtig, aber noch nie konnte es praktisch ohne Unterbrechung rund um die Uhr verwirklicht werden[11]. Es gibt also mehrere Aspekte des notwendigen Schutzes des Gefühls der Individualität und der Individualisierung:

1. den Schutz der Sphäre, in der sich die politischen Ansichten und der Wählerwille bilden;
2. die ungestörte Reifung des Individuums ohne übermäßigen Druck von außen, der den Individualismus, einen wichtigen Wert der westlichen Zivilisation und eine Quelle der Kreativität, auslöschen kann;
3. der Schutz der Privatsphäre vor Profiling, Micro-Targeting und sozialer Manipulation, die zu ernsthaften Bedrohungen der gesamten politischen Kultur werden können.

Der Schutz dieser sensiblen Sphäre wird immer wichtiger, selbst wenn die Formen, die sich ständig anpassen müssen, variieren.

---

[11] Vgl. *Kellermann*, DuD 2021, 363.

Der lange Weg von digitaler Selbstverteidigung bis zum eingebauten Datenschutz

Marit Hansen

„The processing of personal data should be designed to serve mankind."
– aus Erwägungsgrund 4 der Datenschutz-Grundverordnung

I. Einführung

Seit dem Jahre 2018 gilt die Datenschutz-Grundverordnung (DSGVO), ein einheitliches Gesetz für ganz Europa, das den Umgang mit personenbezogenen Daten regelt. Die DSGVO sieht eine Neuerung vor: Mit Artikel 25 DSGVO werden die Verantwortlichen – also diejenigen, die über Zwecke und Mittel der Verarbeitung personenbezogener Daten entscheiden – zu „Datenschutz durch Technikgestaltung und durch datenschutzfreundliche Voreinstellungen" verpflichtet. Nach einem Überblick, wie sich die Idee des eingebauten Datenschutzes über die letzten Jahrzehnte entwickelt hat (Abschnitt II.), welche Rolle dabei Selbstdatenschutz (Abschnitt III.) und Systemdatenschutz (Abschnitt IV.) spielen, beschreibt dieser Beitrag, wie die Regelung des Artikel 25 DSGVO zu interpretieren ist, welches Potenzial sich damit entfalten könnte und welche weiteren Herausforderungen bestehen (Abschnitt V.). Ein Fazit fasst die Ergebnisse zusammen und gibt einen Ausblick (Abschnitt VI.).

II. Technik: Problem oder Teil der Lösung?

Die Geschichte des Datenschutzes ist mit der Entwicklung von Technik verknüpft. Der technische Fortschritt in der Fotografie und der Verbreitung von Druckerzeugnissen war Grundlage für das postulierte „Right to Privacy"[1], um Belästigungen in privaten Situationen entgegenzuwirken („right to be let alone"). Wie in Abschnitt 1 erläutert, wird auch in bekannten Urteilen des Bundesverfassungsgerichts zu Datenschutz und dem Allgemeinen Persönlichkeitsrecht auf das durch Technik verursachte oder verstärkte Risiko Bezug genommen. Abschnitt 2 widmet sich einem kurzen Abriss der Geschichte der grundrechts-

[1] *Warren/Brandeis*, Harvard Law Review, Vol. IV, 15. Dezember 1890, No. 5.

bezogenen Technikgestaltung. Abschnitt 3 zieht ein Resümee zum heutigen Stand der Diskussion.

1. Technik in den Datenschutzentscheidungen des BVerfG

Das Bundesverfassungsgericht griff in seinen Entscheidungen zu Datenschutzsachverhalten immer wieder den technischen Fortschritt auf. Die folgenden drei Entscheidungen geben einen kleinen Einblick: So ordnete das Bundesverfassungsgericht im Mikrozensus-Urteil von 1969[2] das Registrieren und Katalogisieren ein:

„Mit der Menschenwürde wäre es nicht zu vereinbaren, wenn der Staat das Recht für sich in Anspruch nehmen könnte, den Menschen zwangsweise in seiner ganzen Persönlichkeit zu registrieren und zu katalogisieren, sei es auch in der Anonymität einer statistischen Erhebung, und ihn damit wie eine Sache zu behandeln, die einer Bestandsaufnahme in jeder Beziehung zugänglich ist."[3]

Das Bundesverfassungsgericht zog hier eine Grenze ein:

„Insoweit gibt es auch für den Staat der modernen Industriegesellschaft Sperren vor der verwaltungstechnischen ‚Entpersönlichung'."[4]

Im Volkszählungsurteil von 1983[5] ließ das Gericht ein deutliches Bewusstsein für das mit „automatisierter Datenverarbeitung" verbundene erhöhte Risiko gegenüber dem händischen Umgang mit Karteien und Akten[6] erkennen:

„Diese Befugnis bedarf unter den heutigen und künftigen Bedingungen der automatischen Datenverarbeitung in besonderem Maße des Schutzes. Sie ist vor allem deshalb gefährdet, weil bei Entscheidungsprozessen nicht mehr wie früher auf manuell zusammengetragene Karteien und Akten zurückgegriffen werden muß, vielmehr heute mit Hilfe der automatischen Datenverarbeitung Einzelangaben über persönliche oder sachliche Verhältnisse einer bestimmten oder bestimmbaren Person (personenbezogene Daten [vgl. § 2 Abs. 1 BDSG]) technisch gesehen unbegrenzt speicherbar und jederzeit ohne Rücksicht auf Entfernungen in Sekundenschnelle abrufbar sind. Sie können darüber hinaus – vor allem beim Aufbau integrierter Informationssysteme – mit anderen Datensammlungen zu einem teilweise oder weitgehend vollständigen Persönlichkeitsbild zusammengefügt werden, ohne daß der Betroffene dessen Richtigkeit und Verwendung zureichend kontrollieren kann. Damit haben sich in einer bisher unbekannten Weise die Möglichkeiten einer Einsichtnahme und Einflußnahme erweitert, welche auf das Verhal-

[2] BVerfGE 27, 1.
[3] BVerfGE 27, 1, 8.
[4] BVerfGE 27, 1, 8.
[5] BVerfGE 65, 1.
[6] Wobei die Verarbeitung mit Karteien oder Akten kein Garant für einen Schutz der Grundrechte ist. Das Risiko entsteht auch nicht erst durch den Einsatz von modernen Rechenzentren: So trug der Einsatz von Lochkarten und Maschinen wesentlich zur Erfassung und Auswertung von personenbezogenen Daten im Nazi-Deutschland ab 1933 zur Verfolgung und Vernichtung von jüdischen Bürgerinnen und Bürgern bei; *Black*, IBM und der Holocaust. Die Verstrickung des Weltkonzerns in die Verbrechen der Nazis, 2001.

ten des Einzelnen schon durch den psychischen Druck öffentlicher Anteilnahme einzuwirken vermögen.“[7]

Ein neues Grundrecht schaffen: War das angemessen? Marie-Theres Tinnefeld ordnete dies in den 1990er Jahren ein:

„Die modernen Technologien haben Entwicklungen möglich gemacht, die für die Mütter und Väter des Bonner Grundgesetzes noch nicht erkennbar waren. Während im Jahre 1949, zu der Zeit, als das Bonner Grundgesetz in Kraft trat, Informationsverarbeitung nur unter Rückgriff auf teilweise schwer und arbeitsaufwendig erschließbare Karteien und Akten möglich war, können seit den sechziger Jahren mit Hilfe der Computertechnologie Informationen praktisch unbegrenzt gesammelt, gespeichert, aufbereitet, verwandelt und rückverwandelt werden. [ ] Die Reichweite und Tiefenwirkung der Informationstechnik sprengt unsere Vorstellungskraft. George Orwells ‚1984‘ ist keine unrealistische Vision mehr, wenn wir die Überwachungs- und Steuerungspotentiale betrachten, die mit Hilfe dieser Technik möglich sind. Polizeibehörden, Ärzte, Arbeitgeber können mit Hilfe der Technik, seien es Richtmikrofone, Videotechnik, Peilsender usw., Menschen unsichtbar und unbemerkt überall bis in ihre Wohnungen hinein elektronisch überwachen, abhören, aufnehmen und registrieren.“[8]

Tinnefeld beschreibt hiermit nicht nur die technische Entwicklung, sondern zeigt bereits auf, dass Überwachung – und konkret: die Verarbeitung, die später unter dem Namen „Online-Durchsuchung“ diskutiert werden würde – eine große Relevanz erhalten würde. In der Tat beschäftigte sich Jahre später das Bundesverfassungsgericht mit der Online-Durchsuchung. Das Ergebnis aus der sog. Computergrundrecht-Entscheidung von 2008[9]: ein neu geschaffenes Grundrecht auf Gewährleistung der Vertraulichkeit und Integrität informationstechnischer Systeme:

„Aus der Bedeutung der Nutzung informationstechnischer Systeme für die Persönlichkeitsentfaltung und aus den Persönlichkeitsgefährdungen, die mit dieser Nutzung verbunden sind, folgt ein grundrechtlich erhebliches Schutzbedürfnis. Der Einzelne ist darauf angewiesen, dass der Staat die mit Blick auf die ungehinderte Persönlichkeitsentfaltung berechtigten Erwartungen an die Integrität und Vertraulichkeit derartiger Systeme achtet. Die grundrechtlichen Gewährleistungen der Art. 10 und Art. 13 GG wie auch die bisher in der Rechtsprechung des Bundesverfassungsgerichts entwickelten Ausprägungen des allgemeinen Persönlichkeitsrechts tragen dem durch die Entwicklung der Informationstechnik entstandenen Schutzbedürfnis nicht hinreichend Rechnung.“[10]

In diesem Urteil wird deutlich, dass die Gestaltung der informationstechnischen Systeme – hier hervorgehoben: Integrität und Vertraulichkeit – erhebliche Relevanz hat. Technik wird also nicht nur als Bedrohung wahrgenommen, sondern als notwendiges Gestaltungsinstrument.

---

[7] BVerfGE 65, 1, 41.

[8] *Tinnefeld*, in: Guggenberger/Meier (Hrsg.), Der Souverän auf der Nebenbühne – Essays und Zwischenrufe zur deutschen Verfassungsdiskussion, 1994, 219ff., 220.

[9] BVerfGE 120, 274.

[10] BVerfGE 120, 274, 306.

2. *Grundrechtsbezogene Technikgestaltung*

Einer der Ursprünge der grundrechtsbezogenen Technikgestaltung[11] mit Fokus auf Datenschutz liegt in dem Forschungsprojekt zur „Verfassungsverträglichkeit und Verletzlichkeit" der Informationsgesellschaft, aus dem 1988 die interdisziplinär arbeitende „Projektgruppe verfassungsverträgliche Technikgestaltung – provet e.V." entstand.[12] Vorausgegangen waren in den 1970er und 1980er Jahren Forschungsarbeiten zu Privacy Technologies[13], die später auch in Deutschland[14] und anderen europäischen Ländern aufgegriffen wurden.

Ab 1995 hielt das Konzept der „Privacy-Enhancing Technologies" (auch: datenschutzfördernde Technik, datenschutzfreundliche Technologien)[15] Einzug in die Diskussion der Datenschutz-Community. In Deutschland befasste sich der Arbeitskreis Technik der Datenschutzbeauftragten des Bundes und der Länder mit „Datenschutz durch Technik"[16] sowie besonderen Ausprägungen wie Selbstdatenschutz[17] (siehe Abschnitt III.) und Systemdatenschutz[18] (siehe Abschnitt IV.). International etablierte sich die Forderung nach „Privacy by Design"[19]. Um die Notwendigkeit zu betonen, dass stets die verschiedenen Perspektiven der Beteiligten einzubeziehen sind, und hierbei insbesondere die betroffenen Personen als Teilnehmende in Kommunikationsnetzen dabei zu unterstützen, ihre Rechte besser durchsetzen zu können, wurde das Konzept der mehrseitigen Sicherheit („Multilateral Security")[20] entwickelt. Dabei wurde auch Vertrauenswürdigkeit der IT-Systeme eingefordert, die überprüfbar sein muss und nicht ein blindes Vertrauen der Nutzenden voraussetzt.

---

[11] Die Idee der grundrechtsbezogenen Technikgestaltung ist älter als das Recht auf informationelle Selbstbestimmung. So hatte sich das Bundesverfassungsgericht beispielsweise seit den 1970er Jahren intensiv mit Atomkraft als Risikotechnologie beschäftigt und Grenzen ihres Einsatzes aufgezeigt (BVerfGE 53, 30 – Mülheim-Kärlich, BVerfGE 49, 89 – Kalkar I).

[12] Unter Beteiligung des Rechtswissenschaftlers Alexander Roßnagel; http://www.provet.org/index.php/verein/entstehung.

[13] Grundlegend *Chaum*, Security without Identification: Transaction Systems to make Big Brother Obsolete, Communications of the ACM, 1985, 1030 ff.

[14] Beispielsweise *Pfitzmann/Waidner/Pfitzmann*, DuD 1990, 243 ff., 305 ff.

[15] *Van Rossum et al.*, Privacy-Enhancing Technologies: The Path to Anonymity, 1995; *Borking*, DuD 1996, 654; *Borking*, DuD 1998, 636; *Borking/Raab*, The Journal of Information, Law and Technology, 2001, Nr. 1; *Hansen*, in: Roßnagel (Hrsg.), Handbuch Datenschutzrecht, 2003, 291 ff.; European Commission, Promoting Data Protection by Privacy Enhancing Technologies (PETs), IP/07/598, 02.05.2007.

[16] AK Technik der Datenschutzbeauftragten des Bundes und der Länder, Arbeitspapier „Datenschutzfreundliche Technologien", 1997, sowie Arbeitspapier „Datenschutzfreundliche Technologien in der Telekommunikation", 1997.

[17] *Roßnagel*, in: Roßnagel (Hrsg.), Handbuch Datenschutzrecht, 2003, 325 ff.

[18] *Dix*, in: Roßnagel (Hrsg.), Handbuch Datenschutzrecht, 2003, 363 ff.

[19] *Cavoukian*, Privacy by Design – The 7 Foundational Principles, 2009/2011.

[20] Müller/Rannenberg (Hrsg.), Multilateral Security in Communications – Technology, Infrastructure, Economy, 1999; *Pfitzmann*, in: Müller (Hrsg.), Emerging Trends in Information and Communication Security, Proc. ETRICS, Lecture Notes in Computer Science, Vol. 3995, 2006, 1 ff.

Treiber der Diskussion war die Beobachtung der zunehmenden Vernetzung und Globalisierung, die dazu führte, dass die Möglichkeiten der einzelnen Staaten für den Schutz ihrer Bürgerinnen und Bürger eingeschränkt wurden. Bereits 1997 mahnte Roßnagel:

„Weltweit offene Netze schaffen neue Herausforderungen für Staat und Recht. Beide sind nicht mehr in der Lage, im neuen immateriellen Sozialraum der Netze Gemeinwohlbelange durchzusetzen und die Bürger zu schützen. Zugleich aber bieten moderne Informationstechniken jedem vielfältige Möglichkeiten, sich selbst zu schützen. Unter diesen Umständen wandelt sich die Erfüllungsverantwortung des Staates zu einer Strukturverantwortung. Er wird seiner Schutzpflicht gerecht, wenn er Strukturen schafft, die seine Bürger befähigen, ihre Interessen in der Welt der Netze selbstbestimmt zu schützen.“ [21]

Auch die Rolle von Code – oder allgemeiner: von technischen Standards – unterlag einem Wandel in der Wahrnehmung – bis hin zur für die Gesetzgebung provokanten Aussage: „*Code is law*“.[22] Seit Ende der 1990er Jahre wurde zwar den technischen Komponenten der Verarbeitung großes Augenmerk zuteil, jedoch beschränkte sich die Debatte nicht darauf, sondern nahm auch organisatorische Prozesse, vertragliche Zusammenhänge und Geschäftsmodelle[23] in den Blick. Eine ganzheitliche Systemgestaltung zur Implementierung von Datenschutzanforderungen gehörte dabei auch zu den Forderungen der Internationalen Konferenz der Datenschutzbeauftragten in ihrer „Privacy by Design Resolution“:

„Offering Privacy by Design as a holistic concept that may be applied to operations throughout an organization, end-to-end, including its information technology, business practices, processes, physical design and networked infrastructure“.[24]

Einige der Resultate dieser intensiven Diskussionen – u. a. zu Datenschutzaudit und -zertifizierung – finden sich in dem Gutachten „Modernisierung des Datenschutzrechts“ von 2001 und wurden teilweise in der Gesetzgebung aufgegriffen, jedoch ohne Sanktionen oder Anreize ausgestaltet. Im Ergebnis blieb der technische Datenschutz hinter den Erwartungen zurück.

3. Technik und Datenschutz

Zusammenfassend lässt sich sagen, dass die technische Gestaltung von IT-Systemen für das Entstehen und Beschränken von Risiken für die Rechte und Freiheiten natürlicher Personen von großer Bedeutung ist. Automatisierte Verarbeitung von personenbezogenen Daten ist in Bezug auf Datenschutz nicht neutral:

---

[21] *Roßnagel*, Zeitschrift für Rechtspolitik, 1997, 26.

[22] *Lessig*, Code and other laws of cyberspace, 1999.

[23] *Cavoukian*, Privacy by Design – The 7 Foundational Principles, 2009/2011.

[24] International Conference of Data Protection and Privacy Commissioners, Resolution on Privacy by Design, 2010, 1.

Es werden nämlich Daten verarbeitet, und es gibt Verantwortliche, die über die Zwecke und Mittel entscheiden, es gibt Zugriffsmöglichkeiten auf die Daten, und es gibt betroffene Personen. Jegliche Verarbeitung personenbezogener Daten ist nicht frei von Risiken.

Aus diesem Grund ist es wichtig, der technischen Gestaltung von IT-Systemen eine große Bedeutung beizumessen. So wies Tinnefeld in Bezug auf die Notwendigkeit einer Stärkung von Privatheit und individueller Selbstbestimmung hin: „In einem digitalisierten, vernetzten Weltmarkt kann dies ohne eine datenschutzgerechte Technikgestaltung nicht gelingen."[25]

Technik allein reicht jedoch für das Beherrschen des Risikos für die Rechte und Freiheiten der Menschen nicht aus. Vielmehr müssen technische und organisatorische und rechtliche Maßnahmen ineinandergreifen. Weiterhin müssen die Interdependenzen mit ökonomischen Faktoren ebenso wie psychologische, soziale und soziologische Aspekte im Auge behalten werden, wenn es um eine faire Ausgestaltung unserer Informationsgesellschaft geht.

Im Folgenden werden wichtige Konzepte der letzten Jahrzehnte – Selbstdatenschutz und Systemdatenschutz – beleuchtet, die auch heute noch Relevanz haben.

III. Selbstdatenschutz – die Grenzen der digitalen Verteidigung

Eine wichtige Rolle in der Diskussion – und immer wieder nachgefragt von den Nutzenden – spielt das Konzept des Selbstdatenschutzes, das in Abschnitt 1 erläutert wird. Warum dieses Konzept jedoch keinen umfassenden Ansatz zum Datenschutz leistet, ergibt sich aus Abschnitt 2.

1. Selbstdatenschutz – was ist das?

Unter Selbstdatenschutz versteht man das Handeln der betroffenen Person in ihrem eigenen Sinne für das gewünschte, in der Regel höhere, Niveau an Datenschutz und das aktive Wahrnehmen des Rechts auf informationelle Selbstbestimmung: Das bedeutet, selbst darüber bestimmen zu können, ob personenbezogene Daten verarbeitet werden.[26] Selbstdatenschutz gibt es in der Offline-Welt, beispielsweise wenn in einem Papierfragebogen die betroffene Person entscheidet, ob sie bestimmte Einträge auf die Fragen vornimmt und welche dies sind. Zum Selbstdatenschutz können auch das Erteilen oder Widerrufen von Einwilligungen oder andere Arten der Intervention wie der Wahrnehmung der Rechte auf Auskunft, Berichtigung, Löschen, Beschränkung der Verarbeitung, Widerspruch oder Datenportabilität gezählt werden. In einer weiten Be-

---

[25] *Tinnefeld*, in: Kreowski (Hrsg.), Informatik und Gesellschaft, 2008.

[26] *Roßnagel*, in: Roßnagel (Hrsg.), Handbuch Datenschutzrecht, 2003, 327.

trachtung könnten ebenfalls die Beschwerde bei der Aufsichtsbehörde oder das Einreichen einer Schadensersatzklage zum Selbstdatenschutz gehören.

Fast immer wird Selbstdatenschutz in Bezug auf Praktiken in der digitalen Welt und vor allem im Internet diskutiert:[27] der Einsatz von Software-Tools oder – generell – der Gesamtheit von technischen und organisatorischen Maßnahmen durch die betroffene Person zum Schutz der eigenen Datenschutzrechte. Unter dem Stichwort „digitale Selbstverteidigung" findet man geeignete Tools in vielerlei Kategorien, beispielsweise Anti-Tracking-Tools, anonymes Surfen, Verschlüsselung, Passwortmanager oder alternative Suchmaschinen-, Messenger-, Cloud- oder Kartendienste.[28]

Die Relevanz des Selbstdatenschutzes in globalen Netzen ergibt sich auch daraus, dass hier das Risiko der Fremdbestimmung besonders groß ist und sich Zweckbegrenzungen, Löschgebote und Exportverbote kaum grenzüberschreitend durchsetzen lassen.[29] Deswegen soll die betroffene Person auch selbst Verantwortung für den eigenen Datenschutz übernehmen.[30]

2. *Warum Selbstdatenschutz nicht reicht*

Vom Wortlaut mag es naheliegen, dass Selbstdatenschutz genau das leistet, was unter der Wahrnehmung des Rechts auf informationelle Selbstbestimmung verstanden wird, und somit wichtige Datenschutzprobleme löst. Seit Ende der 1990er Jahre wurde diskutiert, welche Voraussetzungen erfüllt sein müssen, damit das Konzept Selbstdatenschutz funktioniert: Vor allem müssten die betroffenen Personen zur Ausübung der Selbstbestimmung befähigt werden – mit technischen Werkzeugen sowie Datenschutz- und Medienkompetenz („Privacy Literacy"[31]) in einer Umgebung von technischen Infrastrukturen und rechtlichen Rahmenbedingungen, die den Selbstdatenschutz tatsächlich ermöglichen.

Seit den 1990er Jahren sind in dieser Hinsicht durchaus Erfolge zu vermelden: Datenschutz ist in der Bevölkerung kein völlig unbekanntes Konzept mehr; die jüngeren Generationen wachsen als Digital Natives aus; Digitalisierung hat seit 2020 durch die pandemiebedingten Kontaktreduzierungspflichten bis hinein in die Haushalte einen Schub bekommen; es sind mehr Selbstdatenschutz-Tools verfügbar. Dennoch kann Selbstdatenschutz die Datenschutzprobleme unserer Zeit nicht lösen. Dies hat verschiedene Ursachen.

---

[27] *Karaboga/Masur/Matzner/Mothes/Nebel/Ochs/Schütz/Fhom*, White Paper Selbstdatenschutz, Forum Privatheit und selbstbestimmtes Leben in der Digitalen Welt, 2. Aufl. November 2014, https://www.forum-privatheit.de/download/selbstdatenschutz-2-auflage-2014/ (letzter Abruf: 9.6.2022).

[28] https://digitalcourage.de/digitale-selbstverteidigung, https://www.kuketz-blog.de/empfehlungsecke/, https://www.bsi-fuer-buerger.de/(letzter Abruf: 9.6.2022).

[29] *Roßnagel*, in: Roßnagel (Hrsg.), Handbuch Datenschutzrecht, 2003, 327f.

[30] *Roßnagel*, in: Roßnagel (Hrsg.), Handbuch Datenschutzrecht, 2003, 328.

[31] *Masur*, Media and Communication, 2020, 258; *Trepte et al.*, in: Gutwirth et al. (Hrsg.), Reforming European Data Protection Law, 2015, 333ff.

Beim Selbstdatenschutz ist zu unterscheiden, ob es sich um (1) eine Funktionalität handelt, die der Anbieter bereitstellt, oder ob dies als (2) „digitale Selbstverteidigung" gegen ein Zuviel an Datenverarbeitung durch Akteure in den vernetzten IT-Systemen eingesetzt werden soll. Zur ersten Kategorie gehört beispielsweise ein vom Anbieter bereitgestelltes Datenschutz-Dashboard zur Kontrolle über die eigenen personenbezogenen Daten, die der Anbieter verarbeitet. Dies kann für die betroffenen Personen nützlich sein. Allerdings enthalten die üblichen Dashboards in der Regel nicht alle personenbezogene Daten, die der Anbieter über die betroffene Person verarbeitet, nicht alle potenziellen oder realen Empfänger der Daten und nicht über alle Verarbeitungen wie z.B. Profiling oder Scoring verständliche Informationen. Die betroffene Person erhält also nur so viel bequem nutzbare Selbstdatenschutz-Funktionalität, wie der Anbieter es möchte. Für die zweite Kategorie – die digitale Selbstverteidigung – muss man sich bewusst machen, dass ihre Möglichkeiten limitiert sind auf die Freiheitsgrade, die das technische System und die Umgebung bieten. Beispielsweise kann man sich dafür entscheiden, dass man nur noch verschlüsselt kommuniziert – jedoch werden dann einige Webseiten nicht mehr zugreifbar sein, und auch eine Kommunikation mit Partnern, die sich nicht auf denselben Verschlüsselungsstandard einlassen, wird dann nicht möglich sein.

Pfitzmann unterscheidet unilaterale Technik, die allein in der Hand der betroffenen Person umsetzbar ist (z.B. die lokale Dateiverschlüsselung), bilaterale Technik, die die Kooperation des Kommunikationspartners erfordert (z.B. Verschlüsselung der Kommunikation), trilaterale Technik mit der Notwendigkeit der Einschaltung einer dritten Partei (z.B. bei einer digitalen Signatur mit einer Vertrauensstelle), und schließlich multilaterale Technik, bei der noch mehr Instanzen zusammenarbeiten müssen (z.B. ein Mix-Netz für die Anonymisierung von Nachrichten, bei denen für einen Beobachter keine Zuordnung auf Individuen innerhalb einer größeren Menge möglich ist).[32] Das bedeutet: Schon aufgrund der Charakteristik von Schutztechniken in Bezug auf die Mitwirkungsnotwendigkeiten ist eine digitale Selbstverteidigung nur dann möglich, wenn weitere Parteien dies unterstützen.

Selbstdatenschutz wird insbesondere für die eigene Entscheidung zum Ob und zum Umfang der Verarbeitung der eigenen personenbezogenen Daten angeführt. Doch in vernetzten IT-Systemen, die immer mehr in unserer Umgebung einschließlich des öffentlichen Raums – Smart Cities, Smart Cars, Smart Homes, ... – Einzug halten, gehört die Verarbeitung von Daten, darunter auch viele personenbezogene Daten, zum Standard. Nicht immer kann man den Datenaustausch stoppen oder ganz deaktivieren, und wenn, dann bei einer üblichen Realisierung mit Verlust an Funktionalität.

---

[32] *Pfitzmann*, in: Müller (Hrsg.), Emerging Trends in Information and Communication Security, Proc. ETRICS, Lecture Notes in Computer Science, Vol. 3995, 2006, 1ff.

Abgesehen von mehr oder weniger begründeten technischen Notwendigkeiten führt besonders bei Unternehmen, deren Geschäftsmodell in der Verarbeitung personenbezogener Daten besteht, ein weiterer Effekt zu einem Mehr an Verarbeitung personenbezogener Daten: die Verwendung von „Dark Patterns“[33], d.h. die Gestaltung der Benutzungsoberflächen oder der Interaktion mit den Nutzenden in einer Weise, dass diese zur Herausgabe von mehr Daten oder zur Zustimmung zu mehr Verarbeitungen gebracht werden. Für diejenigen, die mit allen Verarbeitungen durch den Anbieter einverstanden sind, reicht vielleicht ein Klick auf eine „Einverstanden“-Schaltfläche; die übrigen müssen in komplexen Nutzerdialogen konzentriert schauen, wo sie widersprechen können und was ihr Widerspruch bewirkt. Statt „Data Protection by Design“ gilt hier: „Deceived by Design“.[34],[35] Dies hat umso größere Relevanz, als es sich nicht um einzelne kleine Angebote handelt, zu denen man leicht Alternativen findet, sondern viele eher den Charakter digitaler Infrastrukturen, beispielsweise soziale Medien oder zentrale Plattformen, aufweisen. Die Bedingung für einen effektiven Selbstdatenschutz, dass die technische und rechtliche Umgebung die Nutzenden unterstützt, ist daher nicht als erfüllt anzusehen. Auch die Privacy Literacy ist – gerade angesichts komplexer und kaum nachvollziehbarer Verarbeitungen – bei allen Nutzenden nicht ausreichend.

Zusammenfassend lässt sich feststellen, dass sicherlich Technikunterstützung für die Wahrnehmung der eigenen Rechte hilfreich sein kann, jedoch das Maß an Datenschutz, das einer betroffenen Person zugestanden wird, nicht davon abhängen darf, ob sie generell oder in der aktuellen Situation zum Selbstdatenschutz in der Lage ist. Besonders die Idee, dass sich jede und jeder Interessierte schon selbst ausreichend schützen wird, verleitet dazu, sich auf Instrumente des Selbstdatenschutzes zu verlassen und vor allem dann den Individuen die Last für ihren Datenschutz aufzubürden. Hinzu kommt, dass jede Person nur die selbst zu dem jeweiligen Zeitpunkt wahrgenommenen eigenen Interessen vertritt und sich womöglich mit einer „Ich habe nichts zu verbergen“-Attitüde oder unter Fehleinschätzung des Risikos späteren ungünstigen Auswirkungen ausgesetzt sieht. Vulnerable Gruppen würden zusätzlich benachteiligt. Und dem Gemeinwohl, der demokratischen Gesellschaft oder anderen kollektiven Interessen wären die Auswirkungen eines zu individualistisch, gar egozentrisch gedachten Datenschutzes auch nicht dienlich.

---

[33] Europäischer Datenschutzausschuss, Guidelines 3/2022 on Dark patterns in social media platform interfaces: How to recognise and avoid them (Version 1.0 – version for public consultation), adopted on 14 March 2022, Brussels, https://edpb.europa.eu/system/files/2022-03/edpb_03-2022_guidelines_on_dark_patterns_in_social_media_platform_interfaces_en.pdf (letzter Abruf: 9.6.2022).

[34] *Forbrukerrådet*, Deceived by design – How tech companies use dark patterns to discourage us from exercising our rights to privacy, 2018, https://fil.forbrukerradet.no/wp-content/uploads/2018/06/2018-06-27-deceived-by-design-final.pdf (letzter Abruf: 9.6.2022).

[35] *Brignull*, Sammlung von Deceptive-Design-Patterns, 20022, https://www.deceptive.design/hall-of-shame/all (letzter Abruf: 9.6.2022).

IV. Systemdatenschutz – ein neuer Anlauf

Eines der Datenschutzkonzepte, die schon vor dem Recht auf informationelle Selbstbestimmung thematisiert wurden, ist der Systemdatenschutz. Was darunter verstanden wird und warum dies zunehmend im Fokus steht, wird im Folgenden dargelegt.

1. Systemdatenschutz – was ist das?

Der Begriff „Systemdatenschutz" verweist auf die systemische Komponente, durch die Datenschutzrisiken strukturell adressiert und behandelt werden sollen.[36] Dazu gehört beispielsweise das Eindämmen von (staatlichen) Machtkonzentrationen, die durch zentrale Verarbeitungsstrukturen begünstigt werden.[37] Nach Podlech umfasst Systemdatenschutz die Menge der Rechtsregeln, die Vorgänge der Verarbeitung rechtlich so ordnen, dass die Gesamtheit der rechtlich geregelten Informationsvorgänge keine sozialschädlichen Folgen herbeiführen.[38] Wesentlich ist das Konzept der informationellen Gewaltenteilung, das die Zweckbindung unterstützt. Schaut man sich die Prinzipien des Systemdatenschutzes im Podlechschen Sinne an, erkennt man zahlreiche Parallelen zu den Datenschutzgrundsätzen in Artikel 5 DSGVO.

2. Warum Systemdatenschutz relevanter wird

Die Arbeiten aus den 1970er und 1980er Jahren im Umfeld des Systemdatenschutzes waren davon geprägt, der Tendenz einer ausufernden staatlichen zunehmend rechnergestützten Überwachung von Bürgerinnen und Bürgern rechtsstaatliche Verfahrensgestaltungen entgegenzusetzen. Systemdatenschutz adressiert unmittelbar die besonders mächtigen Akteure, die über große Datensammlungen verfügen, und diejenigen, die sich um den Aufbau und Betrieb von Infrastrukturen kümmern. Was damals deutlich aufseiten des Staates verortet war, liegt nun auch in den Händen von privatwirtschaftlichen Unternehmen. Ganz klar umfassen heutige Infrastrukturen auch Angebote von Internet-Suchmaschinen, Clouds, sozialen Medien bis hin zum sich im Aufbau befindlichen Metaversum[39], in dem die Nutzenden für Arbeit und Freizeit mit Augmented-Reality-Ausrüstung und sensorischer Auswertung ihrer Körperfunktionen in digitalen Räumen interagieren können.[40] Auch die Erweiterungen oder sogar

[36] *Dix*, in: Roßnagel (Hrsg.), Handbuch Datenschutzrecht, 2003, 363 ff.

[37] *Steinmüller/Lutterbeck/Mallmann/Harborth/Gerhard/Schneider*, Grundfragen des Datenschutzes, BT-Drs. VI/3826 Anlage 1, 1971, 5 ff.

[38] *Podlech*, in: Brückner/Dalichau (Hrsg.), Festgabe für Hans Grüner, 1982, 451 ff., 452.

[39] *Rosenberg*, Big Think 6.11.2021, https://bigthink.com/the-future/metaverse-augmented-reality-danger/ (letzter Abruf: 9.6.2022).

[40] Das Verwischen der Grenzen zwischen offline und online, das körperliche Einsteigen in den digitalen Raum, das Überlagern der als echt wahrgenommenen Realität mit weiteren In-

Durchdringung der physischen Räume um Sensorik und Steuerungsfunktionalität in Smart Cars, in Smart Cities, im Smart Home oder anderen Anwendungen des Internets der Dinge (Internet of Things, IoT)[41] stellen die Konzepte von Privatheit und Datenschutz vor Herausforderungen. Es braucht nicht viel Fantasie, um zu erkennen, dass Überwachung durch den Staat und vielfältigen Zwecken dienende Beobachtung durch Unternehmen auch in diese Infrastrukturen und neuen digitalen Räume Einzug erhalten.[42] Gerade weil diese Technikdurchdringung nicht von einem totalitären Staat vorgegeben ist, sondern dies oft als nützlicher Fortschritt oder spaßige und bunte Welt empfunden wird, erscheint vielen ein Vergleich mit George Orwells „1984“ nicht naheliegend. Tinnefeld mahnt aber vor einer Bagatellisierung der Orwellschen Kritik an grenzenloser Überwachung: „Nichts ist zeitgemäßer als seine Warnung vor der (maßlosen) Preisgabe von Freiheitsräumen, sowohl im Tauch für Sicherheit wie auch im Tausch für Profit.“[43]

In den letzten Jahren sind die Gefährdungen demokratischer Institutionen und rechtsstaatlicher Garantien deutlich zutage getreten, beispielsweise durch Fake News und Desinformation, die auf Basis von detaillierten Datenanalysen zur Manipulation von Einzelnen und gesellschaftlichen Gruppen eingesetzt wurden.[44] Hier sind die Konzepte des Systemdatenschutzes erneut gefragt, um die Risiken einzudämmen. Bedingung dafür ist ein tiefergehendes Verständnis von sozio-technischen Systemen und komplexen Datenökosystemen, für die adäquate Governance-Instrumente auf mehreren Regulierungsebenen Wirkung entfalten können.[45] Wie schon früh von Podlech erkannt, reichen dafür rein individualrechtliche Ansätze des Datenschutzes nicht aus.[46]

Zwar lässt sich die heutige Situation der Datenverarbeitung nicht mit den damaligen Gegebenheiten vergleichen, und die damals erarbeiteten, aber nicht

---

formationslayern, beispielsweise eingespielt in Brillen oder auf anderen Projektionsflächen – all dies stellt neue Herausforderungen an die „Vorstellung von Privatheit und Intimität“, die sich „seit alters her mit nicht-öffentlich zugänglichen Räumen“ verbindet – „Private Räume als Bedingung der Freiheit“, so bringt es Tinnefeld auf den Punkt; *Tinnefeld*, in: Lamnek/Tinnefeld (Hrsg.), Privatheit, Garten und politische Kultur – Von kommunikativen Zwischenräumen, 2003, 18ff., 18.

[41] *Lopez-Neira* et al., Safe – The Domestic Abuse Quarterly 2019, 22.

[42] *Hunter*, Surveillance will follow us into ‘the metaverse’, and our bodies could be its new data source, The Washington Post 13.1.2022, https://www.washingtonpost.com/technology/2022/01/13/privacy-vr-metaverse/ (letzter Abruf: 9.6.2022).

[43] *Tinnefeld*, in: Lamnek/Tinnefeld (Hrsg.), Privatheit, Garten und politische Kultur – Von kommunikativen Zwischenräumen, 2003, 10.

[44] *Roßnagel/Bile/Geminn/Nebel*, in: Roßnagel/Friedewald (Hrsg.), Die Zukunft von Privatheit und Selbstbestimmung, DuD-Fachbeiträge, 2022, 3ff.

[45] Vorschläge dazu hat beispielsweise die Datenethikkommission unterbreitet: Gutachten der Datenethikkommission, 2019, 25, 67ff., https://www.bfdi.bund.de/SharedDocs/Downloads/DE/Arbeitshilfen/Datenethikkommission_20191023_Gutachten.html (letzter Abruf: 9.6.2022).

[46] *Podlech*, in: Brückner/Dalichau (Hrsg.), Festgabe für Hans Grüner, 1982, 454ff.

umgesetzten Vorschläge lassen sich auch nicht vollständig extrapolieren. Dennoch lohnt sich eine Beschäftigung damit, um – unter den veränderten Bedingungen mit Geltung der DSGVO und – noch grundlegender – vor allem des Umsetzungsgebots der Artikel 7 und 8 der Charta der Grundrechte der Europäischen Union[47] tatsächlich zu einer fairen Systemgestaltung zu kommen.[48]

V. Eingebauter Datenschutz – wie?

Der Grundsatz des Datenschutzes by Design ist zwar schon einige Jahrzehnte alt, doch die Anreize aus der Zeit vor Geltung der DSGVO haben hier nur wenig Fortschritt gebracht. Zwar enthielt das Bundesdatenschutzgesetz (BDSG) mit § 3a sogar eine Regelung zu „Datenvermeidung und Datensparsamkeit", doch diese Anforderung wurde weitgehend ignoriert – waren doch im BDSG auch keine Sanktionen für den Fall der Nichtumsetzung vorgesehen.

Mit Artikel 25 DSGVO gibt es nun eine Regelung, die sanktionsbewehrt ist. Ist mittlerweile „Datenschutz durch Technikgestaltung und durch datenschutzfreundliche Voreinstellungen" in der Praxis angekommen? Abschnitt 1 erklärt kurz die wesentlichen Anforderungen des Artikel 25 DSGVO. Warum trotz dieses allgemeinen Grundsatzes des eingebauten – oder einzubauenden – Datenschutzes dies noch nicht der Normalfall ist, beschreibt Abschnitt 2. Schließlich skizziert Abschnitt 3 einen Ansatz, der zukunftsträchtig und im Sinne der DSGVO sein dürfte.

1. Artikel 25 DSGVO verstehen

Artikel 25 DSGVO ist in der deutschen Sprachfassung betitelt mit „Datenschutz durch Technikgestaltung und durch datenschutzfreundliche Voreinstellungen". Dies knüpft an die Arbeiten in Deutschland ab 1995 an, als in der Community „Datenschutz durch Technik" propagiert wurde. Vergleicht man aber die Sprachfassungen der DSGVO, fällt auf, dass „Technik" gerade nicht als Schlagwort in der Überschrift aufgegriffen wurde. Stattdessen verwendet beispielsweise die englische Fassung die Überschrift „Data Protection by Design and by Default" (also etwa: „Datenschutz durch Gestaltung und durch Voreinstellung"), in der schwedischen Sprachversion heißt es „Inbyggt dataskydd och dataskydd som standard" (also: „Eingebauter Datenschutz und Datenschutz als Standard").

---

[47] *Bieker*, The Right to Data Protection – Individual and Structural Dimensions of Data Protection in EU Law, 2022.

[48] *Pohle*, Datenschutz und Technikgestaltung, Dissertation, Humboldt-Universität zu Berlin, 2018, http://dx.doi.org/10.18452/19136, 260.

Regelungsadressat ist der Verantwortliche, der nach Artikel 25 Absatz 1 DSGVO für die geeigneten technischen und organisatorischen Maßnahmen sorgen muss, um in seiner Verarbeitung personenbezogener Daten die Datenschutzgrundsätze wirksam umzusetzen. Dies muss bereits in der Planungsphase – zum Zeitpunkt der Festlegung der Mittel für die Verarbeitung – als auch im Betrieb – zum Zeitpunkt der eigentlichen Verarbeitung – geschehen. Der gesamte Lebenszyklus der Daten bzw. der sie verarbeitenden Systeme ist in den Blick zu nehmen. Welche Maßnahmen zu implementieren sind, hängt vom Stand der Technik, den Implementierungskosten, Art, Umfang, Umständen und Zwecken der Verarbeitung sowie dem Risiko für die Rechte und Freiheiten natürlicher Personen ab.

Von besonderem Interesse ist Artikel 25 Absatz 2 DSGVO: Der Verantwortliche muss nämlich mit geeigneten technischen und organisatorischen Maßnahmen sicherstellen, dass durch Voreinstellung nur die für den jeweiligen Verarbeitungszweck erforderlichen personenbezogenen Daten verarbeitet werden. Man kann dies als Spezialisierung gegenüber dem ersten Absatz von Artikel 25 DSGVO werten, der ja bereits alle Datenschutzgrundsätze – auch Datenminimierung und Speicherbegrenzung, die das Erforderlichkeitsprinzip konturieren – umfasst. Allerdings ist gleichzeitig die Anforderung strikter: Geeignete Maßnahmen bezüglich der Voreinstellungen sind nämlich bedingungslos – d. h. ohne einen Abwägungsprozess mit wie beispielsweise den in Absatz 1 genannten Kriterien wie dem Stand der Technik oder den Implementierungskosten – zu treffen.

Ein Verstoß gegen Artikel 25 DSGVO ist nach Artikel 83 Absatz 2 Buchst. d DSGVO bußgeldbewehrt. Während Verstöße gegen Artikel 32 DSGVO (Sicherheit) regelmäßig Gegenstand von Bußgeldbescheiden sind, ist dies angesichts der wenig konkreten Formulierung und der weniger ausgearbeiteten Materie für Artikel 25 DSGVO eine Seltenheit.

Mittlerweile sind erste Hilfestellungen zur Umsetzung der Anforderung nach eingebautem Datenschutz verfügbar[49], speziell auch für das Instrument der Pseudonymisierung[50]. Während für den Bereich der Sicherheit zahlreiche

[49] Europäischer Datenschutzausschuss, Leitlinien 4/2019 zu Artikel 25 Datenschutz durch Technikgestaltung und durch datenschutzfreundliche Voreinstellungen, Version 2.0, angenommen am 20. Oktober 2020; *Castelluccia/D'Acquisto/Hansen/Lauradoux/Jensen/Orzeł/Drogkaris*, Data Protection Engineering: From Theory to Practice, 2022.

[50] Schwartmann/Weiß (Hrsg.), Anforderungen an den datenschutzkonformen Einsatz von Pseudonymisierungslösungen – Ein Arbeitspapier der Fokusgruppe Datenschutz der Plattform Sicherheit, Schutz und Vertrauen für Gesellschaft und Wirtschaft im Rahmen des Digital-Gipfels 2018, Version 1.01, 2019; ENISA, Pseudonymisation techniques and best practices – Recommendations on shaping technology according to data protection and privacy provisions, 2019, DOI 10.2824/247711; ENISA, Data Pseudonymisation: Advanced Techniques & Use Cases – Technical analysis of cybersecurity measures in data protection and privacy, 2021, DOI 10.2824/860099.

Anordnungen der Aufsichtsbehörden und gerichtliche Entscheidungen existieren, die deutlich machen, was konkret angesichts des mit den jeweiligen Verarbeitungen verbundenen Risikos für die Rechte und Freiheiten natürlicher Personen von den Verantwortlichen erwartet wird, fehlt dies noch weitgehend für die Implementierung des Artikel 25 DSGVO.

2. Warum eingebauter Datenschutz noch keine Selbstverständlichkeit ist

Das Thema des Datenschutzes durch Technikgestaltung ist inhaltlich unmittelbar mit dem Hersteller verknüpft. In der Tat spricht auch Erwägungsgrund 78 der DSGVO von den Herstellern:

> „In Bezug auf Entwicklung, Gestaltung, Auswahl und Nutzung von Anwendungen, Diensten und Produkten, die entweder auf der Verarbeitung von personenbezogenen Daten beruhen oder zur Erfüllung ihrer Aufgaben personenbezogene Daten verarbeiten, sollten die Hersteller der Produkte, Dienste und Anwendungen ermutigt werden, das Recht auf Datenschutz bei der Entwicklung und Gestaltung der Produkte, Dienste und Anwendungen zu berücksichtigen und unter gebührender Berücksichtigung des Stands der Technik sicherzustellen, dass die Verantwortlichen und die Verarbeiter in der Lage sind, ihren Datenschutzpflichten nachzukommen."

Was genau unter „Ermutigung" zu verstehen ist, wird nicht konkretisiert. Im Gesetzestext treten die Hersteller nämlich gar nicht in Erscheinung. Sie gehören nicht zu den Verpflichteten, jedenfalls soweit sie nicht selbst Verantwortliche sind. Es obliegt damit den Verantwortlichen für die Verarbeitung, im Falle des geplanten Einsatzes von fremdentwickelten oder –betriebenen Verarbeitungssystemen hier die eigenen Anforderungen an eingebauten Datenschutz zu kommunizieren und für eine Umsetzung zu sorgen. Das ist allerdings vielen Akteuren anscheinend noch nicht bewusst; Artikel 25 DSGVO ist bisher selten Regelungsbestandteil von Auftragsverarbeitungsverträgen oder Ausschreibungen. Dabei erwähnt Erwägungsgrund 78 sogar ausdrücklich, dass „[d]en Grundsätzen des Datenschutzes durch Technik und durch datenschutzfreundliche Voreinstellungen ... auch bei öffentlichen Ausschreibungen Rechnung getragen werden" sollte.

Selbst die Vorbildfunktion des öffentlichen Sektors hat hier noch nicht dazu geführt, dass nur datenschutzfreundliche IT-Systeme zum Einsatz kommen, deren Erfüllung der DSGVO und speziell des Artikel 25 nachgewiesen wird. Öffentliche Ausschreibungen, die derartige Nachweise fordern, sind zumindest noch nicht die Regel.

Zu den essentiellen Fragen, die bei einer Umsetzung von Datenschutzanforderungen zu klären sind, gehören beispielsweise die Verwendung und Wiederverwendung von Kennungen von Nutzenden, Speicherorte von Daten sowie die Dauer der Speicherung, Datenflüsse, Zugriffe und Zugriffsmöglichkeiten auf die Daten. Ein Großteil dieser Punkte wird jedoch bereits durch technische

Standards und Vorgaben etwa zu Adressschemata, Kommunikationsprotokollen oder Architekturen definiert. Diese Standards und Vorgaben, die unabhängig davon erarbeitet werden, ob sie für personenbezogene oder nicht-personenbezogene Daten zum Einsatz kommen, werden üblicherweise nicht unter Datenschutzgesichtspunkten festgelegt. Dieser Prozess wird auch nicht von der DSGVO adressiert. Standardisierungsorganisationen sind keine Verpflichteten des Artikel 25 DSGVO.

Systementwicklung folgt solchen Standards und bedient sich existierender Komponenten, wie beispielsweise Bibliotheken mit bestimmter Funktionalität. Solche Komponenten sind üblicherweise nicht statisch, sondern deren Entwicklungsteams können den Code verändern, beispielsweise um neue Funktionen hinzunehmen oder um gefundene Schwachstellen zu beseitigen. Wenn derjenige, der die Komponenten bereitstellt, nicht auch selbst Verantwortlicher ist, weil er selbst personenbezogene Daten verarbeitet, ist er ebenfalls nicht Verpflichteter nach Artikel 25 DSGVO.

Im Bereich der Informationssicherheit – hier wäre die Umsetzung des Artikel 32 DSGVO maßgeblich – wird man sich zunehmend der für die Anwender kritischen Effekte bewusst, die durch Schwachstellen in weit verbreiteten Anwendungen[51] oder Bibliotheken[52] verursacht werden. Selbstverständlich hat dies auch Auswirkungen auf die Verarbeitung personenbezogener Daten.[53] Im Übrigen können auch gesondert entwickelte Datenschutzanwendungen oder -komponenten von solchen Problemen betroffen sein: Nicht jedes gute Datenschutzkonzept ist auch in der Implementierung von überragender Qualität; oft gibt es lediglich Demonstratoren oder Piloten statt fertig einsetzbarer Produkte oder Services.[54] Das hängt auch damit zusammen, dass die Förderung von Wissenschaft und Forschung regelmäßig vor der Markttauglichkeit endet, denn die Markteinführung soll Aufgabe von interessierten Unternehmen sein. Dies wiederum führt dazu, dass der Stand der Technik sich nicht so schnell weiterentwi-

---

[51] Als Beispiel die Schwachstelle in den Exchange-Servern von Microsoft, die am 5.3.2021 zu einer BSI-Cyber-Sicherheitswarnung führte, https://www.bsi.bund.de/DE/Themen/Unternehmen-und-Organisationen/Informationen-und-Empfehlungen/Empfehlungen-nach-Angriffszielen/Server/Microsoft-Exchange_Schwachstelle/schwachstelle_exchange_server_node.html (Abruf am 29.5.2022).

[52] Beispielsweise die Schwachstelle in der Java-Bibliothek Log4j, die Ende 2021 die Warnstufe Rot des Bundesamts für Sicherheit in der Informationstechnik auslöste, https://www.bsi.bund.de/DE/Themen/Unternehmen-und-Organisationen/Informationen-und-Empfehlungen/Empfehlungen-nach-Angriffszielen/Webanwendungen/log4j/log4j_node.html (Abruf am 29.5.2022).

[53] Im Falle von Log4j sind beispielsweise Ransomware-Angriffe bekannt geworden, die zur Verschlüsselung der Daten im Netz der Organisation führten, siehe *Jung*, ZDNet, 15.12.2021, https://www.zdnet.de/88398435/logj4-betrifft-haelfte-aller-deutschen-firmen-netzwerke/ (letzter Abruf: 9.6.2022).

[54] *Hansen/Hoepman/Jensen/Schiffner*, Readiness Analysis for the Adoption and Evolution of Privacy Enhancing Technologies: Methodology, Pilot Assessment, and Continuity Plan, ENISA, 2015, DOI: 10.2824/614444.

ckelt, wie es bei einer intensiven Nachfrage im Sinne des Artikel 25 DSGVO zu erwarten wäre.

Zusammenfassend ist festzustellen, dass die Verantwortlichen die genaue Funktionalität und die genauen Risiken der von ihnen eingesetzten IT-Systeme nicht kennen. Die weitergehende Anforderung, bei den durch Dritte bereitgestellten Anwendungen und Komponenten das Prinzip von Datenschutz „by Design & by Default" durchzusetzen, läuft zurzeit ins Leere.

3. *„By Design & by Default" größer denken*

Will man ein schwieriges Problem in der Mathematik oder in der Informatik lösen und es fehlt einem der geeignete Ansatzpunkt, wird manchmal ein Kniff angewendet: Man macht das Problem größer und versucht sich dann an der Lösung. Tatsächlich kann dies dabei helfen, eine geeignete Herangehensweise zu finden. Und wenn dann das größere Problem gelöst ist, ist auch – erst recht! – das Ursprungsproblem gelöst.

Was bedeutet diese Analogie für eingebauten Datenschutz? Trotz aller Probleme mit der Übertragung in die Praxis hat Datenschutz als Gestaltungsanforderung durch die rechtliche Kodifizierung in der nicht nur für Europa maßstabsetzenden DSGVO einen wesentlichen Platz in der Reihe der Vorgaben erhalten, die von Teams zur Systementwicklung zu berücksichtigen sind. Schon aus Compliance-Gründen wird das Thema in irgendeiner Form bearbeitet werden müssen, selbst wenn die Resultate vielfach möglicherweise noch über lange Zeit unzureichend sein werden.

Jedoch bringt diese relative Spitzenposition auch Probleme mit sich: Vermeintliche Datenschutzvorgaben werden seit Jahrzehnten als Ausrede angeführt, wenn ein Verantwortlicher bestimmte Verarbeitungen nicht durchführen oder sich für Defizite bezüglich seines Technikeinsatzes rechtfertigen will, selbst wenn die Ursachen ganz andere sein mögen. Auch bei der Gestaltung von IT-Systemen sieht man derartige Effekte, die darin resultieren, dass andere Anforderungen, die ebenfalls von Relevanz für unsere Gesellschaft oder die Menschen sind, nicht berücksichtigt werden, weil die gewählte Lösung, mit der sich die Datenschutzbedingungen erfüllen lassen, dem entgegensteht. Langjährig bekannt sind Narrative wie „Datenschutz vs. Sicherheit"[55], „Datenschutz vs. Freiheit", „Datenschutz vs. Nutzbarkeit" oder „Datenschutz vs. Informationssicherheit"; in der jüngeren Diskussion werden auch Informationsfreiheit[56],

---

[55] Die Auflösung dieses vermeintlichen Widerspruchs liegt in der Verhältnismäßigkeit: „Es ist [ ] eher ein Zeichen von politischer Klugheit, an den längst zu einem verfassungsrechtlichen Schlüsselbegriff aufgestiegenen Grundsatz der Verhältnismäßigkeit zu erinnern und die eigentlichen Ziele der Sicherheitsbestrebungen wieder in den Blick zu nehmen: Die Verbürgungen der Freiheit."; *Tinnefeld*, in: Fuchs/Luedtke (Hrsg.), Devianz und andere gesellschaftliche Probleme, 2003, 149 ff., 160.

[56] Tinnefeld arbeitet das Spannungsfeld von Datenschutz und Informationsfreiheit heraus:

Umweltschutz[57], Datenzugang, Wirtschaftlichkeit oder Fragen des Kartellrechts angeführt.[58] Hierbei handelt es sich jeweils nicht um wirkliche Gegensätze, sondern um Spannungsfelder, deren Anforderungen in der Konzeptionsphase für ein informationstechnisches System Eingang finden sollten, um geeignete Lösungen zu finden. Der allein auf Datenschutz fokussierte Blick reicht nicht aus und kann zu kontraproduktiven Ergebnissen führen, wenn zwar die DSGVO erfüllt wird, aber weitere vernünftige, gesellschaftlich wertvolle oder rechtlich gebotene Anforderungen ignoriert wurden.

Eine faire und verträgliche Gestaltung von Systemen bedarf der Berücksichtigung von Anforderungen zusätzlich zum Datenschutz, auch wenn sie rechtlich nicht im selben Maße festgeschrieben sind[59] und trotz jahrelanger Rufe nach einer allgemeinen Informationsordnung[60] die Gesetzgebung bisher nur einzelne Teile des Puzzles geliefert hat, die sich noch nicht zu einem Gesamtbild[61] zusammensetzen lassen. Es ist für zukunftsfähige und akzeptierte Lösungen notwendig, nicht nur den eingebauten Datenschutz zu verstärken, sondern ganzheitliche Systemgestaltung im Sinne von „Grundrechten by Design & by Default" voranzubringen.

Auch auf EU-Ebene wird dieser Bedarf gesehen: Unter der deutschen Ratspräsidentschaft im Jahr 2020 wurde die „Berlin Declaration on Digital Society and Value-based Digital Government"[62] verabschiedet, in der die Mitgliedstaa-

---

„Informationsmächtige Organisationen in Staat und Gesellschaft operieren in Bereichen, wo im Ergebnis Menschen betroffen sind. Ihre Datenpools dürfen daher keine ‚black boxes' für Bürger und Bürgerinnen abgeben. Im Spannungsfeld von Gefahr und Macht der Organisationen sind daher für jedermann Instrumentarien zu schaffen (z.B. Auskunftsrechte, Einsichtsrechte unter Schutz von Daten Dritter, Kontrollinstanzen, z.B. Datenschutzbeauftragte), mit deren Hilfe er durchschauen kann, was jenen an verarbeiteten Informationen zur Verfügung steht. Andernfalls wäre der Schritt in das Informationszeitalter ein Fehltritt, der die Menschheit teuer zu stehen kommt. Es obliegt der Kunst des Verfassungsgebers, das informationelle Selbstbestimmungsrecht und das Informationszugangsrecht als zwei komplementäre Aspekte einer Informationsordnung in der Verfassung so zu implementieren, daß beide Rechte sich nicht blockieren, sondern voll ihre Wirkung entfalten.", *Tinnefeld*, in: Guggenberger/Meier (Hrsg.), Der Souverän auf der Nebenbühne – Essays und Zwischenrufe zur deutschen Verfassungsdiskussion, 1994, 219, 223.

[57] Die Parallelität in Bezug auf zu schützende Freiräume veranschaulicht *Tinnefeld*, Überleben in Freiräumen. 12 Denk-Stücke, 2018.

[58] *Hansen/Bieker/Bremert*, in: Roßnagel/Friedewald (Hrsg.), Die Zukunft von Privatheit und Selbstbestimmung, DuD-Fachbeiträge, 2022, 259ff., 287ff.

[59] *Dies.*, 287.

[60] *Tinnefeld*, in: Guggenberger/Meier (Hrsg.), Der Souverän auf der Nebenbühne – Essays und Zwischenrufe zur deutschen Verfassungsdiskussion, 1994, 219ff.

[61] Eine überblicksartige Annäherung mit wesentlichen Empfehlungen liefert das Gutachten der Datenethikkommission, 2019; es wird daraus aber auch deutlich, dass nicht ein einzelner (nationaler) Gesetzgeber Adressat für die nötigen Umsetzungen sein kann und zudem zusätzlich zur Rechtsetzung weitere Governance-Instrumente, beispielsweise zur technischen Standardisierung oder verbesserten Einbindung der Betroffenen, zu nutzen sind.

[62] Council of the European Union, Berlin Declaration on Digital Society and Value-based Digital Government, 08.12.2020, https://ec.europa.eu/newsroom/dae/document.cfm?doc_

ten die Umsetzung der Grundrechte, heruntergebrochen auf sieben Grundprinzipien, insbesondere für die Digitalisierung des öffentlichen Sektors versprechen. Die „Europäische Erklärung zu den digitalen Rechten und Grundsätzen für die digitale Dekade" der Europäischen Kommission von Anfang 2022[63] schlägt argumentativ in dieselbe Kerbe. Leise Skepsis ist jedoch angebracht, wenn in beiden Veröffentlichungen anklingt, dass das Prinzip, den Menschen in den Mittelpunkt zu stellen, auf „Data Literacy" und Selbstschutz abzielt und darüber möglicherweise die systemische Komponente vernachlässigt. Auch ist bezeichnend, dass grundrechtlich überaus kritische Methoden wie die von der EU-Kommission vorgeschlagene Chatkontrolle[64] mit Aufbrechen der Ende-zu-Ende-Verschlüsselung argumentativ durchaus kompatibel mit dieser „Europäischen Erklärung" der Kommission sind. Man wird zudem sehen, ob die angekündigte Erwartung, die Erklärung werde „ein Bezugspunkt für alle sein und als Leitfaden für politische Entscheidungsträger und für Unternehmen dienen, die digitale Technik entwickeln"[65], in Erfüllung geht. In jedem Fall ist für einen wirklich brauchbaren Leitfaden eine Konkretisierung von technischen und organisatorischen Maßnahmen sowie ihren Wirkungen und Interdependenzen notwendig, um Systementwicklung im Sinne der Grundrechte zu leisten.

VI. Fazit

Schaut man sich die Gestaltung der informationstechnischen Systeme über die letzten Jahrzehnte an, stellt man fest, dass im Bereich von Wissenschaft und Forschung große Fortschritte in Konzepten und prototypischen Realisierungen von datenschutzfreundlicher Technik gemacht wurden, jedoch diese Resultate noch nicht standardmäßig ihren Weg in die Praxis der Datenverarbeitung finden. Deutlich geworden ist damit auch, dass der Markt hier automatisch nicht zu einem Mehr an Datenschutz führt.

---

id=75984 (letzter Abruf: 9.6.2022). Als zentraler Eckpfeiler für die digitale Gesellschaft wird die Menschenwürde („human dignity", 4) angeführt. Deren grundlegende Bedeutung arbeitet auch Tinnefeld heraus: „Erst im Schutz der Menschenwürde erkennen wir die Dimensionen der Freiheitsrechte, insbesondere auch den Kerngehalt der Privatsphäre und deren Bedeutung für die kommunikativen Grundrechte, die Richtschnur für deren Auslegung.", *Tinnefeld*, MMR 2004, 797 ff., 799.

[63] Europäische Kommission, Europäische Erklärung zu den digitalen Rechten und Grundsätzen für die digitale Dekade, COM(2022) 28 final, Brüssel, 26.1.2022, https://ec.europa.eu/newsroom/dae/redirection/document/82701 (letzter Abruf: 9.6.2022).

[64] Gesellschaft für Freiheitsrechte e.V., Chatkontrolle: Filtertechnologie gefährdet Grundrechte, Pressemitteilung vom 11.05.2022, https://freiheitsrechte.org/ueber-die-gff/presse/pressemitteilungen-der-gesellschaft-fur-freiheitsrechte/pm-chatkontrolle (letzter Abruf: 9.6.2022).

[65] Europäische Kommission, Factsheet „Digitale Rechte und Grundsätze", 26.1.2022, https://ec.europa.eu/newsroom/dae/redirection/document/82674 (letzter Abruf: 9.6.2022).

Ob die Einführung der Datenschutz-Grundverordnung tatsächlich der vielbeschworene „Game Changer“ ist, kann heute (2022) noch nicht beurteilt werden. Es besteht aber die Chance, dass die damit verbundenen Anreize, die möglichen Sanktionen und schließlich die größere Bekanntheit von Datenschutzanforderungen und -methoden aufseiten der Nachfragenden und aufseiten der Teams für Software-Entwicklung oder Technikgestaltung zu einem Push für eingebauten Datenschutz führt. Von Vorteil ist es, wenn sich der „By Design“-Ansatz auch in Bezug auf andere für die Verarbeitung als wichtig erkannte Prinzipien erstreckt, um ganzheitliche Lösungen im Sinne der fairen, grundrechtebasierten und werteumsetzenden Gestaltung von Verarbeitung zu erreichen, die den Menschen und der Gesellschaft dienen.[66]

Ein Teil des Weges liegt schon hinter uns, seit sich die rechtlichen und technischen Communities mit Technik und Datenschutz beschäftigen. Und ein Teil des Weges liegt noch vor uns, bis eingebauter Datenschutz – oder, wie es notwendig ist, eingebauter Grundrechtsschutz – wirklich der Normalfall geworden sein wird.

---

[66] Erwägungsgrund 4, Satz 1 der DSGVO: „The processing of personal data should be designed to serve mankind."

Datenschutzrecht als Verbraucherschutzrecht[1]

Zum Erfordernis der Behebung vielfältiger Marktversagen auf Datenmärkten durch Anpassungen des materiellen Datenschutzrechts

Lousia Specht-Riemenschneider

I. Einleitung

Mit der Möglichkeit, in eine private Nutzung von Daten einwilligen und dadurch die Nachfrage an Daten befriedigen zu können, hat das Datenschutzrecht Datenmärkte entstehen lassen. Das Datenschutzrecht bestimmt grundsätzlich, dass die betroffene Person bestimmte Rechte in Bezug auf die sie betreffenden personenbezogenen Daten hat, mit denen sie anderen die Verwendung der sie betreffenden personenbezogenen Daten erlauben, die Nutzung dieser Daten aber ebenso unterbinden kann.[2] Die Existenz von Datenmärkten mag man begrüßen oder ablehnen,[3] nicht aber kann man sie leugnen.

Über den Inhalt eines auf diesen Märkten geschlossenen Vertrages entscheidet die Auslegung der Willenserklärungen der vertragsschließenden Parteien, über seine Wirksamkeit das Gesetz. Solange Datenüberlassungsverträge zwischen Betroffenem und Datenverarbeiter (primärer Datenmarkt) und zwischen verschiedenen Datenverarbeitern untereinander (sekundärer Datenmarkt) nicht untersagt werden, muss sich das Datenschutzrecht mit diesen Märkten auseinandersetzen.[4]

Auf diesen Datenmärkten gilt zunächst einmal – wie auf allen Märkten – Privatautonomie. Diese Privatautonomie als Recht des Individuums, Privatrechtsverhältnisse ohne Einmischung des Staates nach dem eigenen Willen selbst-

---

[1] Die Verfasserin dankt Sascha Wette, Jakob Knapp und Martin Höne für die Unterstützung bei der Literaturrecherche und der Korrektur des Beitrags sowie Wolfgang Kerber für die vielen hilfreichen Anmerkungen und Diskussionen.

[2] Vgl. zur Frage der Zuordnung und der Ausschlussmöglichkeit personenbezogener Daten *Kilian*, CR 2002, 921, 926 sowie grundlegend: *Buchner*, Informationelle Selbstbestimmung im Privatrecht, 2006, 203 f., 223 f.

[3] *European Data Protection Supervisor*, Opinion 2/2017, 14.3.2017, 7–8, abrufbar unter: https://edps.europa.eu/sites/edp/files/publication/17-03-14_opinion_digital_content_en.pdf, zuletzt abgerufen am 5.4.2022.

[4] Zu den verschiedenen Märkten vgl. *Acquisti et al.*, Journal of Economic Literature 2016, 442, 473.

bestimmt gestalten zu können, ist einer der elementaren Grundsätze unserer Zivilrechtsordnung.[5] Sie wurzelt im Wert der Freiheit des Einzelnen und soll diese Freiheit in der Gesellschaft aufrechterhalten.[6] In wirtschaftspolitischer Hinsicht wird sie von jeder Wirtschaftsordnung vorausgesetzt, die die Koordination der Subjekte mit dem Mittel des Wettbewerbs anstrebt und damit auch und gerade von der von ordoliberalen politischen Strömungen beeinflussten Sozialen Marktwirtschaft. Privatautonomie ist Voraussetzung und Spiegel einer herrschaftsfreien Wirtschaftsordnung,[7] sie wird allerdings auch hier beschränkt zum Schutze ihrer selbst und anderer schützenswerter Rechte, Rechtsgüter und Grundwerte unserer Rechtsordnung.

Im Datenschutzrecht erleben wir derzeit eine ähnliche Situation wie im klassischen Vertragsrecht des 20. Jahrhunderts: Privatautonomie auf Datenmärkten existiert nur auf dem Papier und es fehlt an Schutzinstrumenten zugunsten anderer Rechte und Interessen, die durch den Datenhandel ebenfalls betroffen sind.[8] Wirtschaftspolitisch besteht das Erfordernis der Behebung diverser Marktversagen. Datenschutzrecht kann und muss hier die Rolle des Verbraucherschutzrechtes auf den entstandenen Datenmärkten einnehmen. Dies erweitert einerseits die Schutzgutdiskussion im Datenschutzrecht um eine neue Facette, es hat andererseits aber auch ganz konkrete Auswirkungen auf die erforderliche Ausgestaltung des Datenschutzrechts. Die dringend notwendigen Anpassungen kann und muss das Datenschutzrecht erdulden und auf sich nehmen, um überhaupt eine Rolle im Privatrechtsverhältnis spielen zu können. Nimmt es die Rolle des Verbraucherschutzrechts auf Datenmärkten aber an, kann das Datenschutzrecht zu einem echten Mehrwert für Verbraucher und Verbraucherinnen werden.

Dabei ist allerdings entscheidend, dass sich der Blick auf das Datenschutzrecht grundlegend ändert. Die Rechtswissenschaft betrachtet den Datenschutz noch immer vornehmlich als privates Gut: Die mich betreffenden Daten müssen meiner selbstbestimmten Entscheidung unterliegen und diese selbstbestimmte Entscheidung erfordert zuvorderst eine Behebung der Informationsasymmetrien zwischen Datenverarbeiter und Betroffenem. Datenschutz – oder besser das

[5] *Bydlinski*, Privatautonomie und objektive Grundlagen des verpflichtenden Rechtsgeschäftes, 1967, 1 ff., 52; *Emmerich*, Das Wirtschaftsrecht der öffentlichen Unternehmen, 1969, 129; *von Hippel*, Das Problem der rechtsgeschäftlichen Privatautonomie, 1936, 62, 68; *Säcker*, JURA 1971, 509, 522; *Raiser*, JZ 1958, 1, 1; *Kallwass/Abels*, Privatrecht, 23. Aufl. 2018, 35; *Haase*, in: Haase (Hrsg.), Privatautonomie, 2015, 15; *Busche*, Privatautonomie und Kontrahierungszwang, 1999, 19.

[6] *Schweitzer*, AcP 220 (2020), 544, 549 f.; *Canaris*, Die Vertrauenshaftung im deutschen Privatrecht, 1971, 414; *Säcker*, JURA 1971, 509, 522; *Raiser*, JZ 1958, 1, 1.

[7] *Eucken*, Grundsätze der Wirtschaftspolitik, 7. Aufl. 2004, 275 ff.; ähnlich *Angermann*, Die Verletzung vertragsschlussbezogener Informationspflichten des Europäischen Privatrechts, 2010, 48.

[8] Ähnlich: *Schweitzer*, AcP 220 (2020), 544, 570 ff.

gesamtgesellschaftliche Datenschutzniveau – hat allerdings Charaktereigenschaften eines öffentlichen Gutes: Weil jeder an ihm kostenlos partizipieren kann, bestehen keine Anreize, zur Erhaltung (zur Produktion) des Gutes beizutragen. Ganz im Gegenteil bestehen Anreize zur verstärkten Datenpreisgabe: der private Nutzen, den ich für eine Preisgabe der mich betreffenden personenbezogenen Daten erhalte, wie etwa die Nutzung eines Online-Dienstes.[9] Es handelt sich um ein klassisches Trittbrettfahrerproblem. Der Charakter des Datenschutzniveaus als öffentliches Gut stellt die Marktfähigkeit personenbezogener Daten – und damit das Instrument der Einwilligung – generell in Frage.[10] Hinzu treten schließlich auch noch Rationalitätsprobleme. Dies alles gilt es bei der zukünftigen Ausgestaltung des Datenschutzrechts zu berücksichtigen.

Ziel dieses Beitrags ist es, die notwendigen Reaktionen des Datenschutzrechts auf die verschiedenen Marktversagen, die auf Datenmärkten auftreten, auszuarbeiten. Dabei geht es allein um nicht-monopolistische Märkte. Auf monopolistischen Märkten tritt das Problem fehlender Wahlfreiheit der Konsumenten hinzu, das bereits in der Facebook-Entscheidung des Bundeskartellamts zentral thematisiert wurde[11] und hier daher zurückstehen soll.[12] Es soll die These aufgestellt sein, dass es vier kumulativer Maßnahmen zur Behebung der bestehenden Marktversagen auf nicht-monopolistischen Datenmärkten bedarf:

- Erstens muss Informationsasymmetrien, zu hohen Transaktionskosten und Rationalitätsproblemen durch technische Hilfsmittel entgegengewirkt werden, für die ein ermöglichender Rechtsrahmen erforderlich ist.
- Zweitens erfordern negative Informationsexternalitäten und die Eigenschaft des gesamtgesellschaftlichen Datenschutzniveaus als öffentlichem Gut die zwingende Ausgestaltung einer Reihe datenschutzrechtlicher Vorschriften.

---

[9] *Fairfield/Engel*, 65(3) Duke Law Journal 2015, 385, 423.

[10] *Acemoglu et al.*, Too much Data – Prices and Inefficiencies in Data Markets, NBER Working Paper 26296, September 2019, 1 f., abrufbar unter: https://www.nber.org/system/files/working_papers/w26296/w26296.pdf. Dies erklärt womöglich das sog. „privacy paradoxon", vgl. *Martens et al.*, Business-to-Business data sharing: An economic and legal analysis, Digital Economy Working Paper 2020-05, JRC Technical Reports, 2020, 17 f., abrufbar unter: https://ec.europa.eu/jrc/sites/default/files/jrc121336.pdf, beide zuletzt abgerufen am 22.04.2022.

[11] *Bundeskartellamt*, Beschluss vom 6.2.2019 – B6-22/16, abrufbar unter: https://www.bundeskartellamt.de/SharedDocs/Entscheidung/DE/Entscheidungen/Missbrauchsaufsicht/2019/B6-22-16.pdf?__blob=publicationFile&v=6, zuletzt abgerufen am 22.4.2022; vgl. dazu *Podzun*, GRUR 2020, 1268; *Mackenrodt/Wiedemann*, ZUM 2021, 89; *Kerber/Zolna*, Eur. J. Law Econ. 2022, abrufbar unter: https://doi.org/10.1007/s10657-022-09727-8.

[12] Weitergehend zur Verzahnung zwischen Wettbewerbs- und Datenschutzrecht und der Lösung von Marktversagen auf Plattformmärkten *Kerber/Specht-Riemenschneider*, Synergies between data protection law and competition law, 30.9.2021, abrufbar unter: https://www.vzbv.de/sites/default/files/2021-11/21-11-10_Kerber_Specht-Riemenschneider_Study_Synergies_Betwen_Data%20protection_and_Competition_Law.pdf, zuletzt abgerufen am 22.4.2022.

- Drittens bedarf es – ebenfalls zur Behebung negativer Informationsexternalitäten und zur Berücksichtigung des gesamtgesellschaftlichen Datenschutzniveaus als öffentlichem Gut – absoluter Verbote[13] besonders gefährlicher Datenverarbeitungen.
- Spiegelbildlich dazu sind aber viertens Erlaubnistatbestände für Datenverarbeitungen im Gemeinwohlinteresse unter spezifischen Voraussetzungen vorzusehen, um die auf Datenmärkten bestehenden positiven Externalitäten angemessen zu berücksichtigen.

II. Gang der Untersuchung

Im Folgenden soll zunächst dargelegt werden, dass auch auf Datenmärkten der Grundsatz der Privatautonomie gilt (III.). Ebenso wie auf „klassischen" Märkten reicht es jedoch nicht aus, formale Privatautonomie zu gewährleisten, sondern die Privatautonomie ist zu materialisieren. Ein Datenschutzrecht, das auch als Verbraucherschutzrecht auf Datenmärkten gedacht wird, dient sowohl der materialen Selbstbestimmung im Umgang mit Daten als auch dem Schutz anderer Grundrechte und Grundfreiheiten des Betroffenen und anderer Personen sowie der Grundwerte unserer Rechtsordnung. Es dient überdies der Behebung diverser Marktversagen. Welche Marktversagen auf Datenmärkten bestehen, soll aufgezeigt werden (IV.). Aus diesen verschiedenen Marktversagen, die sich gegenseitig verstärken, lassen sich Konsequenzen für eine Anpassung des Datenschutzrechts ableiten (V.). Der Beitrag schließt mit einer Zusammenfassung der Ergebnisse (VI.)

III. Privatautonomie und zwingendes Recht als gleichermaßen erforderliche Bestandteile eines Verbraucherdatenschutzrechts

1. Privatautonomie und Vertragsfreiheit als Grundlage freiheitlicher Wirtschaftsordnungen

Die deutsche Wirtschaftsordnung fußt, ebenso wie die meisten Wirtschaftsordnungen westlicher Industrienationen, überwiegend auf liberalen Grundüberlegungen, wobei der Grad staatlicher Einflussnahme und im Gegenzug die Reichweite des Bereichs privatautonomer Selbstgestaltung zwischen den betroffenen Wirtschaftsordnungen differiert. Die Marktwirtschaft anglo-amerikanischer Länder ist etwa weitgehender den individualistisch-liberalen Ideen verpflichtet

---

[13] Absolute Datenverarbeitungsverbote erwägt auch *Reinhardt*, AöR 2017, 528, 558f.

als die deutsche Soziale Marktwirtschaft,[14] in der dispositives und zwingendes Recht in ihrer Wechselbezüglichkeit das Wirtschaftsrecht bilden.[15]

Die liberalen Grundgedanken des BGB von 1896 sahen Privatautonomie und Vertragsfreiheit zunächst als im Wesentlichen formal ausgestaltet, d. h. gewährleistet wurde die *rechtliche* Freiheit zum Abschluss und zur inhaltlichen Gestaltung von Verträgen, ohne dass es allzu sehr darauf ankam, *tatsächlich* selbstbestimmte Entscheidungen treffen zu können.[16] In neuerer Zeit, vor allem seit Ende der 60er Jahre des 20. Jahrhunderts, wird die Vertragsfreiheit jedoch zunehmend eingeschränkt und ergänzt.[17] Ziel ist es, sie nicht nur auf dem Papier, sondern auch tatsächlich ausüben zu können. Man spricht von der Herstellung materialer Vertragsfreiheit. Wesentlich dabei ist, dass die Vertragsfreiheit selbst eingeschränkt wird, um tatsächliche Selbstbestimmung herzustellen und unangemessene Vertragsinhalte zu untersagen. In grundrechtlicher Hinsicht wird in die von Art. 2 Abs. 1 GG umfasste Privatautonomie eingegriffen, um sie zugleich zu gewährleisten. Die Garantie der Privatautonomie ist insofern Freiheitsrecht und Freiheitsschranke zugleich. *„Die Vertragsfreiheit wird im Namen der Vertragsfreiheit beschränkt und aufgehoben; die Privatautonomie (...) kraft der Privatautonomie zurückgebunden.“*[18] Elementar ist insofern der Gedanke, dass es kein Recht zur Selbstbestimmung schlechthin geben kann, sondern nur ein solches, das die Selbstbestimmung der Vertragsgegenseite ebenfalls berücksichtigt,[19] sodass nicht die Freiheit des einen zur Unfreiheit des anderen wird.[20]

Das Datenschutzrecht auf privaten Märkten kann in seiner Funktion als Verbraucherschutzrecht heute ebenfalls als ein Teil des Wirtschaftsrechts gedacht werden, das Elemente zur Gewährleistung materialer Selbstbestimmung enthalten muss. Stärker noch als im klassischen Verbraucherschutzrecht bedarf es aber zwingender Rechtsnormen zum Schutz anderer Rechte, Rechtsgüter und Grundwerte unserer Rechtsordnung. Denn das Datenschutzrecht ist zwar in seiner Historie unmittelbar auf den Schutz informationeller Selbstbestimmung

---

[14] *Ptak*, in: *Butterwege/Lösch/Ptak*, Kritik des Neoliberalismus, 2016, 13, 48.

[15] *Grundmann*, in: *Grundmann/Micklitz/Renner*, Privatrechtstheorie Band I, 2015, 405, 413.

[16] *Canaris*, AcP 200 (2000), 273, 277, 282; *Kramer*, Die „Krise“ des liberalen Vertragsdenkens, 1974, 20; *Sedlmeier*, Rechtsgeschäftliche Selbstbestimmung im Verbrauchervertrag, 2012, 42.

[17] Vgl. hierzu *Bydlinski*, Fundamentale Rechtsgrundsätze, 1988, 319; *Busche*, Privatautonomie und Kontrahierungszwang, 1999, 91; kritisch *Medicus*, Abschied von der Privatautonomie im Schuldrecht?, 1994, 19ff.; *Lorenz*, Der Schutz vor dem unerwünschten Vertrag, 1997, 22ff.; zu Entwicklung und Zweckrichtung von Informationspflichten umfassend *Fleischer*, Informationsasymmetrie im Vertragsrecht, 2001, 19ff.

[18] *Merz*, Privatautonomie heute – Grundsatz und Rechtswirklichkeit, 1970, 11.

[19] *Martens*, AcP 177 (1977), 113, 114.

[20] Vgl. hierzu kritisch *Medicus/Petersen*, Allgemeiner Teil des BGB, 11. Aufl. 2016, § 17 Rn. 177.

gerichtet und das informationelle Selbstbestimmungsrecht hat seinerseits als Referenzpunkt u.a. das Allgemeine Persönlichkeitsrecht, das den autonomen Bereich privater Lebensgestaltung gewährleistet, in dem das Individuum die Möglichkeit zur persönlichen Lebensführung sowie zur Entwicklung und Wahrung seiner persönlichen Individualität erhält.[21] Das allgemeine Persönlichkeitsrecht ist aber nie der einzige Referenzpunkt des informationellen Selbstbestimmungsrechts gewesen.

„Vor allem die Meinungs- (Art. 5 Abs. 1 GG), die Versammlungs- (Art. 8 Abs. 1 GG) und Vereinigungsfreiheit (Art. 9 Abs. 1 GG), das Brief-, Post- und Fernmeldegeheimnis (Art. 10 Abs. 1 GG) sowie die Unverletzlichkeit der Wohnung (Art. 13 GG) haben ebenfalls von Anfang an mit im Vordergrund aller Reflexionen zur verfassungsrechtlichen Relevanz des Datenschutzrechts gestanden."[22]

Informationelle Selbstbestimmung ist Grundlage einer demokratischen Gesellschaftsordnung und Grundlage der Grundrechtsausübung Dritter. Sie ist elementare Funktionsbedingung eines auf Handlungs- und Mitwirkungsfähigkeit seiner Bürger begründeten freiheitlichen demokratischen Gemeinwesens.[23]

„Wer unsicher ist, ob abweichende Verhaltensweisen jederzeit notiert und als Information dauerhaft gespeichert, verwendet oder weitergegeben werden, wird versuchen, nicht durch solche Verhaltensweisen aufzufallen [...] Dies würde nicht nur die individuellen Entfaltungschancen des Einzelnen beeinträchtigen, sondern auch das Gemeinwohl [...]."[24]

Grundrechtsdogmatisch hat das BVerfG diese soziale Dimension personenbezogener Daten in den Schranken des informationellen Selbstbestimmungsrechts verarbeitet,[25] und hierum wird in der öffentlich-rechtlichen Diskussion durchaus gerungen.[26] Einfachgesetzlich lässt sich aber durchaus eine Schutzgutvielfalt abbilden. Datenschutzrecht muss also nicht entweder der individuellen Entscheidungsfreiheit oder anderen Grundrechten und Grundfreiheiten dienen,[27] sondern kann durchaus beides tun. Die Bedeutung der Datenverarbeitung für

---

[21] *Kühling*, NJW 2017, 3069, Anm. zu BVerfG, Urt. v. 15.12.1983 – 1 BvR 209/83 – *Volkszählung*.

[22] *Simitis*, BDSG 2003, 8. Aufl. 2014, § 1 Rn. 34; zur Bedeutung der informationellen Selbstbestimmung für die Ausübung anderer Grundrechte vgl. auch BVerfGE 65, 1, Rn. 146 – *Volkszählung*.

[23] BVerfGE 65, 1, Rn. 146; vgl. auch: *Boehme-Neßler*, DVBl 2015, 1282, 1286 f.

[24] BVerfGE 65, 1 Rn. 146 – *Volkszählung*; zur Demokratiedimension des Datenschutzrechts vgl. *Zimmermann*, Datenschutz und Demokratie, 2020, 198.

[25] *Franzius*, ZJS 2015, 259, 263, 265.

[26] Vgl. u.a. *Britz*, in: *Hoffmann-Riehm*, Offene Rechtswissenschaft, 2010, 561, 582; *Franzius*, ZJS 2015, 259, 265 f.; *Albers*, Informationelle Selbstbestimmung, 2015, 164 f.

[27] So aber *Pohle*, Datenschutz: Rechtsstaatsmodell oder neoliberale Responsibilisierung, 2022 (abrufbar unter: https://www.verbraucherforschung.nrw/sites/default/files/2022-02/zth-05-pohle-datenschutz-rechtsstaatsmodell-oder-neoliberale-responsibilisierung_0.pdf, zuletzt abgerufen am 22.4.2022), der eine als solche von ihm bezeichnete „neoliberal individualistische Responsibilisierung" des Datenschutzrechts, die den Schutz von Selbstbestimmung in den Vordergrund stellt, und ein „Rechtsstaatsmodell", das das Datenschutzrecht als dem

Dritte ließe sich aus dieser Perspektive einfachgesetzlich in entsprechenden Schutzgewährleistungen, z.B. zwingenden Rechtsnormen, einfangen.

2. Bestimmung zwingender Rechtsnormen im Datenschutzrecht

Zwingendes Recht (ius cogens) gilt in rechtsgeschäftlichen Schuldverhältnissen stets, auch wenn die Parteien etwas anderes geregelt haben.[28] Den Parteien fehlt es hier an der Kompetenz, abweichende Regelungen zu treffen, da das zwingende Recht dem Bereich der Privatautonomie von vornherein nicht zugewiesen ist.[29] Dispositives Recht (ius dispositivum) findet hingegen nur insoweit Anwendung, wie die Vertragsparteien nichts anderes vereinbart haben.[30] Normtheoretisches Kennzeichen zwingenden Rechts ist die nicht auflösbare Verbindung von Tatbestand und Rechtsfolge.[31] Z.T. ist der Charakter einer Norm als zwingend dabei bereits in ihrem Wortlaut angelegt.[32] So sprechen Formulierungen wie „kann nicht", „darf nicht", „soll nicht" für eine zwingende Ausgestaltung der Norm.[33] Zweifelsregelungen oder die explizite Anordnung, etwas könne anders geregelt werden, deuten hingegen auf eine dispositive Regelung hin.[34] Dem Großteil der Normen aber fehlt eine explizite Klassifizierung in zwingende Ausgestaltung oder Dispositivität. In diesen Fällen ist ihr Charakter nicht anhand feststehender Kriterien,[35] sondern durch Auslegung zu ermitteln.[36]

Schutz sämtlicher Grundrechte, Grundfreiheiten und Grundwerte unserer Rechtsordnung dienend erachtet, einander gegenüberstellt.

[28] *Fikentscher/Heinemann*, Schuldrecht, 11. Aufl. 2017, § 25 Rn. 152.

[29] *Bechtold*, Die Grenzen zwingenden Vertragsrechts, 2010, 14; *Stieper*, Rechtfertigung, Rechtsnatur und Disponibilität der Schranken des Urheberrechts, 2009, 174; *Brox/Walker*, Allgemeiner Teil des BGB, 42. Aufl. 2018, § 2 Rn. 17; *Windscheid*, Lehrbuch des Pandektenrechts, Band I, 9. Aufl. 1906, 125; *Ulrici*, JuS 2005, 1073, 1074; *Neuner*, Allgemeiner Teil des Bürgerlichen Rechts, 12. Aufl. 2020, § 3 Rn. 12 f., § 45 Rn. 4 f.

[30] *Gräbig*, Abdingbarkeit und vertragliche Beschränkungen urheberrechtlicher Schranken, 2010, 36.

[31] *Stieper*, Rechtfertigung, Rechtsnatur und Disponibilität der Schranken des Urheberrechts, 2009, 174 m.w.N.

[32] *Kähler*, Private Disposition jenseits der Herrschaft des Gesetzes – Zur Abdingbarkeit gesetzlicher Normen, in: Witt/Casper/Bednarz (Hrsg.), Die Privatisierung des Privatrechts, Jahrbuch Junger Zivilrechtswissenschaftler 2002, 2003, 181, 186; *Brox/Walker*, Allgemeiner Teil des BGB, 42. Aufl. 2018, § 2 Rn. 17; *Bechtold*, Die Grenzen zwingenden Vertragsrechts, 2010, 13.

[33] *Kähler*, Private Disposition jenseits der Herrschaft des Gesetzes – Zur Abdingbarkeit gesetzlicher Normen, in: Witt/Casper/Bednarz (Hrsg.), Die Privatisierung des Privatrechts, Jahrbuch Junger Zivilrechtswissenschaftler 2002, 2003, 181, 186.

[34] *Neuner*, Allgemeiner Teil des Bürgerlichen Rechts, 12. Aufl. 2020, § 3 Rn. 9, 11; *Bechtold*, Die Grenzen zwingenden Vertragsrechts, 2010, 13.

[35] *Kähler*, Private Disposition jenseits der Herrschaft des Gesetzes – Zur Abdingbarkeit gesetzlicher Normen, in: Witt/Casper/Bednarz (Hrsg.), Die Privatisierung des Privatrechts, Jahrbuch Junger Zivilrechtswissenschaftler 2002, 2003, 181, 182.

[36] *Jatzow* (Hrsg.), Motive zu dem Entwurfe eines Bürgerlichen Gesetzbuches für das Deutsche Reich, Band I, Allgemeiner Teil, 1886, 17.

Dies ist auch im Datenschutzrecht der Fall. Im Rahmen dieser Auslegung kommt dem Telos der jeweiligen Norm in der Regel die entscheidende Bedeutung zu.[37] Zwingend ist eine Norm, wenn sich im Wege der Auslegung ermitteln lässt, dass der Gesetzgeber die Privatautonomie zugunsten anderer von der Rechtsordnung zu schützender Werte einschränken wollte,[38] also beispielsweise auch zum Schutz der Rechte und Interessen Dritter oder der Grundwerte unserer Rechtsordnung. Zwingend sind daher jedenfalls die datenschutzrechtlichen Grundsätze, die Informationspflichten und die Betroffenenrechte.

IV. Marktversagen auf Datenmärkten

Wirtschaftspolitisch geht es im Datenschutzrechtrecht innerhalb privater Beziehungen darum, dass das Idealmodell des vollkommenen Marktes mit Daten, auf dem eigennützige Entscheidungen der Konsumenten zu effizienter Allokation führen, nicht funktioniert. Ein funktionierender Datenprimärmarkt würde dazu führen, dass Konsumentenpräferenzen berücksichtigt werden. Wollen die Nutzer also Datenschutz, wie es verschiedene Studien nahelegen,[39] würde ein funktionierender Datenprimärmarkt dafür sorgen, dass ein den Präferenzen entsprechend hohes Datenschutzniveau im primären Datenmarkt entsteht.[40] Weil primäre Datenmärkte aber nicht funktionieren, wird auch ein hohes Datenschutzniveau nicht erreicht.

Warum funktioniert der primäre Datenmarkt nicht? Es bestehen verschiedene Marktversagen: Aufgrund der Informationsüberlastung der Betroffenen existiert eine sehr grundlegende Informationsasymmetrie zwischen Betroffenen und Datenverarbeitern. Erhöhte Transaktionskosten lassen die Nichtwahrnehmung von Informationen sogar vernünftig erscheinen. Darüber hinaus bestehen verschiedene Rationalitätsprobleme. Selbst wenn die existierenden In-

---

[37] *Ulrici*, JuS 2005, 1073, 1074; *Brox/Walker*, Allgemeiner Teil des BGB, 42. Aufl. 2018, § 2 Rn. 17; *Bechtold*, Die Grenzen zwingenden Vertragsrechts, 2010, 14; *Kähler*, Private Disposition jenseits der Herrschaft des Gesetzes – Zur Abdingbarkeit gesetzlicher Normen, in: Witt/Casper/Bednarz (Hrsg.), Die Privatisierung des Privatrechts, Jahrbuch Junger Zivilrechtswissenschaftler 2002, 2003, 181, 189; in diese Richtung auch *Neuner*, Allgemeiner Teil des Bürgerlichen Rechts, 12. Aufl. 2020, § 4 Rn. 40 ff.

[38] *Ulrici*, JuS 2005, 1073, 1074; ähnlich *Löwisch/Neumann*, Allgemeiner Teil des BGB, 7. Aufl. 2004, § 3 Rn. 56 ff.

[39] Vgl. hierzu *European Commission*, Flash Eurobarometer 443 – e-Privacy, 2018, Ergebnisse abrufbar unter: https://data.europa.eu/data/datasets/s2124_443_eng?locale=en; vgl. auch die deutschlandweite Befragung von digital natives vom 9.11.2018, *Engels*, Institut der deutschen Wirtschaft, Datenschutzpräferenzen von Jugendlichen in Deutschland, 1 ff., https://www.iwkoeln.de/fileadmin/user_upload/Studien/IW-Trends/PDF/2018/IW-Trends_2018-02-02_Datenschutzpräferenzen_Engels.pdf, beide zuletzt abgerufen am 22.4.2022.

[40] Eine gute Übersicht für das Versagen auf dem Datenprimärmarkt (Daten als Gegenleistung) bieten *Hacker*, Datenprivatrecht, 2020, § 3; *Schweitzer*, AcP 220 (2020), 544, 570 ff.

formationsasymmetrien aber überwunden, die Transaktionskosten für die Betroffenen gesenkt und die Rationalitätsprobleme behoben werden könnten, verbleiben negative Externalitäten, weil personenbezogene Daten zwangsläufig mehrrelational sind und damit aus ihnen Aussagen auch über Dritte abgeleitet werden können. Adverse und ähnlichkeitsbasierte Inferenz begründen weitere Informationsexternalitäten. Das gesamtgesellschaftliche Datenschutzniveau erhält dadurch Charaktereigenschaften eines öffentlichen Gutes, was die Marktfähigkeit personenbezogener Daten generell in Frage stellt. Andererseits führen positive externe Effekte in bestimmten Bereichen zu einer gesamtgesellschaftlich nicht optimalen Unternutzung von Daten. Die auf nicht-monopolistischen Datenmärkten regelmäßig auftretenden Marktversagen sollen im Folgenden dargestellt werden, um anschließend die notwendigen Konsequenzen für eine erforderliche Neugestaltung des materiellen Datenschutzrechts aufzuzeigen.

1. Informationsasymmetrien und Transaktionskosten

Selbstbestimmte Entscheidungen über die Preisgabe personenbezogener Daten im Sinne des Volkszählungsurteils[41] setzen voraus, dass der Einzelne seine Entscheidung in Kenntnis aller entscheidungsrelevanten Umstände, insb. Zweck und Reichweite der Datenverarbeitung, trifft. Dazu kommt es allerdings de lege lata nicht, und dies obwohl das Datenschutzrecht erhebliche Informationspflichten normiert, die der Datenverarbeiter erfüllen muss. Denn den Informationserfolg müssen die Datenverarbeiter nicht gewährleisten. Der Betroffene selbst ist dafür verantwortlich, dass er die datenschutzrechtlichen Informationen zur Kenntnis nimmt. Auch deshalb scheint sich die Mehrheit der Datenschutzerklärungen nicht an dem Ziel der Nachvollziehbarkeit zu orientieren, sondern stellt lediglich eine rechtliche Absicherung der Datenverwertung dar.[42] Eine Studie, in der Facebook-Nutzer dazu befragt wurden, ob sie ihre Einwilligung in die von Facebook praktizierte Datenverarbeitung erteilt hätten, kommt beispielsweise zu dem Ergebnis, dass überhaupt nur 37 % der Nutzer der Ansicht waren, sich gegenüber Facebook damit einverstanden erklärt zu haben, dass ihre Daten gesammelt und verwendet werden können. Etwa 43 % der Befragten erklärten, hiervon keine Kenntnis zu haben und weitere 20 % waren der Auffassung, sie hätten eine solche Einwilligung nie erteilt.[43] Ein Großteil der daten-

[41] BVerfGE 65, 1 ff. – *Volkszählung.*

[42] *Richter*, PinG 2016, 185, 186; *Specht-Riemenschneider/Bienemann*, in: Specht-Riemenschneider/Werry/Werry (Hrsg.), Datenrecht in der Digitalisierung, 2020, 329.

[43] *Rothmann*, Ungewollte Einwilligung? Die Rechtswirklichkeit der Informierten Zustimmung im Fall von Facebook, v. 02.11.2017, 7, abrufbar unter: https://www.forum-privatheit.de/forum-privatheit-de/publikationen-und-downloads/veroeffentlichungen-des-forums/2017-11-02-Jahrestagung-2017/1.1c_Rothmann_Folien_Vortrag_Forum_Privatheit_Berlin_Uni_Wien_2017.pdf, zuletzt abgerufen am 22.4.2022, nachzulesen bei *Rothmann/Buchner*, DuD 2018, 342, 344; darauf Bezug nehmend *Jennessen*, Datenschuldrecht, im Erscheinen.

schutzrechtlichen Einwilligungserklärungen wird also abgegeben, ohne dass Betroffene die datenschutzrechtlichen Informationen zur Kenntnis nehmen. Sie willigen ein, ohne dass sie wissen, in welche Datenverarbeitungsvorgänge sie einwilligen[44] oder dass sie überhaupt einwilligen. Dies wird wesentlich auf das Problem der Informationsüberlastung zurückgeführt: Untersuchungen der Konsumentenverhaltensforschung belegen, dass eine steigende Informationsmenge zunächst zwar zur Erhöhung der subjektiven Entscheidungseffizienz beiträgt.[45] Ab einer bestimmten Informationsmenge ist der Betroffene in Anbetracht begrenzter kognitiver Fähigkeiten aber nicht mehr in der Lage, die ihm zur Verfügung gestellte Information auch tatsächlich aufzunehmen.[46] Die Informationsaufnahme sinkt dabei nicht nur insgesamt, es kann sogar zum Abbruch der gesamten Informationsaufnahme kommen.[47] Im datenschutzrechtlichen Kontext ist in der Regel zu beobachten, dass der Betroffene den Text der Datenschutzerklärung lediglich nach unten scrollt und einen Haken bei der Einwilligungserklärung setzt, ohne die Datenschutzerklärung tatsächlich zu lesen.[48] 78 % der befragten Facebook-Nutzer in der o.g. Studie gaben etwa an, dass sie die Datenschutzbestimmungen nicht gelesen oder lediglich überflogen haben.[49] Dies wird auch als „Clicking-without-reading"-Phänomen[50] bezeichnet und ist bereits entsprechend aus dem Bereich der Allgemeinen Geschäftsbedingungen bekannt.[51] Zu ähnlichen Zahlen gelangt eine Befragung der Europäischen Kommission, nach der 26 % der Nutzer Datenschutzerklärungen nie lesen und 55 % sagten, dass sie diese nur teilweise lesen würden. Als Grund wurde überwiegend angegeben, dass die Datenschutzerklärungen zu lang seien (70 %), sowie, dass diese unklar formuliert und schwer zu verstehen seien (43 %).[52] Datenschutzerklärungen jeder Website zu lesen, die wir im Laufe eines

---

[44] So zu den Datenschutzbestimmungen von Facebook LG Berlin, Urt. v. 16.1.2018 – 16 O 341/15, GRUR-RS 2018, 1060 Rn. 40.

[45] *Arnold*, GfK 1990, 150, 152.

[46] *Buck-Heeb/Lang*, in: BeckOGK BGB, § 675 Rn. 248 ff. (Stand: 01.09.2021); *Köndgen*, BKR 2011, 283, 283 ff.; *Eidenmüller*, JZ 2005, 216, 218 ff.; *Koch*, BKR 2012, 485, 485; *Koller*, in: FS für Huber, 2006, 821, 824 ff.; *Spindler*, in: FS für Säcker, 2011, S. 469, 474 ff.; *Sedlmeier*, Rechtsgeschäftliche Selbstbestimmung im Verbrauchervertrag, 2012, 134 ff.; *Möllers/Kernchen*, ZGR 2011, 1, 1 ff.; *Arendts*, Die Haftung für fehlerhafte Anlageberatung, 1998, 23; vgl. dazu auch: *Specht*, Diktat der Technik, 2019, 167.

[47] *Martinek*, in: Grundmann (Hrsg.), Systembildung und Systemlücken in Kerngebieten des Europäischen Privatrechts, 2000, 511, 524; vgl. dazu auch: *Specht*, Diktat der Technik, 2019, 168.

[48] *Arnold et al.*, DuD 2015, 730, 730 ff.; *Kühnl*, Persönlichkeitsschutz 2.0, 2016, 342; *Calo*, 87 Notre Dame Law Review 2012, 1027, 1071; *Heckmann/Paschke*, in: Ehmann/Selmayr, Datenschutz-Grundverordnung, 2. Aufl. 2018, Art. 12 Rn. 53.

[49] Nachzulesen bei *Rothmann/Buchner*, DuD 2018, 342, 344.

[50] *Arnold et al.*, DuD 2015, 730, 732.

[51] Vgl. dazu bereits *Specht-Riemenschneider/Bienemann*, in: Specht-Riemenschneider/Werry/Werry (Hrsg.), Datenrecht in der Digitalisierung, 2020, 330.

[52] *European Commission*, Special Eurobarometer 431 – Data Protection, 2015, 85, 89, Er-

Jahres besuchen, würde uns ca. 76 Arbeitstage à acht Stunden kosten.[53] Verbunden mit dem niedrigen Nutzen der Wahrnehmung von Datenschutzerklärungen kann die fehlende Kenntnisnahme daher sogar rational sein.[54] Man spricht in Anbetracht zu hoher Transaktionskosten von rationaler Ignoranz.[55]

2. *Informationsexternalitäten und Datenschutz als öffentliches Gut*

a) Negative Informationsexternalitäten

Datenmärkte unterliegen darüber hinaus negativen Externalitäten. Negative Externalitäten liegen vor, wenn in der Nutzenfunktion eines Akteurs außer dessen eigenen Aktionsparametern mindestens eine Variable enthalten ist, die von einem oder mehreren anderen Akteuren kontrolliert wird.[56] Lärm und Abgase des Automobilverkehrs sind etwa solche Externalitäten, wenn sie zu Erkrankungen von Menschen beispielsweise an Hauptverkehrsstraßen führen. In der Nutzenfunktion dieser Personen (der an der Hauptstraße lebenden Menschen) sind außer ihren eigenen Aktionsparametern die Variablen Lärm und Abgas enthalten, die von anderen Verkehrsteilnehmern kontrolliert werden. Es handelt sich um einen technischen externen Effekt, weil ein direkter Zusammenhang zwischen den Nutzenfunktionen mehrerer Individuen besteht, der nicht durch den Marktmechanismus erfasst und ausgeglichen wird.[57] D.h. die privaten Kosten des Verursachers, die dieser durch die mit der Umweltverschmutzung verbundenen Ausgaben spürt, sind geringer als die gesamtgesellschaftlichen sozialen Kosten.

In Bezug auf personenbezogene Daten lassen sich negative externe Effekte aufgrund ihrer Mehrrelationalität erkennen. Personenbezogene Daten treffen in der Regel Aussagen nicht nur über eine konkrete Person, sondern über mehrere Personen gleichzeitig.[58] Die Angabe des Familienstandes etwa trifft sowohl eine Aussage über den Ehemann als auch über die Ehefrau. Daten über eine medizinische Behandlung sind zugleich Daten über den Patienten sowie über die Leis-

---

gebnisse abrufbar unter: https://data.europa.eu/data/datasets/s2075_83_1_431_eng?locale=en, zuletzt abgerufen am 22.4.2022; vgl. auch *Spindler et al.*, Rechtsdurchsetzung im Verbraucherdatenschutz, 13

[53] *Specht-Riemenschneider/Bienemann*, in: Specht-Riemenschneider/Werry/Werry (Hrsg.), Datenrecht in der Digitalisierung, 2020, 330.

[54] *Kerber/Zolna*, Konusmentensouveränität und Datensouveränität aus ökonomischer Sicht, erscheint in: Augsberg/Gehring (Hrsg.), Datensouveränität. Positionen zur Debatte.

[55] Der Begriff der Rationalen Ignoranz geht zurück auf *Anthony Downs*, Ökonomische Theorie der Demokratie, 1957.

[56] *Fritsch*, Marktversagen und Wirtschaftspolitik, 10. Aufl. 2018, 84.

[57] *Fritsch*, Marktversagen und Wirtschaftspolitik, 10. Aufl. 2018, 84ff.

[58] So etwa *Roßnagel et al.*, Modernisierung des Datenschutzrechtes, Gutachten im Auftrag des Bundesministers des Inneren, 37f., abrufbar unter https://www.maroki.de/pub/dphistory/2001_GarskaPfitzmannRossnagel_Modernisierung_des_Datenschutzrechts.pdf, zuletzt abgerufen am 22.4.2022.

tung des Arztes.[59] In der US-amerikanischen Literatur wird dies als „negative privacy externalities" bezeichnet;[60] es handelt sich um eine spezifische Form der Informationsexternalitäten. Die Nutzenfunktion des datenschutzrechtlich Betroffenen ist neben seinen eigenen Aktionsparametern durch eine Variable beeinflusst, die von einem oder mehreren anderen Akteuren kontrolliert wird: denjenigen, die personenbezogene Daten über sich preisgeben und von denen auf andere Betroffene geschlossen wird, und denjenigen, die diese Daten verarbeiten. Die sozialen Kosten sind im „Preis" der Daten nicht berücksichtigt, weshalb mehr Daten preisgegeben werden als im sozialen Optimum. *Omri Ben Shahar* spricht in diesem Zusammenhang von „Data Pollution".[61] Man spricht insgesamt auch von Kollektiveffekten, wobei nachfolgend im speziellen auf die sog. adverse und ähnlichkeitsbasierte Inferenz eingegangen werden soll.[62]

aa) Adverse Inferenz

Die adverse Inferenz bezeichnet dabei den Rückschluss von einem nicht-offengelegten Merkmal auf das Nicht-Vorliegen dieses Merkmals, z.B. auf bestimmte Gesundheitsparameter, über die gegenüber der Versicherung keine Angaben gemacht werden, während andere Personen das Merkmal z.B. gesunder Zähne offenlegen, um einen Vorteil in der Versicherungsprämie zu erhalten.[63] Bei unterstelltem rationalem Verhalten aller Versicherungsnehmer könnte davon ausgegangen werden, dass die Versicherungsnehmer, bei denen das Merkmal „gesunde Zähne" vorliegt, dies auch offenlegen und dass das Merkmal daher bei all denjenigen, die es nicht offenlegen, nicht vorliegt. Allerdings könnte eine Nicht-Offenlegung des Merkmals auch auf Datenschutzpräferenzen zurückgeführt werden, weshalb der Kollektiveffekt der adversen Inferenz eingeschränkt ist.[64]

bb) Ähnlichkeitsbasierte Inferenz

Geben verschiedene Personen verschiedene Parameter von sich preis, so kann auch für Personen, die nur einen Teil dieser Parameter preisgeben, mittels ähnlichkeitsbasierter Inferenz auf die übrigen Parameter geschlossen werden.[65] Z.B. lässt sich dann, wenn verschiedene Personen ihre sexuelle Orientierung

[59] Beispiele nach *Kilian*, CR 2002, 921, 924; vgl. auch *Specht*, Konsequenzen der Ökonomisierung informationeller Selbstbestimmung: Die zivilrechtliche Erfassung des Datenhandels, 2012.
[60] *MacCarthy*, 6 ISJLP 2010, 425.
[61] Journal of Legal Analysis 11 (2019), 104.
[62] Dazu *Hacker*, Datenprivatrecht, 2020, 64ff.
[63] *Barocas/Levy*, Washington Law Review 2020, 555, 599.
[64] *Benndorf et al.*, European Economic Review 75 (2015), 43, 43ff.; vgl. zur adversen Inferenz auch ausführlich *Hacker*, Datenprivatrecht, 2020, 65.
[65] *Hacker*, Datenprivatrecht, 2020, 67 m.w.N.; *Patka*, Buffalo Law Review 2020, 559, 559ff.

und ihren Kleidungsstil preisgeben, auf die sexuelle Orientierung anderer Personen schließen, die lediglich ihren Kleidungsstil preisgegeben haben. Auch aufgrund der ähnlichkeitsbasierten Inferenz ist die Nutzenfunktion des datenschutzrechtlich Betroffenen also durch eine Variable beeinflusst, die von denjenigen kontrolliert wird, die die Daten preisgeben.

b) Datenschutz als öffentliches Gut

Die bestehenden Informationsexternalitäten führen dazu, dass das gesamtgesellschaftliche Datenschutzniveau Eigenschaften eines öffentlichen Gutes erhält. Ein öffentliches Gut ist ein gesellschaftlicher Wert, bei dem die Gefahr besteht, dass er nicht produziert wird, weil alle gleichermaßen daran teilhaben können, unabhängig davon, ob sie zu ihm beitragen oder nicht.[66] Denn wenn jedermann gleichermaßen am öffentlichen Gut teilhaben kann, unabhängig davon, ob er dazu beiträgt, es zu produzieren bzw. zu erhalten, gibt es für die Individuen keinen Anreiz, sich an den Kosten für die Produktion und Erhaltung des Gutes zu beteiligen. Öffentliche Güter zeichnen sich durch zwei Dinge aus: Erstens besteht keine Rivalität im Konsum und zweitens ist ein Ausschluss von Nicht-Zahlern vom Konsum nicht möglich. Der Begriff des öffentlichen Gutes, wie er in den Wirtschaftswissenschaften verwendet wird, ist streng zu unterscheiden vom öffentlichen Gut im Sinne eines Faktors, der für die Öffentlichkeit positiv oder von hohem Interesse ist. In letzterem Sinne ist beispielsweise Gesundheit ein öffentliches Gut. Ebenfalls ist er streng zu unterschieden von Gütern, die sich im Eigentum öffentlich-rechtlicher Träger befinden.[67] Hier soll das wirtschaftswissenschaftliche Begriffsverständnis eines öffentlichen Gutes zugrunde gelegt werden, für das die Nicht-Rivalität im Konsum und die fehlende Ausschlussmöglichkeit derjenigen, die nicht zu seiner Erhaltung beitragen, bestimmend ist. Ein öffentliches Gut in diesem Sinne ist z.B. der Klimaschutz bzw. ein hohes Klimaschutzniveau. Ebenso wie beim Klimaschutzniveau fehlt es auch für das Datenschutzniveau an Anreizen zu seiner Erhaltung. Ganz im Gegenteil besteht nahezu kein Nutzen der Nichtpreisgabe personenbezogener Daten. Denn kommt es aufgrund der Informationsexternalitäten dazu, dass auch ohne meine Mitwirkung in Form der Preisgabe der mich betreffenden personenbezogenen Daten Erkenntnisse über meine Person aus den von anderen preisgegebenen Daten gezogen werden können, kann ich die Daten auch gleich selbst preisgeben und dafür die Vorteile – z.B. die Nutzung eines Dienstes – mitnehmen.[68] Dieser private Vorteil hat nicht selten Anreizwirkung gerade für

---

[66] *Fairfield/Engel*, 65(3) Duke Law Journal 2015, 385, 421f.; *Choi et al.*, Journal of Public Economics 173 (2019), 113.

[67] *Goldhammer*, Wissensgesellschaft und Informationsgüter aus ökonomischer Sicht, in: Hofmann (Hrsg.), Wissen und Eigentum, 2006, 81,

[68] *Choi et al.*, Journal of Public Economics 173 (2019), 113; vgl. in diesem Zusammenhang

die Preisgabe personenbezogener Daten: Ein rational handelndes Individuum wird versuchen, den Nutzen, den es aus der Preisgabe von Daten zieht, mitzunehmen, sofern ihm die Kosten dafür nicht zu hoch scheinen. Und hier liegt der Hase im Pfeffer: Wenn jeder Einzelne davon profitiert, ein hohes Datenschutzniveau beanspruchen zu können, aber ein individuelles Einkommen aus einer Tätigkeit erzielt, die zur Verringerung des gesamtgesellschaftlichen Datenschutzniveaus beiträgt, und dieses Einkommen den (wahrgenommenen) individuellen Nachteil und den eigenen (wahrgenommenen) Anteil an der Absenkung des Datenschutzniveaus übersteigt, dann wird jeder Einzelne zur Absenkung des gesamtgesellschaftlichen Datenschutzniveaus beitragen, obwohl dies im Endeffekt allen schadet, auch dem Einzelnen.[69] Das Individuum wird zum Trittbrettfahrer.

c) Positive Informationsexternalitäten

Andererseits treten auf Datenmärkten aber auch positive Informationsexternalitäten auf. Solche positiven externen Effekte liegen vor, wenn der Nutzen, der durch die Produktion oder den Konsum eines Gutes entsteht, nicht im Marktpreis enthalten ist. Das Gut ist damit zu teuer und sein Nutzen für Dritte wird nicht Teil des Preismechanismus. Dies führt zu einer Unterproduktion des Gutes oder einer zu teuren Bereitstellung. Wir erleben dies z.T. im Rahmen der Nutzung von Daten zu Zwecken der medizinischen Forschung im Gemeinwohlinteresse. Der Preis für Forschungsdaten ist unter anderem zu hoch in dem Sinne, als der Aufwand für die Gewährleistung einer zulässigen Nutzung der Forschungsdaten, z.B. durch Einholung der datenschutzrechtlichen Einwilligung, zu groß ist. Dies wiederum ist auf den hohen Grad an Rechtsunsicherheit zurückzuführen, die den datenschutzrechtlichen Erlaubnistatbeständen immanent ist. Wie wichtig eine Datennutzung zum Zwecke der Forschung im Gemeinwohlinteresse aber ist, zeigt z.B. die Krebsforschung, die mithilfe der Analyse großer Datenbestände ganz erheblich vorangetrieben und Therapiemöglichkeiten auf eine neue Grundlage gestellt und zunehmend individualisiert werden könnten. Denn aus der Zusammenschau großer Datenmengen aus unterschiedlichen medizinischen Disziplinen können Biomarker generiert werden, die z.B. bei der Krebserkennung, der Diagnose, der Beurteilung der Prog-

---

auch die Arbeit von Acemoglu et al., Too much Data – Prices and Inefficiencies in Data Markets, NBER Working Paper 26296, September 2019, abrufbar unter: https://www.nber.org/system/files/working_papers/w26296/w26296.pdf; dies erklärt womöglich das sog. „privacy paradoxon", vgl. Martens et al., Business-to-Business data sharing: An economic and legal analysis, Digital Economy Working Paper 2020-05, JRC Technical Reports, 2020, 17f., abrufbar unter: https://ec.europa.eu/jrc/sites/default/files/jrc121336.pdf, beide zuletzt abgerufen am 22.4.2022.

[69] *Fairfield/Engel*, 65(3) Duke Law Journal 2015, 385, 423.

nose, der Vorhersage des Ansprechens auf eine Behandlung und der Überwachung des Krankheitsstatus helfen könnten.[70]

3. *Rationalitätsprobleme*

Neben den Informationsasymmetrien, den erhöhten Transaktionskosten, den Informationsexternalitäten und der Eigenschaft des gesamtgesellschaftlichen Datenschutzniveaus als öffentlichem Gut bestehen verschiedene Rationalitätsprobleme. Hier lassen sich etwa die durch „Dark Patterns" verursachten Verhaltensbeeinflussungen einordnen, aber auch die Tatsache, dass die langfristigen negativen Auswirkungen einer Datenpreisgabe häufig gegenüber ihren kurzfristigen Vorteilen in Kauf genommen werden (privacy calculus), weil die Langfristrisiken, die z. B. dadurch entstehen, dass Daten mit anderen kombiniert und ausgewertet werden, falsch eingeschätzt oder überhaupt nicht abgeschätzt werden.[71]

a) Verhaltensbeeinflussungen

Menschliches Verhalten ist das Ergebnis bzw. die Folge eines Wahrnehmungsprozesses, in dessen Rahmen Reize verarbeitet werden und schließlich eine Verhaltensreaktion ausgelöst wird. Diese kognitive Verarbeitung von Reizen erfolgt meist unbewusst, ist angesichts begrenzter Zeit und Informationen häufig eine verkürzte kognitive Operation und infolgedessen sowie aufgrund von Biases anfällig für Fehlurteile. Diese Anfälligkeit für Fehlurteile setzt menschliches Verhalten der Gefahr der bewussten Manipulation aus. Im Netz können bestimmte Aspekte der menschlichen Wahrnehmung und des menschlichen Verhaltens insbesondere durch die Gestaltung von Benutzeroberflächen beeinflusst werden. Für diese bewusste Manipulation durch Benutzeroberflächen zugunsten einer anderen Person als der von der Verhaltensbeeinflussung betroffenen Person wird der Begriff der „Dark Patterns" verwendet.[72] Häufig handelt es sich um Designelemente, die Personen dazu veranlassen, eine von dem Verwender der Dark Patterns gewünschte Entscheidung zu treffen. Solche Designelemente können in vielen verschiedenen Erscheinungsformen auftreten und sind mittlerweile weit verbreitet.[73] Beispielsweise kann durch die Gestaltung einer Benutzeroberfläche die Aufmerksamkeit auf bestimmte Elemente (bspw.

---

[70] *Specht-Riemenschneider/Radbruch*, 118 Deutsches Ärzteblatt 27–28/2021, A 1358.

[71] *Kerber/Zolna*, Konusmentensouveränität und Datensouveränität aus ökonomischer Sicht, erscheint in: Augsberg/Gehring (Hrsg.), Datensouveränität. Positionen zur Debatte.

[72] Teilweise wird inzwischen auch der Begriff des „Deceptive Design" genutzt.

[73] Auch wenn die Anzahl solcher Designelemente bisher empirisch nur schwer nachvollzogen werden kann, vgl. *Weinzierl*, NVwZ-Extra 2020, 1, 3 m. w. N. sowie *Rieger/Sinders*, Dark Patterns: Design mit gesellschaftlichen Nebenwirkungen, Mai 2020, S. 22 m. w. N., abrufbar unter: https://www.stiftung-nv.de/sites/default/files/dark.patterns.pdf, zuletzt abgerufen am 22.4.2022.

einen bestimmten Button) gelenkt und damit von anderen Elementen oder Informationen abgelenkt werden. Darüber hinaus kann z.B. der Zugang zu relevanten Informationen erschwert oder zeitlicher Druck ausgenutzt werden.[74] Datenschutzrechtlich relevant werden solche „Dark Patterns“ dann, wenn sie betroffene Personen dazu bringen, mehr Daten preiszugeben als eigentlich beabsichtigt,[75] z.B. indem ein Einwilligungsbutton grün, der Button zur Ablehnung der Einwilligung aber rot gefärbt ist. Das Datenschutzrecht muss hier v.a. auf die Frage antworten, ob und wie „Dark Patterns“ im Rahmen von Freiwilligkeit und Informiertheit der Einwilligung zu berücksichtigen sowie auf Grundlage von Art. 25 DSGVO[76] zu bewerten sind.

Verhaltensbeeinflussung lässt sich auch durch A/B-Testing erzielen und wird verstärkt, je mehr Daten über das Nutzerverhalten bereits gesammelt und ausgewertet wurden, denn aus diesen Daten lässt sich ein bestimmtes Verhalten vorhersagen, das auf diese Weise einfacher und präziser Gegenstand der Manipulation werden kann.[77]

b) Privacy Calculus

Neben diesen Verhaltensbeeinflussungen durch „Dark Patterns“ bestehen nicht selten auch direkte Anreize zur Preisgabe personenbezogener Daten in Form eines privaten Nutzens, z.B. der Nutzungsmöglichkeit eines Online-Dienstes, einer Preisreduktion beim Einkauf, der Teilnahme an einem Gewinnspiel etc. Der kurzfristige Nutzen einer Datenpreisgabe erscheint dem Individuum dabei häufig höher als der langfristige Nachteil der Datenpreisgabe (man spricht dann vom privacy calculus, der eine Datenpreisgabe auslöst), weil die Langfristrisiken, die etwa dadurch entstehen, dass Daten mit anderen kombiniert und ausgewertet werden, falsch eingeschätzt oder überhaupt nicht abgeschätzt werden.[78] Selbst wenn es also gelänge, Betroffene zu befähigen, Informationsasymmetrien zu überwinden, Transaktionskosten zu senken und Dark Patterns

---

[74] Für eine anschauliche Darstellung verschiedener Erscheinungsformen vgl. *Rieger/Sinders*, Dark Patterns: Design mit gesellschaftlichen Nebenwirkungen, 14f., abrufbar unter: https://www.stiftung-nv.de/sites/default/files/dark.patterns.pdf, zuletzt abgerufen am 22.4.2022.

[75] Vgl. statt vieler *Rieger/Sinders*, Dark Patterns: Design mit gesellschaftlichen Nebenwirkungen, 3, abrufbar unter: https://www.stiftung-nv.de/sites/default/files/dark.patterns.pdf, zuletzt abgerufen am 22.4.2022.

[76] Für einen Überblick über datenschutzrechtliche Fragen vgl. z.B.: *Martini/Drews/Seeliger/Weinzierl*, ZfDR 2021, 47, 54ff.; speziell mit Blick auf die Gestaltung von Einwilligungserklärungen bzw. die Abfrage einer solchen *Janicki/Schultz*, DSRI Herbstakademie 2021, 13, 18ff.

[77] *Bonatti et al.*, Digital Regulation Project – More Competitive Search Through Regulation, 2021, 18, abrufbar unter: https://tobin.yale.edu/sites/default/files/pdfs/digital%20regulation%20papers/Digital%20Regulation%20Project%20-%20Search%20-%20Discussion%20Paper%20No%202%20(1).pdf, zuletzt abgerufen am 22.4.2022.

[78] *Kerber/Zolna*, Konusmentensouveränität und Datensouveränität aus ökonomischer Sicht, erscheint in: Augsberg/Gehring (Hrsg.), Datensouveränität. Positionen zur Debatte.

entgegenzuwirken, wird das Individuum aufgrund dieses Rationalitätsproblems dennoch einen Großteil personenbezogener Daten preisgeben.

4. Zusammenwirken der verschiedenen Marktversagen

Die beschriebenen Marktversagen wirken zusammen und verstärken sich gegenseitig. Mit der Eigenschaft des gesamtgesellschaftlichen Datenschutzniveaus als öffentlichem Gut und den beschriebenen Informationsexternalitäten lässt sich erklären, weshalb kein Anreiz zur Erhaltung eines gesamtgesellschaftlich hohen Datenschutzniveaus besteht und das gesamtgesellschaftliche Datenschutzniveau in der Folge abnimmt. Die Rationalitätsprobleme sowie die Informationsasymmetrien und die erhöhten Transaktionskosten führen ihrerseits zu einem sinkenden Datenschutzniveau, sie verstärken sich darüber hinaus aber einerseits gegenseitig und andererseits verstärken sie auch die Informationsexternalitäten durch Fehlanreize zur Datenpreisgabe.

Sinkt das Datenschutzniveau, so verstärkt dies wiederum die beschriebenen Rationalitätsprobleme, weil der Wert einer Nichtpreisgabe personenbezogener Daten in der Wahrnehmung des Einzelnen entsprechend dem gesamtgesellschaftlichen Datenschutzniveau weiter abnimmt. Das Absinken des Datenschutzniveaus verstärkt auch die Informationsasymmetrien, weil die rationale Ignoranz ebenfalls entsprechend dem gesamtgesellschaftlichen Datenschutzniveau zunimmt, und es verstärkt die Informationsexternalitäten, weil die Rückschließbarkeit von Daten auf Personen zunimmt, je mehr Daten preisgegeben sind. Es kommt zu einer Abwärtsspirale, an deren Ende die vollständige Bedeutungslosigkeit des Datenschutzrechts für den Einzelnen in privaten Beziehungen steht. Die Einflüsse der Marktversagen aufeinander und die Wechselbeziehung zwischen sinkendem Datenschutzniveau und den verschiedenen Marktversagen lassen sich wie folgt veranschaulichen:

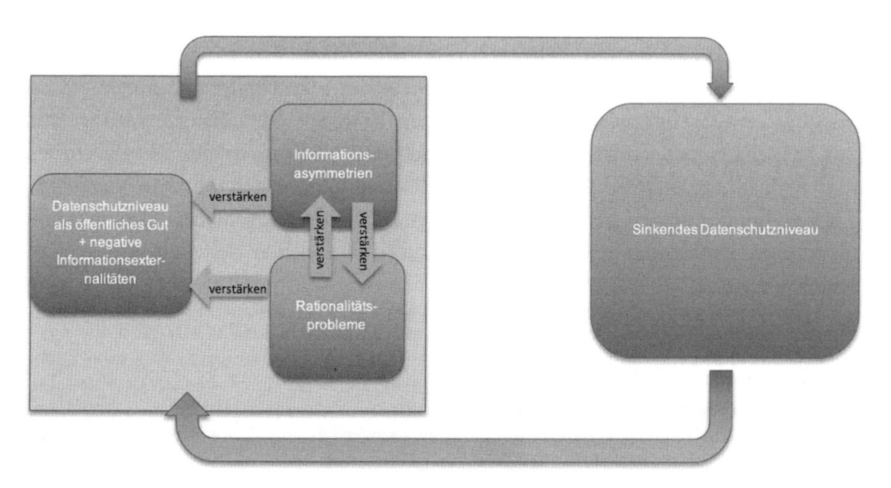

V. Konsequenzen: Erforderliche Anpassungen des Datenschutzrechts

Das Datenschutzrecht muss, um Datenmärkte effektiv beeinflussen zu können, auf sämtliche Marktversagen gleichermaßen reagieren. Es hilft nicht, allein die Informationsasymmetrien zu beheben, allein die Transaktionskosten zu senken oder allein auf die Rationalitätsprobleme zu reagieren. Ebenso wenig hilft es, allein die negativen oder positiven Externalitäten in den Blick zu nehmen. Es gilt vielmehr, einen gesamtheitlichen Ansatz zu verfolgen: Es sind technische Hilfsmittel erforderlich, die Informationsasymmetrien beheben, Rationalitätsproblemen entgegenwirken und gleichermaßen Transaktionskosten für den Betroffenen senken. Diese technischen Hilfsmittel bedürfen eines ermöglichenden Rechtsrahmens. Zum Zwecke der Materialisierung der Privatautonomie auf Datenmärkten sowie zur angemessenen Berücksichtigung von Informationsexternalitäten bedarf es einer zwingenden Auslegung diverser datenschutzrechtlicher Rechtsnormen. Überdies sind absolute Datenverarbeitungsverbote für besonders gefährliche Datenverarbeitungen, wie die Bildung von Persönlichkeitsprofilen, vorzusehen. Auf der anderen Seite existieren aber auch Datenverarbeitungen, die gesellschaftlich besonders nützlich erscheinen, z.B. die Datenverarbeitung zu Zwecken von Forschung im Gemeinwohlinteresse. Für diese Datenverarbeitungen ist ein gesetzlicher Erlaubnistatbestand vorzusehen, der die bislang vornehmlich auf Basis der Einwilligung erfolgende Datenverarbeitung auf eine rechtssichere Grundlage stellt.

1. Behebung von Informationsasymmetrien und Senkung von Transaktionskosten durch technische Hilfsmittel

Zur Lösung des Problems der Informationsasymmetrien zeigen die bislang herangezogenen Mittel, wie etwa der vom *Bundesministerium der Justiz und für Verbraucherschutz* in der Erprobung unterstützte Onepager oder auch die von der *Carnegie Mellon University* in Pittsburgh erarbeitete Etikettierungslösung,[79] in der Praxis nicht den erhofften Erfolg.[80] Visualisierungslösungen zur Informationsvermittlung befinden sich derzeit noch in der Entwicklung, nachdem sie in die DSGVO nicht unmittelbar aufgenommen wurden.[81] Erfolgsversprechender als die bislang angedachten Maßnahmen scheinen Personal Information Management Systems (PIMS), die wesentlich helfen könnten, das

[79] *Kelley et al.*, A „Nutrition Label" for Privacy, 2009, 6, abrufbar unter: http://cups.cs.cmu.edu/soups/2009/proceedings/a4-kelley.pdf, zuletzt abgerufen am 22.4.2022.

[80] *Kelley et al.*, Standardizing Privacy Notices: An Online Study of the Nutrition Label Approach, 2010, 8, abrufbar unter: https://repository.cmu.edu/cgi/viewcontent.cgi?article=1002&context=cylab, zuletzt abgerufen am 22.4.2022.

[81] Anders noch Art. 13a Abs. 2 des Parlamentsentwurfs zur DSG-VO vom 12.3.2014 (EP-PE_TC1-COD(2012)0011).

Problem bislang scheiternder Informationsvermittlung zu lösen, Transaktionskosten zu senken und Rationalitätsproblemen entgegenzuwirken, indem sie die datenschutzrechtlichen Informationen für die Betroffenen aufbereiten, „Dark Patterns“ erkennen und die Betroffenen gerade auch im Hinblick auf Langfristrisiken beraten. Bei all dem könnten sie jedenfalls für diejenigen Datenverarbeitungen, bei denen sie nicht selbst als Verantwortlicher agieren, sondern einen zusätzlichen Informationsservice anbieten, auf Visualisierungslösungen zurückgreifen, ohne den langwierigen Prozess einheitlicher Bildsymbolgestaltung auf Unions- oder mitgliedstaatlicher Ebene abwarten zu müssen. Visualisierungslösungen machen sich den Bildüberlegenheitseffekt zunutze: Empirische Studien belegen, dass die kognitiven Fähigkeiten des Menschen deutlich besser auf Bilder als auf Texte ansprechen,[82] was sich insbesondere daraus erklärt, dass Bilder ganzheitlich aufgenommen werden, Texte dagegen sequenziell.[83] Bilder werden erkannt, lange bevor ein Text erfasst werden kann. Für die Aufnahme eines Bildes in einer Form, die später wiedererkannt werden kann, benötigt das menschliche Gehirn für ein Bild mittlerer Komplexität im Durchschnitt etwa eine bis zwei Sekunden, während sich in derselben Betrachtungszeit nur etwa fünf bis zehn Worte eines einfachen Textes aufnehmen lassen.[84] Bilder sind außerdem in besonderer Form geeignet, Menschen zu aktivieren und damit Aufmerksamkeit zu erzeugen. Hierfür kommen in erster Linie Signalfarben wie rot, orange und gelb in Betracht.[85] Darüber hinaus kann sich der Mensch regelmäßig wesentlich besser an Bilder erinnern als an bloßen Text.[86]

Um einen Mehrwert für die Betroffenen darzustellen, benötigen PIMS einen ermöglichenden Rechtsrahmen, der zwar einerseits auf mögliche Gefahren, die von den PIMS ausgehen können, reagiert, etwa besondere Schutzvorkehrungen vorsieht, sie aber zugleich in Funktionsfähigkeit versetzt, etwa indem datenschutzrechtliche Rechtsunsicherheit beseitigt wird. Erforderlich ist aber v.a. eine Berücksichtigungspflicht der Vorgaben, die PIMS gegenüber Datenverarbeitern tätigen, sowie Interoperabilitätsvorgaben (Regulierung auf Systemebene).[87] Der bisherige Rechtsrahmen von DSGVO, Data Governance Act sowie § 26 TTDSG gewährleistet dies nicht.

---

[82] *Kroeber-Riel*, Bildkommunikation, 2. Aufl. 1996, 26ff., 53ff.; vgl. dazu auch *Maar*, in: Maar/Burda (Hrsg.), Iconic Worlds, 2006, 11.

[83] *Bauer et al.*, 51(9) ZfbF 1999, 805, 815; *Schierl*, Text und Bild in der Werbung, 2001, 228.

[84] *Kroeber-Riel*, Bildkommunikation, 2. Aufl. 1996, 53; vgl. zur Geschwindigkeit visueller Kommunikationsaufnahme *Boehme-Neßler*, BilderRecht, 2010, 64f.

[85] *Kroeber-Riel*, Bildkommunikation, 2. Aufl. 1996, 102.

[86] Zu den Gründen vgl. *Kroeber-Riel*, Bildkommunikation, 2. Aufl. 1996, 73ff. m.w.N.; zur Bilderinnerung vgl. auch *Madigan*, in: Yuille (Hrsg.), Imagery, Memory and Cognition, 1983, 65, 65ff.; *Specht*, Diktat der Technik, im Erscheinen; vgl. zum Ganzen auch *Specht-Riemenschneider/Bienemann*, in: Specht-Riemenschneider/Werry/Werry (Hrsg.), Datenrecht in der Digitalisierung, 2020, 334f.; *Geminn et al.*, ZD-Aktuell 2021, 05335; *Gerpott*, MMR 2020, 739.

[87] *Specht-Riemenschneider/Kerber*, Datentreuhänder – Ein problemlösungsorientierter

2. *Auslegung datenschutzrechtlicher Normen als zwingendes Recht*

Auch bestehende Marktversagen sind geeignet, den zwingenden Charakter einer Norm zu begründen.[88] Auch vor diesem Hintergrund sind bestimmte datenschutzrechtliche Normen als zwingend auszulegen. Dies gilt zuvorderst für das Widerspruchsrecht, das auch und gerade den Informationsasymmetrien zwischen Betroffenem und Datenverarbeiter Rechnung trägt, die ihrerseits dazu führen, dass eine Informiertheit der Einwilligung, wie sie für selbstbestimmte Entscheidungen vorausgesetzt wird, nicht gewährleistet ist. Ein zwingender Charakter aber ließe sich mit dem Argument der Behebung von Marktversagen u.a. auch für die datenschutzrechtlichen Grundsätze sowie die Betroffenenrechte begründen, die ebenfalls Informationsasymmetrien aber auch bestehenden Informationsexternalitäten und Rationalitätsproblemen Rechnung tragen dürften.

3. *Internalisierung externer Effekte und Berücksichtigung der Eigenschaft von Datenschutz als öffentlichem Gut durch absolute Datenverarbeitungsverbote*

Liegen negative Externalitäten vor, so kann auf verschiedene Weise auf sie reagiert werden. Instrumente sind z.B. die Einpreisung durch Steuern, wie dies bei der CO2-Steuer geschieht, moralische Appelle aber auch Ge- und Verbote. Im Fall von Informationsexternalitäten scheint eine Einpreisung schon deshalb nicht möglich, weil bereits unklar ist, wie der Verlust der Kontrolle über die personenbezogenen Daten preislich beziffert werden sollte. Negative externe Effekte können aber auch internalisiert werden, indem die sozialschädigenden Verhaltensweisen per se untersagt werden. Es sollten insofern dringend absolute Verbote für besonders gefährliche Datenverarbeitungen wie die Persönlichkeitsprofilbildung vorgesehen werden.

4. *Berücksichtigung positiver externer Effekte durch Erlaubnistatbestände für Datenverarbeitungen im Gemeinwohlinteresse*

Entspricht die Erhebung und Verarbeitung von Forschungsdaten nicht dem sozialen Optimum, kommt es zu einer Unterversorgung, da der Produzent nicht für den vollen sozialen Wert der Datenerhebung und Datenauswertung kompensiert wird. Es sind daher geeignete Internalisierungsinstrumente anzuwenden, um sicherzustellen, dass der private Anreiz zur Erhebung und Verarbeitung von Forschungsdaten dem des sozial optimalen Niveaus entspricht. Ein

---

Ansatz, 33f., abrufbar unter: https://www.kas.de/documents/252038/16166715/Designing+Data+Trustees+-+A+Purpose-Based+Approach.pdf/ffadcb36-1377-4511-6e3c-0e32fc727a4d, zuletzt abgerufen am 22.4.2022.

[88] *Fastrich*, Funktionales Rechtsdenken am Beispiel des Gesellschaftsrechts, 2001, 40ff.; *Bachmann*, JZ 2008, 11, 12; *Fleischer*, Informationsasymmetrie im Vertragsrecht, 2001.

klassisches Internalisierungsinstrument sind beispielsweise Subventionen. Für Datenverarbeitungen, bei denen sich die Kosten für den Datenverarbeiter in erster Linie aus dem hohen Aufwand der Befolgung der datenschutzrechtlichen Vorgaben ergeben, lässt sich zur Internalisierung an die Normierung von Erlaubnistatbeständen für Datenverarbeitungen im Gemeinwohlinteresse denken, die die Rechtmäßigkeit der Datenverarbeitung zwar auch an die Erfüllung bestimmter Voraussetzungen knüpfen, jedoch von einem Abwägungserfordernis im Einzelfall absehen und eine Alternative zur Einholung der datenschutzrechtlichen Einwilligung bieten. Zu denken wäre etwa an die Datenverarbeitung in besonders gesicherten Data-Clean-Rooms, auf die Dritte keinen Zugriff haben, in denen eine Datenauswertung stattfinden und anschließend eine Löschung der Rohdaten erfolgen und lediglich die Auswertungsergebnisse ausgespielt werden könnten (Datentreuhand).[89]

VI. Zusammenfassung der Ergebnisse

Auf Datenmärkten könnte und sollte Privatautonomie gewährleistet werden. Allerdings reicht, ebenso wie auf anderen Märkten, die Gewährleistung formaler Privatautonomie nicht aus – die Privatautonomie ist zu materialisieren. Auch andere Rechte und Rechtsgüter des Betroffenen und dritter Personen sowie Grundwerte unserer Rechtsordnung, die bei der Verarbeitung personenbezogener Daten gefährdet werden können, sind zu schützen. Datenschutzrecht muss damit die Funktion des Verbraucherschutzrechts auf Datenmärkten einnehmen. Dies bedeutet einerseits eine neue Facette in der Schutzgutdiskussion des Datenschutzrechts, andererseits geht mit der Forderung, das Datenschutzrecht als Verbraucherschutzrecht auf Datenmärkten auszugestalten, auch die Notwendigkeit einher, es in diesem Sinne anzupassen. Will es eine Rolle im Privatrechtsverhältnis spielen, muss es auf verschiedenste Marktversagen reagieren. Dabei ist ein ganzheitlicher Ansatz erforderlich. Nicht nur müssen Informationsasymmetrien beseitigt, Transaktionskosten für den Betroffenen gesenkt und Rationalitätsprobleme behoben werden, auch ist auf negative und positive Externalitäten und – damit verbunden – auf die Eigenschaft von Datenschutz als öffentlichem Gut zu reagieren. Erforderlich sind insofern neben der Auslegung einer Vielzahl datenschutzrechtlicher Vorschriften (insb. der Informationspflichten, der Betroffenenrechte und der datenschutzrechtlichen Grundsätze) als zwingendes Recht drei Maßnahmen: Erstens ist ein ermöglichender Rechtsrahmen für technische Hilfsmittel wie PIMS vorzusehen, die zur Behe-

[89] *Specht-Riemenschneider/Kerber*, Datentreuhänder – Ein problemlösungsorientierter Ansatz, 3, 53, abrufbar unter: https://www.kas.de/documents/252038/16166715/Designing+Data+Trustees+-+A+Purpose-Based+Approach.pdf/ffadcb36-1377-4511-6e3c-0e32fc727a4d, zuletzt abgerufen am 22.4.2022.

bung von Informationsasymmetrien und der Senkung von Transaktionskosten beitragen sowie auf verschiedene Rationalitätsprobleme reagieren können. Zweitens sind absolute Verarbeitungsverbote für besonders gefährliche Datenverarbeitungen wie Persönlichkeitsprofilbildungen erforderlich. Und drittens bedarf es eines Erlaubnistatbestandes zur Verarbeitung von Daten im Gemeinwohlinteresse in besonders gesicherten Data-Clean-Rooms/Datentreuhandumgebungen.

Zur Entwicklung des Menschenrechts auf freie Meinungsäußerung unter Pseudonym

Alexander Dix

I. Einleitung

Marie-Theres Tinnefeld hat eindrücklich beschrieben, wie sehr sich Hass und Desinformation wie „Gift-Wasserschierlinge" gegenwärtig im Internet ausbreiten, und sie hat zugleich die Verpflichtung des Staates und der Gesellschaft hervorgehoben, Freiheitsrechte gegen die grassierende Intoleranz zu schützen.[1] Als ein mögliches Mittel hierzu wird in der öffentlichen Debatte gerade in Deutschland immer wieder eine Klarnamenspflicht im Netz gesehen. Anonymität hat ohnehin häufig einen negativen Beigeschmack, so als habe die anonym auftretende Person etwas (in erster Linie ihre Identität) zu verbergen oder führe gar Kriminelles im Schilde. Dieser Beitrag soll daher die Bedeutung des Rechts auf freie Meinungsäußerung unter Pseudonym ebenso beleuchten wie seine notwendige Differenzierung und Begrenzung.

II. Ein historisch einflussreiches Beispiel

Im Januar 1776 erschien ein Pamphlet unter dem Titel „Common Sense", dessen Verfasser als „An Englishman" firmierte. Thomas Paine, einer der Gründerväter der Vereinigten Staaten von Amerika (und zugleich wohl der Erfinder dieses Staatsnamens) hatte es vorgezogen, seine Autorenschaft zu verheimlichen, um der kolonialen Zensur zu entgehen, denn er hatte zuvor in England bereits für Unruhe gesorgt. In dem Pamphlet bezeichnete Paine König Georg III. als „königliches Untier". „Common Sense" wurde zu einem der populärsten Texte der amerikanischen Revolution, sein wesentlicher Inhalt fand ein halbes Jahr später Eingang in die von Thomas Jefferson verfasste Unabhängigkeitserklärung. Auch in den anschließenden heftigen Debatten um die Verfassung des jungen Staates spielten anonym oder unter Pseudonym verfasste Texte eine entscheidende Rolle: So wurden die republikanischen „Cato's Letters" der Briten John Trenchard und Thomas Gordon zu einflussreichen Texten in der Gründungsphase der Vereinigten Staaten; diese Texte enthielten erstmals die Forderung

[1] *Tinnefeld*, DuD 2021, 359ff.

nach Rede- und Meinungsfreiheit selbst gegenüber der royalen Obrigkeit. Die Pseudonyme „Cato“ und „Brutus“ wurden auch von Gegnern der künftigen Verfassung in den „Anti-Federalist Papers“ verwandt, bevor Alexander Hamilton und seine Mitstreiter zunächst unter dem Pseudonym „Publius“ die berühmten „Federalist Papers“ verfassten, die wesentlich zur Verabschiedung der US-Verfassung beitrugen.

Auf die „Federalist Papers“ und ihre Autoren bezog sich mehr als zweihundert Jahre später der US-Supreme Court in seiner Entscheidung im Fall McIntyre v. Ohio Elections Commission, in der er den Schutzbereich des ersten Verfassungszusatzes zur US-Verfassung (First Amendment), der die Rede- und Pressefreiheit sowie die Religions- und Vereinigungsfreiheit garantiert, auch auf anonyme Meinungsäußerungen erstreckte.[2] In diesem Fall war gegen eine Lehrerin eine Geldbuße verhängt worden, weil sie in einer Schule anonyme Flugblätter gegen eine bevorstehende Abstimmung verteilt hatte. Diese Sanktion erklärte der Supreme Court für verfassungswidrig und betonte, dass die Veröffentlichung von anonymen Pamphleten nach der US-Verfassung in einer ehrenwerten Tradition des politischen Engagements und der abweichenden Meinung stehe. In den Worten von Richter Stevens:

„Anonymität ist ein Schutzschild gegen die Tyrannei der Mehrheit. Sie veranschaulicht den Sinn der Bill of Rights und den Ersten Verfassungszusatz im Speziellen: unpopuläre Personen vor Vergeltung, ihre Ideen vor Unterdrückung zu schützen und vor den Handlungen einer intoleranten Gesellschaft. Das Recht anonym zu bleiben darf nur dann verletzt werden, wenn es betrügerisches Verhalten schützt. Aber die politische Rede hat von ihrer Natur her manchmal unangenehme Konsequenzen, und im Allgemeinen räumt unsere Gesellschaft dem Wert der freien Rede größeres Gewicht als der Gefahr ihres Missbrauchs ein.“[3]

Ausgehend von dieser Entscheidung hat der Oberste Gerichtshof später Identifikationspflichten bei Unterschriftensammlungen[4] und Haustürwerbung[5] für unzulässig erklärt. Diese weite Interpretation der Meinungsfreiheit trug dazu bei, dass das US-Recht bis heute weder eine Impressumpflicht für Publikationen noch eine Anbieterkennzeichnung kennt. Gleichwohl hat der Supreme Court schon in seinem Urteil von 1995 die Möglichkeit des Missbrauchs der Anonymität erkannt und später – insbesondere mit dem Beginn des Internet-Zeitalters – die Pflicht von Hostprovidern zur Offenlegung der Identität bei

---

[2] 514 U.S. 334, 358, 360, 361 (1995) (Thomas, J., concurring). Zu früheren Entscheidungen des Obersten Gerichtshofs vgl. *Shepard/Belmas*, 15 Yale Journal of Law & Technology 92 (2012), 101–102.

[3] McIntyre v. Ohio Elections Commission, 514 U.S. 334, 357 (1995).

[4] Buckley v. Am. Constitutional Law Foundation, 525 U.S. 182 (1999).

[5] Watchtower Bible & Tract Society of New York, Inc. v. Vill. of Stratton, 536 U.S. 150 (2002).

Ehr- und Urheberrechtsverletzungen unter bestimmten Voraussetzungen gebilligt.[6] Das war allerdings nur möglich, weil im Internet ohnehin Anonymität nicht der Normalfall ist (dazu sogleich), denn Anonymität bedeutet zunächst, dass die Herstellung eines Personenbezugs endgültig ausgeschlossen ist. Schließlich leitet der Supreme Court (bzw. seine konservative Mehrheit) aus der Meinungsfreiheit sogar einen Anspruch von Parteispendern, seien es Einzelpersonen oder Unternehmen, auf Anonymität ab,[7] was stark mit deutschen (und europäischen) Vorstellungen von einer transparenten Parteienfinanzierung kontrastiert.[8]

III. Exkurs: Anonymität im Internet?

Die aktuelle Diskussion zu anonymen Meinungsäußerungen und ihren Grenzen konzentriert sich auf soziale Netzwerke und andere Online-Plattformen. Daher ist zunächst der Frage nachzugehen, ob bei der Online-Kommunikation überhaupt im gleichen Maße die Möglichkeit zur anonymen Meinungsäußerung besteht wie in der analogen Welt. Die Frage mag zunächst verblüffen, denn landläufig wird das Problem von Hate Speech und Desinformation gerade in der Möglichkeit gesehen, das Netz anonym zu nutzen. Tatsächlich werden für jeden Aufruf einer Webseite und jedes Hochladen von Nachrichten oder Bildern die Internet-Protocol (IP)-Adressen des Nutzenden und des adressierten Webservers benötigt und gespeichert, um die entsprechende Verbindung herzustellen. Dabei handelt es sich zwar um die „Maschinen-Adresse" des jeweiligen Endgerätes, sie ist aber eindeutig der Person zuzuordnen, die das Endgerät nutzt (heutzutage häufig ein Handy) und mithin in aller Regel für den Betreiber des sozialen Netzwerks wie auch für den Zugangs-Provider ein personenbezogenes Datum.[9] Zwar kann eine dritte Person, die im Netz von einem namentlich nicht bekannten Nutzer beleidigt oder verleumdet wird, nicht ohne weiteres (unmittelbar) gegen den oder die Täter vorgehen, weil sie diese(n) nicht kennt. Sie hat aber in aller Regel unter bestimmten Voraussetzungen die Möglichkeit, die Täter mithilfe der IP-Adresse über den Zugangs-Provider zu identifizieren. Eine anonyme Online-Kommunikation ist bereits technisch jedenfalls so lange ausgeschlossen, wie der Nutzer keine besonderen Vorkehrungen trifft, um seine IP-Adresse zu anonymisieren.[10] Anonymität im Internet ist also nicht der Nor-

---

[6] Vgl. die Nachweise bei *Shepard/Belmas*, 15 Yale Journal of Law & Technology 92 (2012), 106 ff., 115 ff.

[7] Grundlegend Citizens United v. Federal Election Commission, 130 S. Ct. 876 (2010).

[8] Zur kritischen Diskussion der Rechtsprechung in den USA näher *Shepard/Belmas*, 15 Yale Journal of Law & Technology 92 (2012), 125 ff.

[9] Vgl. EuGH, Urteile v. 24.11.2011 – C-70/10 (Scarlet v. SABAM), Rn. 51, und v. 16.2.2012 – C-360/10 (SABAM v. Netlog), Rn. 49.

[10] Etwa durch die Nutzung des TOR-Netzwerks. Es liegen keine Statistiken über die Nut-

malfall. Vielmehr bietet das Internet in der Regel weitergehende Möglichkeiten, die Urheber einer Meinungsäußerung zu identifizieren, als sie in der analogen Welt bestehen (z. B. beim Verteilen anonymer Flugblätter). Von der Anonymität, also dem Fehlen jedes Personenbezugs, ist die pseudonyme Nutzung des Internets zu unterscheiden.[11] Verwendet der Urheber ein aufdeckbares Pseudonym, kann er bereits durch den Betreiber des sozialen Netzwerks oder sonstigen Intermediär identifiziert werden, wenn dieser seinen Klarnamen kennt. Solche Pseudonyme sind deshalb personenbezogene Daten,[12] auch wenn sie die Herstellung des Personenbezugs einschränken oder erst in einem zweiten Schritt oder unter bestimmten Voraussetzungen ermöglichen. Werden personenbezogene Daten später anonymisiert (z. B. für Forschungszwecke), so verlieren sie ihren Personenbezug endgültig, während bei einer Pseudonymisierung der Personenbezug lediglich reduziert wird.

Das Internet ist also eine prinzipiell überwachungsgeneigte Infrastruktur. Zum Risiko der Identifizierung kommt bei der Online-Kommunikation noch ein weiteres Risiko hinzu, auf das kürzlich in einem Bericht des Beauftragten für Medienfreiheit der Organisation für Sicherheit und Zusammenarbeit in Europa hingewiesen wurde: spätestens durch den Einsatz von Algorithmen auf der Basis von künstlicher Intelligenz und mit Hilfe sog. *dark patterns* kann die werbetreibende Industrie im Verbund mit den großen Internetkonzernen relativ zuverlässig die Präferenzen von Internet-Nutzenden ermitteln, sie also zur unbewussten und unfreiwilligen Preisgabe von persönlichen Meinungen veranlassen.[13] Damit wird in die Freiheit des Einzelnen eingegriffen, die eigene Meinung nicht oder jedenfalls nicht unbewusst zu offenbaren, und eine wesentliche Voraussetzung für Manipulationsmöglichkeiten geschaffen.

---

zung dieser Technologie vor, der weitaus größte Teil des Internetverkehrs wird jedoch nicht über dieses Netzwerk abgewickelt. Zudem bietet selbst das TOR-Netzwerk keinen absoluten Schutz gegen Deanonymisierung und Überwachung. Auch bei der Nutzung von Internet-Cafés können die verwendeten IP-Adressen nicht einzelnen Personen zugeordnet werden, wenn diese sich nicht identifizieren müssen.

[11] Demgegenüber unterscheidet die Rechtsprechung nicht immer ausreichend zwischen Anonymität und Pseudonymität. So bezeichnet der EGMR die Pseudonymität als eine Stufe der Anonymität, vgl. Urt. v. 16.6.2015, Application no. 64569/09 (Delfi AS v. Estonia), Rn. 148. Auch der BGH unterscheidet in seinem Urteil v. 27.1.2022 – III ZR 3/21, Rn. 39, 63, nicht strikt zwischen Anonymität und Pseudonymität.

[12] Simitis/Hornung/Spiecker-*Hansen*, Art. 4 Nr. 5 DSGVO Rn. 1.

[13] Representative on Freedom of the Media, Organisation for Security and Co-operation in Europe (OSCE), Spotlight on Artificial Intelligence and Freedom of Expression, 2021, 79 ff.

IV. Das Recht auf freie Meinungsäußerung unter Pseudonym in Europa

Sowohl der Europarat als auch der Europäische Gerichtshof für Menschenrechte haben wiederholt betont, dass auch anonyme Meinungsäußerungen prinzipiell vom Menschenrecht auf Meinungsfreiheit geschützt sind. Die Vertragsstaaten der Budapester Cybercrime-Konvention von 2001 haben bewusst davon abgesehen, die Ermöglichung anonymer Kommunikation im Internet unter Strafe zu stellen, weil sie dies grundsätzlich als legitime Maßnahme des Datenschutzes ansehen; lediglich die missbräuchliche Verwendung von anonymen Kommunikationstechniken zur Ermöglichung von Straftaten kann kriminalisiert werden.[14] Das Ministerkomitee des Europarats hat 2003 die Erklärung zur Kommunikationsfreiheit im Internet[15] verabschiedet, die ein Prinzip (Nr. 7) der Anonymität enthält. Wörtlich heißt es dort: „Zur Sicherung des Schutzes gegen Online-Überwachung und um die freie Verbreitung von Informationen und Ideen zu fördern, sollten die Mitgliedstaaten den Willen der Internet-Nutzenden respektieren, ihre Identität nicht preiszugeben." Dieses Prinzip wird aber ergänzt durch den Zusatz:

„Dies hindert die Mitgliedstaaten nicht daran, im Rahmen des nationalen Rechts, der Europäischen Menschenrechtskonvention und anderer internationaler Abkommen zu Justiz und Polizei Maßnahmen zur Verfolgung derer zu ergreifen, die für kriminelle Handlungen verantwortlich sind, oder bei solchen Maßnahmen zusammenzuarbeiten."

Eine derartige Verfolgung von Personen, die „anonym" agieren, um Straftaten zu begehen, setzt allerdings eine Identifizierungsmöglichkeit voraus, die nicht bei echter Anonymität, sondern nur bei Nutzung von aufdeckbaren Pseudonymen oder durch Zuordnung der IP-Adressen (soweit diese noch vorhanden sind) gegeben ist. Dementsprechend enthält der 2014 beschlossene Leitfaden zu Menschenrechten für Internet-Nutzer unter der Überschrift „Meinungsfreiheit" den Grundsatz „Sie können sich entscheiden, ihre Identität nicht offenzulegen, z.B. durch Nutzung eines Pseudonyms. Sie sollten sich aber dessen bewusst sein, dass nationale Behörden Maßnahmen ergreifen können, die zur Aufdeckung Ihrer Identität führen können."[16]

Auch der Europäische Gerichtshof für Menschenrechte hat wiederholt das legitime Interesse der Internet-Nutzer betont, ihre Identität nicht preiszugeben. Mit den Worten des Gerichtshofs ist „... Anonymität seit langem ein Mittel gewesen, um Repressalien oder ungewünschte Aufmerksamkeit zu vermeiden.

---

[14] Budapest Convention on Cybercrime, Explanatory Report, Rn. 62.

[15] Zit. nach EGMR, Urt. v. 16.6.2015, Application no. 64569/09 (Delfi AS v. Estonia), Rn. 44.

[16] Council of Europe, Recommendation of the Committee of Ministers to member states on a Guide to human rights for Internet users (adopted on 16th April 2014, CM/Rec(2014)6).

Als solche kann sie den freien Fluss von Ideen und Informationen in wichtiger Weise insbesondere im Internet befördern."[17] Zugleich hat der Gerichtshof jedoch betont, dass Anonymität im Internet trotz ihrer Bedeutung gegenüber anderen Rechten und Interessen abgewogen werden muss.[18] So wurde 2008 ein Verstoß Finnlands gegen die Menschenrechtskonvention (Art. 8) festgestellt und das Land zur Zahlung eines Schmerzensgeldes verurteilt, weil es dort seinerzeit keine rechtliche Möglichkeit gab, um den Urheber einer strafbaren Internet-Veröffentlichung (Cyber-Stalking) zur Person eines Minderjährigen zu identifizieren.[19] In diesem Fall spielte die Meinungsfreiheit allerdings keine Rolle.

Während der EGMR die Frage offengelassen hat, ob sich aus der Meinungsfreiheit ein Recht auf anonyme Nutzung von Telekommunikationsdaten ergibt,[20] hat er die Grenzen der Meinungsfreiheit in zwei Urteilen aus den Jahren 2015 und 2021 präzisiert, in denen es um die Haftung von Nachrichtenportalen für strafbare Kommentare Dritter ging.[21]

Im Fall Delfi hatte ein Nachrichtenportal den Nutzern die Möglichkeit eröffnet, einzelne Artikel zu kommentieren. Davon machten die Nutzer mehrheitlich unter Pseudonym Gebrauch. Diese Kommentarfunktion, die häufig für Beleidigungen genutzt wurde, trug offenbar wesentlich zur Popularität des Nachrichtenportals in Estland bei. Das Nachrichtenportal wies die Nutzer darauf hin, dass es lediglich eine technische Plattform zur Veröffentlichung der Kommentare bereitstelle, ohne diese zu redigieren. Die Autoren der Kommentare seien selbst für deren Inhalt verantwortlich. Falls die Portalbetreiber von Nutzern oder Betroffenen auf Kommentare mit beleidigendem oder aus anderen Gründen strafbaren Inhalten aufmerksam gemacht wurden, sollten diese Kommentare entfernt werden. Zudem setzten die Portalbetreiber eine Filtersoftware ein, die bestimmte beleidigende Wörter zum Anlass nehmen sollte, die Veröffentlichung eines Kommentars zu unterbinden.

Im streitigen Fall hatte ein sachlicher Artikel über eine estnische Fährgesellschaft dazu geführt, dass dennoch zahlreiche Kommentare veröffentlicht wurden, in denen ein Mitglied des Aufsichtsrats der Gesellschaft und zugleich ihr größter Anteilseigner beleidigt und persönlich bedroht wurde. Etwa sechs Wochen nach Veröffentlichung dieser Kommentare verlangten die Anwälte des Opfers deren Löschung und zugleich die Zahlung eines Schmerzensgeldes. Die Kommentare wurden daraufhin sofort gelöscht, die Schmerzensgeldzahlung dagegen abgelehnt. Die estnischen Zivilgerichte stellten mit Billigung des Ober-

[17] EGMR, Urt. v. 16.6.2015, Application no. 64569/09 (Delfi AS v. Estonia), Rn. 147.
[18] EGMR, Urt. v. 16.6.2015, Application no. 64569/09 (Delfi AS v. Estonia), Rn. 149.
[19] EGMR, Urt. v. 2.12.2008, Application no. 2872/02 (K.U. v. Finland).
[20] EGMR, Urt. v. 30.1.2020, Application no. 50001/12, (Breyer v. Deutschland), Rn. 62.
[21] EGMR, Urteile v. 16.6.2015, Application no. 64569/09 (Delfi AS v. Estonia), und v. 7.12. 2021, Application no. 39378/15 (Standard Verlagsgesellschaft mbH v. Austria (No. 3)).

sten Gerichtshofs fest, dass das Persönlichkeitsrecht des Anteilseigners der Fährgesellschaft verletzt worden sei und verurteilten das Nachrichtenportal zur Zahlung eines symbolischen Schmerzensgeldes in Höhe von rund 320 Euro.

Der EGMR sah darin keine Verletzung der Meinungsfreiheit der Betreiber des Nachrichtenportals. Die Meinungsfreiheit der Kommentatoren (ganz gleich, ob sie unter einem Pseudonym, anonym oder unter Offenlegung ihrer Identität kommentiert hätten) sei schon deshalb nicht tangiert, weil die in Rede stehenden Beleidigungen und Aufforderungen zur Gewalt gegen Personen nicht von der Meinungsfreiheit gedeckt seien.[22] Die Betreiber des Nachrichtenportals seien zwar nicht verpflichtet gewesen, alle Kommentare vor der Veröffentlichung zu redigieren und die Publikation von Beleidigungen von vornherein zu verhindern. Die Tatsache, dass die estnischen Gerichte jedoch eine Pflicht der Portalbetreiber angenommen hätten, nach Veröffentlichung von sich aus und unabhängig von dem entsprechenden Hinweis des Opfers zeitnah die Beleidigungen und Aufforderungen zu Straftaten aus dem Netz zu entfernen, sei kein unzulässiger Eingriff in die Publikationsfreiheit der Betreiber gewesen.[23] Dadurch würde der Portalbetreiber auch nicht zu „privater Vorzensur" oder zum Verzicht auf das Angebot einer „anonymen Kommentarfunktion" verpflichtet.[24]

Ausdrücklich betonte der Gerichtshof die Besonderheiten des Falles, der ein großes kommerzielles Nachrichtenportal betrifft, das nicht lediglich als Anbieter einer technischen Plattform zur Verbreitung von Kommentaren und Meinungen fungiert.[25] Die in der Entscheidung entwickelten Grundsätze seien daher nicht auf Online-Diskussionsforen, soziale Netzwerke oder private Blogs zu übertragen.[26] Der EGMR hebt zugleich hervor, dass das Internet einerseits den Zugang der Öffentlichkeit zu Nachrichten und die Möglichkeit der Informationsverbreitung erheblich erweitert hat, andererseits aber dadurch auch die Risiken für das Menschenrecht auf Schutz der Privatsphäre, das den Schutz der persönlichen Ehre umfasst, höher sind als bei herkömmlichen Presseveröffentlichungen.[27] Das Opfer der Beleidigungen und Bedrohungen muss sich nach Auffassung des Menschenrechtsgerichtshofs auch nicht darauf verweisen lassen, die Verfasser der betreffenden Kommentare selbst z. B. auf Schadensersatz in Anspruch zu nehmen, denn zum einen ist dies (nach finnischem wie nach deutschem Recht) zwar in der Regel möglich, erfordert aber entsprechende Verfahrensschritte (etwa eine richterliche Anordnung zur Zuordnung einer IP-Ad-

---

[22] EGMR, Urt. v. 16.6.2015, Application no. 64569/09 (Delfi AS v. Estonia), Rn. 115, 136, 140.

[23] EGMR Urt. v. 16.6.2015, Application no. 64569/09 (Delfi AS v. Estonia), Rn. 152ff.

[24] EGMR Urt. v. 16.6.2015, Application no. 64569/09 (Delfi AS v. Estonia), Rn. 157.

[25] EGMR Urt. v. 16.6.2015, Application no. 64569/09 (Delfi AS v. Estonia), Rn. 146.

[26] EGMR Urt. v. 16.6.2015, Application no. 64569/09 (Delfi AS v. Estonia), Rn. 116.

[27] EGMR Urt. v. 16.6.2015, Application no. 64569/09 (Delfi AS v. Estonia), Rn. 133.

resse), zum anderen betreffen die rechtswidrigen Kommentare möglicherweise nicht eine bestimmte Person, sondern eine ganze Personengruppe (etwa bei rassistischen oder sexistischen Kommentaren). Ein einzelner Betroffener hat schließlich nicht dieselben Möglichkeiten, den Inhalt von Kommentarspalten permanent zu sichten, wie ein großes kommerzielles Nachrichtenportal, das diese Kommentare ermöglicht.[28]

In einer neueren Entscheidung des Menschenrechtsgerichtshofs ging es anders als im Fall Delfi nicht um die Haftung eines Nachrichtenportals für die Kommentare Dritter, sondern um seine Pflicht, die Identität dieser Dritten offenzulegen.[29] Ein österreichischer Zeitungsverlag, der zugleich ein Nachrichtenportal mit Kommentarfunktion betrieb, war von den Gerichten dazu verpflichtet worden, die Klarnamen von Personen offenzulegen, die Politiker einer rechtsgerichteten Partei unter Verwendung von Pseudonymen drastisch mit Online-Kommentaren kritisiert hatten. Der EGMR sah die Kommentare zwar nicht als journalistische Quelle an, die dem Redaktionsgeheimnis bzw. dem Quellenschutz unterliegen. Er bewertete die Verpflichtung zur Offenlegung der Autoren der mittlerweile gelöschten Kommentare aber als unzulässigen Eingriff in die Pressefreiheit des Verlags. Dieser habe nicht nur die Rolle eines Host-Providers, der lediglich ein technisches Debattenforum anbiete, sondern er ermuntere die Nutzer zur Kommentierung veröffentlichter Artikel und sehe die Kommentare als wesentlichen Bestandteil seines – teilweise moderierten – Nachrichtenportals an. Die Verpflichtung des Verlags zur Offenlegung der Identitäten von Kommentatoren habe einen abschreckenden Effekt *(chilling effect)* auf diese und beeinträchtige indirekt die Pressefreiheit des Verlags.[30] Zwar gewähre die Menschenrechtskonvention kein uneingeschränktes Recht auf Anonymität, Beschränkungen dieses Rechts müssten aber in einer demokratischen Gesellschaft notwendig sein. Das Interesse der Nutzer an „abgestufter Anonymität" (z. B. durch Nutzung eines unter bestimmten Umständen aufdeckbaren Pseudonyms) müsste mit den Rechten der von den Kommentaren Betroffenen abgewogen werden, was die österreichischen Gerichte nicht hinreichend getan hätten.[31] Dabei hob der Menschenrechtsgerichtshof hervor, dass es in den zu entscheidenden Fällen um politische Meinungsäußerungen gehe, deren Beschränkung nur unter engen Voraussetzungen, etwa bei strafbarer Hassrede *(hate speech)* und sonst eindeutig rechtswidrigen Inhalten, zulässig sei, und dass zugleich die hier betroffenen Politiker weitergehende Kritik hinnehmen müssten als Privatpersonen.[32]

---

[28] EGMR Urt. v. 16.6.2015, Application no. 64569/09 (Delfi AS v. Estonia), Rn. 150 f., 158.

[29] EGMR, Urt. v. 7.12.2021, Application no. 39378/15 (Standard Verlagsgesellschaft mbH v. Austria (No. 3)).

[30] EGMR Urt. v. 7.12.2021, Application no. 39378/15 (Standard Verlagsgesellschaft mbH v. Austria (No. 3)), Rn. 74.

[31] EGMR Urt. v. 7.12.2021, Application no. 39378/15 (Standard Verlagsgesellschaft mbH v. Austria (No. 3)), Rn. 95.

[32] EGMR Urt. v. 16.6.2015, Application no. 64569/09 (Delfi AS v. Estonia),, Rn. 132 u. Urt.

Auch der Europäische Gerichtshof hat in seiner ständigen Rechtsprechung zur Vorratsdatenspeicherung den Zusammenhang zwischen Anonymität, Datenschutz und Meinungsfreiheit betont. Er sieht in der Richtlinie zum Datenschutz in der elektronischen Kommunikation eine Konkretisierung der Grundrechte auf Privatheit und Datenschutz nach Art. 7 und 8 der Grundrechte-Charta mit der Folge, dass Nutzer elektronischer Kommunikationsmittel grundsätzlich erwarten dürfen, dass ihre Nachrichten und die damit verbundenen Verkehrsdaten anonym bleiben.[33] Auch sieht der Gerichtshof in der polizeilichen Vorratsspeicherung von Verkehrs- und Standortdaten die Gefahr, dass die Nutzer elektronischer Kommunikationsmittel von der Ausübung ihrer Meinungsäußerungsfreiheit nach Art. 11 der Grundrechte-Charta abgeschreckt werden.[34] Das gilt auch für die Speicherung von IP-Adressen.[35]

Interessant ist schließlich die gegenüber der Rechtslage in den USA deutlich abweichende Haltung des Europarats zu Fragen der Parteienfinanzierung und des politischen Marketings. In seiner Empfehlung zur Wählerkommunikation und Medienberichterstattung über Wahlkämpfe hat das Ministerkomitee des Europarats angesichts zunehmender grenzüberschreitender Versuche der manipulativen Einflussnahme die Bedeutung der Transparenz bei politischer Online-Werbung hervorgehoben.[36] Der Europarat empfiehlt seinen Mitgliedern zudem, anonyme Wahlkampfspenden entweder zu verbieten oder zumindest der Höhe nach zu begrenzen.[37] Schließlich empfiehlt der Europarat, dass Plattformbetreiber die Integrität ihrer Dienste gegen Bots und gefälschte Accounts ebenso wie gegen Desinformation schützen sollten, wobei sie den Rahmen der Menschenrechtskonvention und insbesondere das Recht auf freie Meinungsäußerung, auf Anonymität und Vertraulichkeit privater Kommunikation achten sollten.[38] Diese Empfehlungen würden in den USA unter dem Gesichtspunkt

---

v. 7.12.2021, Application no. 39378/15 (Standard Verlagsgesellschaft mbH v. Austria (No. 3)), Rn. 86 f., 93.

[33] EuGH, Urteile v. 6.10.2020 – C-511/18, C-512/18 u. C-520/18, ECLI:EU:C:2020:791 (La Quadrature du Net u. a.), Rn. 109, und v. 5.4.2022 – C-140/20, ECLI:EU:C:2022:258 (Commissioner of An Garda Siochana), Rn. 37.

[34] EuGH, Urteile v. 8.4.2014 – C-293/12 u. C-594/12, ECLI:EU:C:2014:238 (Digital Rights Ireland), Rn. 28, und zuletzt v. 5.4.2022 – C-140/20, ECLI:EU:C:2022:258 (Commissioner of An Garda Siochana), Rn. 46.

[35] EuGH, Urt. v. 6.10.2020 – C-511/18, C-512/18 u. C-520/18, ECLI:EU:C:2020:791 (La Quadrature du Net u. a.), Rn. 153.

[36] Recommendation CM/Rec(2022)12 of the Committee of Ministers to member States on electoral communication and media coverage of election campaigns v. 6.4.2022, Appendix, Guidelines 2.1.

[37] Recommendation CM/Rec(2022)12 of the Committee of Ministers to member States on electoral communication and media coverage of election campaigns v. 6.4.2022, Appendix, Guidelines 3.3.

[38] Recommendation CM/Rec(2022)12 of the Committee of Ministers to member States on electoral communication and media coverage of election campaigns v. 6.4.2022, Appendix, Guidelines 4.2.

des Ersten Verfassungszusatzes vermutlich einer gerichtlichen Überprüfung nicht standhalten, wenngleich auch in den USA über wirksame Maßnahmen gegen politische Desinformation diskutiert wird.

V. Die Ablehnung der Klarnamenspflicht in Deutschland

Der deutsche Gesetzgeber hat bereits im Informations- und Kommunikationsdienstegesetz von 1997 die Anbieter von Telediensten dazu verpflichtet, den Nutzenden die Inanspruchnahme solcher Dienste und ihre Bezahlung anonym oder unter Pseudonym zu ermöglichen. Dabei stand allerdings nicht der Schutz der Meinungsfreiheit im Vordergrund, sondern die Gestaltung dieser Dienstangebote (auch soweit sie „meinungsneutral" waren) sollte ganz generell am Prinzip der Datenvermeidung ausgerichtet sein. Das Informations- und Kommunikationsdienstegesetz griff damit erstmals den Gedanken des präventiven Systemdatenschutzes auf.[39] Die Pflicht zur Ermöglichung der anonymen oder pseudonymen Inanspruchnahme von Internetdiensten wurde auch in den Folgeregelungen des Telemediengesetzes von 2007[40] und des Telekommunikation-Telemedien-Datenschutzgesetzes (TTDSG) von 2021[41] beibehalten, obwohl etwa beim 69. Deutschen Juristentag vorgeschlagen worden war, statt der anonymen Nutzungsmöglichkeit zur besseren Rechtsverfolgung durch Dritte nur noch die Möglichkeit der Nutzung unter Pseudonym zuzulassen.[42] Andererseits wurde aber auch der Vorschlag der Datenschutzkonferenz, das Fernmeldegeheimnis zu einem allgemeinen Kommunikations- und Mediennutzungsgeheimnis weiterzuentwickeln,[43] nicht aufgegriffen. Letzteres wäre angesichts der technischen Entwicklungen etwa beim internetbasierten Medienkonsum (z.B. Smart TV, *Streaming*) nach wie vor sinnvoll.

Auch das Bundesverfassungsgericht hat die „Möglichkeit anonymisierter Äußerungen im Internet" akzeptiert, die dazu führt, dass die Geltendmachung privatrechtlicher Unterlassungsansprüche von einer vorgeschalteten Auskunftserteilung durch den Anbieter von Telemedien nach § 21 TTDSG abhängt.[44] Diese Pflicht zur Auskunftserteilung beschränkt sich allerdings auf Bestandsdaten, die der Anbieter erhoben hat. IP-Adressen sind dagegen Nutzungsdaten, über die nur den Strafverfolgungsbehörden Auskunft zu erteilen ist, wenn die be-

[39] *Dix*, in: Roßnagel (Hrsg.), Handbuch Datenschutzrecht, 2003, 372f.

[40] § 13 Abs. 6 TMG.

[41] § 19 Abs. 2 TTDSG.

[42] *Spindler*, Persönlichkeitsschutz im Internet – Anforderungen und Grenzen einer Regulierung, Gutachten F zum 69. Deutschen Juristentag, F 111f., 120f.

[43] Entschließung der 62. Konferenz der Datenschutzbeauftragten des Bundes und der Länder v. 26.10.2001 zur Neuordnung der Medienordnung.

[44] BVerfG, Beschl. v. 19.12.2021 – 1 BvR 1073/20, ECLI:DE:BVerfG:2021:rk20211219.1bvr107320, Rn. 25, ZD 2022, 220 m. Anm. *Petri*.

troffene Person Strafanzeige erstattet hat.[45] Auch auf diesem Wege kann letztlich die für eine Beleidigung oder Bedrohung verantwortliche Person identifiziert werden. Bestünden diese Möglichkeiten nicht (also bei unumkehrbarer Anonymität), so wäre – ohne dass das Verfassungsgericht das bisher explizit gesagt hat – die Grenze des verfassungsrechtlich Zulässigen überschritten. Denn online wie offline gilt: auch wer ohne Nennung seines Namens gegen allgemeine Gesetze verstößt, kann sich nicht auf die Meinungsfreiheit berufen. Dementsprechend hat das Bundesverfassungsgericht Entscheidungen der Zivilgerichte aufgehoben, die die beleidigende Kritik an einer Politikerin unter Verkennung der Bedeutung des Persönlichkeitsrechts zulassen wollten.[46]

Dem Versuch von Facebook, die Klarnamenspflicht gegenüber seinen Nutzern mithilfe der Nutzungsbedingungen durchzusetzen, hat der Bundesgerichtshof im Januar 2022 eine Absage erteilt.[47] Dabei wiederholte er zunächst seine bereits 2009 getroffene Aussage,[48] dass die anonyme Nutzung nicht nur dem Internet immanent sei, sondern dass eine Beschränkung der Meinungsäußerungsfreiheit auf Äußerungen, die bestimmten Personen zugeordnet werden können, mit Art. 5 GG Abs. 1 Satz 1 unvereinbar ist.[49] Im konkreten Streitfall hat der BGH das in den Nutzungsbedingungen von Facebook vorgesehene Verbot der Verwendung von Pseudonymen bei der Nutzung des sozialen Netzwerks einer zivilrechtlichen Inhaltskontrolle unterworfen und in ihm eine unangemessene Benachteiligung der Nutzer gesehen, weil es dem Grundgedanken des seinerzeit noch geltenden § 13 Abs. 6 TMG widerspricht.

Dabei differenziert das Gericht zwischen der Pflicht der Nutzer, sich bei der Registrierung gegenüber Facebook mit Klarnamen zu identifizieren, und der vom Unternehmen geforderten Verwendung des Klarnamens bei der anschließenden Nutzung des Netzwerks. Die Klarnamenspflicht im Innenverhältnis sieht der BGH mit der Begründung als zulässig an, dass bei einer Abwägung zwischen der unternehmerischen Freiheit des Netzwerkanbieters und dem Recht der Nutzer auf informationelle Selbstbestimmung sowohl wegen der möglichen Störerhaftung des Anbieters für Rechtsverletzungen eines Nutzers, der in Regress genommen werden soll, als auch in Anbetracht der Rechte Dritter, die durch Äußerungen eines Nutzers beeinträchtigt werden und die Offenlegung der Identität des Rechtsverletzers verlangen können, das Betreiber-Interesse an einer Kenntnis des Klarnamens Vorrang haben muss.[50] Demgegenüber hat im Außenverhältnis der Nutzer ein berechtigtes Interesse daran, sich bei der

[45] OLG Schleswig-Holstein, Beschl. v. 23.2.2022 – 9 Wx 23/21, Abs. 44.
[46] BVerfG (Fn. 44), Rn. 39 ff.
[47] BGH, Urteile v. 27.1.2022 – III ZR 3/21 (Klarnamenspflicht I) = ZD 2022, 276 m. Anm. *Bafteh/van Hattem*, u. III ZR 4/21 (Klarnamenspflicht II).
[48] BGH, Urt. v. 23.6.2009 – VI ZR 196/08 (spickmich), Rn. 38.
[49] BGH, Urt. v. 27.1.2022 – III ZR 3/21 (Klarnamenspflicht I), Rn. 39.
[50] BGH Urt. v. 27.1.2022 – III ZR 3/21 (Klarnamenspflicht I), Rn. 43 ff.

Nutzung des sozialen Netzwerks durch Verwendung eines Pseudonyms vor der Bildung von Persönlichkeitsprofilen durch Dritte, die seine Aktivitäten beobachten, selbst zu schützen.[51] Die Möglichkeiten des Nutzers, die Sichtbarkeit seines Profils gegenüber Dritten einzuschränken, sieht der BGH nicht als ausreichend an, um der Gefahr der unkontrollierten Weiterverwendung seiner Daten zu begegnen, zumal die Kommunikation mit Dritten gerade der „Wesenskern" des sozialen Netzwerks sei.[52] In unserem Zusammenhang wesentlich ist die Aussage des Gerichts, dass die Möglichkeit der Kommunikation unter einem Pseudonym im Außenverhältnis einen Schutzraum für freie Meinungsausübung gerade auch für zurückhaltende Personen, Angehörige von verfolgten Minderheiten, Whistleblower und religiös oder politisch Verfolgte eröffnet.[53] Der Bundesgerichtshof misst dagegen einem möglichen „Zivilisierungseffekt" der Klarnamenspflicht keine entscheidende Bedeutung bei, zumal dessen Reichweite empirisch nicht ausreichend belegt sei.[54] Schon durch die Unsichtbarkeit und den fehlenden Blickkontakt kann die Empathiefähigkeit eines unter Klarnamen auftretenden Nutzers gesenkt werden. Im Übrigen wird bereits durch die Klarnamenspflicht gegenüber dem Betreiber eine gewisse Hemmungswirkung erreicht.

Der Bundesgerichtshof hat seine Entscheidungen explizit auf die Rechtslage vor Inkrafttreten der Datenschutz-Grundverordnung gestützt, weil der zu entscheidende Streit vor diesem Zeitpunkt rechtshängig gemacht wurde.[55] Daraus wird teilweise der Schluss gezogen, die Entscheidung habe nach der aktuellen Rechtslage keine Bedeutung mehr bzw. „laufe leer",[56] weil die im deutschen Recht statuierte Pflicht der Diensteanbieter, eine Benutzung von Telemedien auch anonym oder unter Pseudonym zu ermöglichen, mit der Grundverordnung unvereinbar sei. Dies trifft allerdings nicht zu. Richtig ist zwar, dass sich Deutschland bei den Beratungen der Datenschutz-Grundverordnung nicht mit dem Vorschlag durchsetzen konnte, eine dem früheren § 13 Abs. 6 TMG entsprechende Vorschrift in das neue europäische Datenschutzgesetz aufzunehmen. Der Bundesgerichtshof weist aber selbst darauf hin, dass die in Deutschland geltende Pflicht des Anbieters von Telemedien, deren Benutzung anonym oder unter Pseudonym zu ermöglichen, den Grundsatz der Datenvermeidung bereichsspezifisch konkretisiert.[57] Diesen Grundsatz sieht das Gericht als bereits in Art. 6 Abs. 1 lit. c der Datenschutz-Richtlinie von 1995 verankert an.

---

[51] BGH Urt. v. 27.1.2022 – III ZR 3/21 (Klarnamenspflicht I), Rn. 50.

[52] BGH (Fn. 49), Rn. 49.

[53] BGH Urt. v. 27.1.2022 – III ZR 3/21 (Klarnamenspflicht I), Rn. 51.

[54] BGH Urt. v. 27.1.2022 – III ZR 3/21 (Klarnamenspflicht I), Rn. 52., wo das Gericht auch auf eine Untersuchung der Wissenschaftlichen Dienste des Deutschen Bundestages, WD 10-3000 – 003/20, S. 9 f. m. w. N., hinweist.

[55] BGH Urt. v. 27.1.2022 – III ZR 3/21 (Klarnamenspflicht I), Rn. 22 f.

[56] So *Schwartmann*, ZD 2022, 133 f.

[57] BGH Urt. v. 27.1.2022 – III ZR 3/21 (Klarnamenspflicht I), Rn. 26.

Derselbe Grundsatz findet sich jetzt in Art. 5 Abs. 1 lit. c der Datenschutz-Grundverordnung, wo sogar explizit von „Datenminimierung“ die Rede ist. Auch § 19 Abs. 2 TTDSG ist daher unionsrechtskonform und die vom BGH festgestellte Verpflichtung der Betreiber von sozialen Netzwerken, deren Benutzung unter Pseudonym zu ermöglichen, gilt auch nach Inkrafttreten der Datenschutz-Grundverordnung.[58] Soweit Meinungen in sozialen Netzwerken geäußert werden, ergibt sich dies darüber hinaus vor dem Hintergrund der Rechtsprechung des Europäischen Menschenrechtsgerichtshofs und des Europäischen Gerichtshofs auch aus dem Menschenrecht auf freie Meinungsäußerung (Art. 10 der Europäischen Menschenrechtskonvention und Art. 11 der Grundrechte-Charta).

VI. Fazit

Ausgehend von der US-amerikanischen Verfassungstradition ist auch in Europa seit langem anerkannt, dass niemand an der freien Meinungsäußerung gehindert werden darf, weil er seine Identität nicht preisgeben will. Die Möglichkeit der Teilnahme am öffentlichen Diskurs in anonymer Form oder unter Pseudonym kann wesentlich zum Schutz vor politischer Verfolgung oder Unterdrückung der Vertreter von Minderheitsmeinungen beitragen. Ein Zwang, sich zu identifizieren, hat Abschreckungs- und Einschüchterungseffekte *(chilling effects)*. Allerdings sind diejenigen, die es vorziehen, ihre Meinung anonym oder unter Pseudonym zu äußern, nicht davon befreit, sich an die allgemeinen Gesetze zu halten. Vor allem in der heute immer wichtiger werdenden Online-Kommunikation muss es wirksame Rechtsschutzmöglichkeiten für Opfer von Beleidigung und Bedrohung geben. Daraus folgt, dass es zwar kein Recht auf freie und im strengen Sinne anonyme Meinungsäußerung geben kann, wohl aber ein Recht auf freie Meinungsäußerung unter einem Pseudonym, das unter bestimmten Voraussetzungen aufgedeckt werden kann. Die Rechtsprechung des Europäischen Gerichtshofs für Menschenrechte, des Bundesverfassungsgerichts und des Bundesgerichtshofs hat eine Reihe von Kriterien entwickelt, die erfüllt sein müssen, bevor die Identität einer unter Pseudonym ihre Meinung äußernden Person offengelegt werden darf. Auch nach Inkrafttreten der Datenschutz-Grundverordnung dürfen die Anbieter von sozialen Netzwerken ihre Nutzer nicht dazu verpflichten, auf diesen Plattformen stets unter Verwendung von Klarnamen aufzutreten. Wenn Elon Musk also nach der Übernahme von Twitter – worauf einige seiner Äußerungen hindeuten – eine Pflicht der Nutzer einführt, sich bei der Registrierung zu authentifizieren, würde eine solche Maß-

[58] In diesem Sinne auch *Bafteh/van Hattem*, ZD 2022, 285, sowie *Stadler/Franz*, NJW 2022, 1282, 1284.

nahme den europäischen Rechtsrahmen jedenfalls dann nicht überschreiten, wenn die Offenlegung der Identität des Nutzers gegenüber Dritten gerichtlich überprüfbar wäre. Mit dem Menschenrecht auf freie Meinungsäußerung unter Pseudonym wäre allerdings die Einführung einer Pflicht unvereinbar, Tweets nur unter Klarnamen abzusetzen.

Hass und Hetze gegen Repräsentanten unseres Systems

Sabine Leutheusser-Schnarrenberger

I. Einleitung

Die Jubilarin hat sich große Verdienste für den Datenschutz erworben. Mich haben neben ihren Kommentaren und natürlich ihrem großen Standardwerk zum Datenschutzrecht ihre Betrachtungen zum Datenschutz und öffentlichen Raum beeindruckt. Sie erheben den Datenschutz über den Umgang mit Daten hinaus und stellen ihn in den Mittelpunkt der Privatheit, denn das macht den Datenschutz aus.

„Privatheit im digitalen Zeitalter" und „Überleben in Freiräumen" sind zwei ihrer Bücher zu diesem Thema. Menschen wählen sich ihre Räume zur eigenen Entfaltung, sie sind unverzichtbar zur Entwicklung der Gedanken, Haltungen und Auffassungen ohne Zwang und Vorgaben. Faszinierend ist es, wie Marie-Theres Tinnefeld die Gestaltung des Gartens in diese Betrachtungen einbezieht und zahlreiche historische Bezüge herstellt.

Gärten sind Schutzraum vor Eindringlingen. Nicht immer sind sie frei gewählt, sondern in autoritären oder diktatorischen Systemen gezwungenermaßen gesucht worden.

Grundsätzlich stehen private Räume für den sinnlich erfahrbaren geschützten Ort, der als Refugium zum Überleben als selbstbestimmtes Individuum beiträgt.

Sie ermutigen und ermöglichen mutiges demokratisches Handeln.

II. Bedrohung privater Räume durch digitale Kommunikation

Diese Räume können leider häufig nicht nur privat bleiben. Menschen werden dort im Hausarrest eingesperrt, wie zum zweiten Mal die bis zum Militärputsch 2021 De-facto-Regierungschefin in Myanmar, Aung San Suu Kyi. Privatheit kann zum Gefängnis werden, aus den privaten Räumen kann Privates nach draußen übertragen werden.

Ohne körperliches Eindringen ermöglicht die Digitalisierung ein Eindringen ganz anderer Art. Will man im digitalen Zeitalter die Kommunikation aus seinen Räumen herausführen, dann nutzen die meisten Menschen ein mobiles Endgerät, nur ca. 4 % nutzen nach Schätzungen im Jahr 2022 noch einen Festapparat, aber auch den meistens mittels eines Routers.[1]

Mit Laptop, Smartphone, Apple Watch, Computer, Tablet, Siri oder Alexa sind der Nutzer und die Nutzerin fast permanent mit der Außenwelt verbunden. Die digitale Technik erlaubt nicht nur die eigene Kommunikation mit einem Gesprächspartner, sondern in Chats und mittels Messengerdiensten wird mit Gruppenteilnehmerinnen und -teilnehmern kommuniziert und vieles mehr. Jede Nutzerin und jeder Nutzer sind Sender und Empfänger von Nachrichten.

Die digitale Öffnung des privaten Raums ermöglicht das vom Empfänger nicht kontrollierbare und steuerbare Eindringen von Ansprachen und Nachrichten, die ein großes Volumen einnehmen können. Die wirkungsvollsten Entscheidungen des Nutzers bestehen vorwiegend darin, die eigenen Accounts zu löschen und sich damit von der digitalen Kommunikation zu verabschieden. Aber weil jemand am Festnetztelefon Betrügern in die Falle geraten kann, schafft er nicht sein Telefon ab.

Auch staatliche Überwachung wird innerhalb des Regelwerks von Befugnissen und Eingriffsermächtigungen ermöglicht, vielleicht wird man auch mal zum Kollateralschaden als angebliche Kontaktperson, als Teilnehmer einer WhatsApp-Gruppe, die ins Visier von Polizei oder Verfassungsschutz geraten ist. Das merkt man gar nicht oder erfährt es sehr viel später, es sei denn, es käme zu konkreten Ermittlungen.

Das „analoge“ Abhören in Wohnungen spielt wegen der rechtsstaatlichen hohen Hürden durch die Entscheidung des Bundesverfassungsgerichts zum Schutz der Unverletzlichkeit der Wohnung nur eine untergeordnete Rolle.

III. Hass und Hetze als Bedrohung digitaler Privatheit

Seit einigen Jahren nehmen die Angriffe auf die digitale Privatheit durch Hassmails, Hetze und Anfeindungen ständig zu.

Strafrechtliche Ehrverletzungen und Volksverhetzung sind inzwischen leider zu einem festen Bestandteil digitaler Kommunikation geworden, deren Verbreitung durch vielfältige technische Möglichkeiten einschließlich der Verwendung von Bots erleichtert wird. Diese Perversion der Kommunikation in aufgeklärten Gesellschaften hat das Potential zur Gefährdung der Demokratie.

Enthemmung, Radikalisierung, Zuspitzung, Verrohung kennzeichnen sie. Trolle und Glaubenskrieger sind unentwegt unterwegs, um ihre Meinungen zu bestimmten Themen rücksichtslos zu verbreiten.[2] Und immer lauter und schril-

---

[1] *Laskus*, Süddeutsche Zeitung 25./26.Mai 2022, 8.

[2] *Brodnig*, Hass im Netz, 2016, 39ff.

ler. Leider finden Schreihälse online tatsächlich mehr Gehör. Peter Glaser hat diese Problematik gut in der Süddeutschen Zeitung beschrieben: „Facebook ist kein Medium, das moderate Debatten fördert – die DNA des Kommunikationsgiganten ist boulevardesk. Um darauf hinzuweisen, dass man existiert, ist online ein deutlich höheres Lärmvolumen nötig als im wahren Leben."[3]

Auch mit diesem Aspekt der Verletzung der Privatheit im digitalen Zeitalter befasst sich die Jubilarin immer wieder und kommt in ihrem Plädoyer für den offenen Menschen zu der Bewertung, dass es keine unbedingte Toleranz für Feinde der Freiheit geben darf.[4]

IV. Dimension von Hass und Hetze gegen Politiker

Am 23. Mai 2022 berichteten mehrere Tageszeitungen, dass die verbalen und auch körperlichen Angriffe auf Kommunalpolitiker und -politikerinnen 2021 stark angestiegen sind. Die Heinrich-Böll-Stiftung hat sich auf der Grundlage von bis zu 300 Interviews mit Kommunalpolitikerinnen und -politikern intensiv damit befasst und kommt zu dem Ergebnis, dass die Mehrheit der Gesprächspartner und -partnerinnen sich bewusst ist, dass Pöbeleien und Beleidigungen schon immer Teil von Politik gewesen sind und es sich bei der verbalen Gewalt keineswegs um eine ganz neue Erscheinung handelt. Allerdings, und das liegt ursächlich an den Möglichkeiten und Mechanismen der Social-Media-Kanäle und den dort geführten Debatten, wird eine neue Quantität, vor allem aber auch Qualität der Anfeindungen wahrgenommen. Die neue Qualität zeigt sich vor allem in einer gesunkenen Hemmschwelle gegenüber Beleidigungen und Bedrohungen. Der gestiegenen Aggressivität steht eine gesunkene Wertschätzung für kommunale Amts- und Mandatsträger und -trägerinnen gegenüber. Die Ehrenamtlichen haben den Eindruck, Kommunalpolitik habe sich in den letzten Jahren negativ verändert, auch im kommunalen Parlament wie Gemeinde-, Stadtrat und Kreistag selbst herrsche häufig ein rauerer Ton. Die Bereitschaft und Fähigkeit zur Diskussion nehmen ab. Damit kommen die Polarisierung des Parteienwettbewerbs, der Trend einer populistisch bis menschenverachtend geprägten politischen Kommunikation und die Zunahme politisch motivierter Gewalt im Unguten zusammen. Bemerkenswert ist dabei, dass gerade die Polarisierung und Fragmentierung der politischen Arena auch von AfD-Vertretern und -Vertreterinnen beklagt werden – also von kommunalpolitisch Aktiven einer Partei, die als maßgeblicher Treiber dieser neuen Rhetorik verstanden werden kann.[5]

---

[3] *Glaser*, Süddeutsche Zeitung 30. Januar 2016, 143.
[4] *Tinnefeld*, DuD 2021, 359.
[5] Studie der Heinrich-Böll-Stiftung, Beleidigt und bedroht, 2021, 22 ff.

Von Beleidigungen sind fast alle betroffen. Sie dienen der Abwertung der Betroffenen und je emotional aufgeladener Themen in der Gemeinde debattiert werden, umso wahrscheinlicher werden Beleidigungen.

Auf kommunaler Ebene ist die Vermischung von Privatem und Ehrenamt besonders deutlich. Bedrohungen erreichen die Privatsphäre, und dadurch wird häufig die Familie involviert. Das überschreitet eindeutig eine Grenze.[6]

Aktuelle Zahlen hat im April 2021 das Magazin *Kommunal* in einer Umfrage im Auftrag von „Report München" erhoben. Es waren 72 Prozent der Bürgermeisterinnen und Bürgermeister in Deutschland, die während der Corona-Krise schon einmal beleidigt, beschimpft, bedroht oder sogar tätlich angegriffen wurden. Das bedeutet einen Anstieg um 8 Prozent gegenüber 2020. Doch damit nicht genug. Dass Beschimpfungen an der Tagesordnung sind, ist kein Großstadtphänomen. Unabhängig davon, in welcher Stadt oder Gemeinde die Bürgermeister befragt wurden, die Ergebnisse waren überall eindeutig. Zwar liegt der Anteil in Städten mit über 100000 Einwohnern am höchsten – aber selbst auf dem Land in kleinen Gemeinden mit weniger als 5000 Einwohnern finden verbale und körperliche Übergriffe statt (58 % der Befragten berichteten das). Nur in jedem vierten Rathaus (26 Prozent) gab es noch keinerlei Vorkommnisse.[7]

In der 2021er Umfrage gab es sogar in 79 Prozent der Kommunen Beleidigungen und Übergriffe gegen Gemeindevertreterinnen oder Mitarbeiter. Der Umfrage zufolge wurden 20 Prozent der Mitarbeiter oder Mitarbeiterinnen sogar körperlich angegriffen, bespuckt oder geschlagen. Mehr als ein Drittel der Befragten (37 Prozent) sieht der Umfrage zufolge eine Zunahme der Übergriffe und Beleidigungen aufgrund der Corona-Pandemie. Knapp mehr als die Hälfte (53 Prozent) gibt an, die Zahl der Angriffe sei in etwa gleich geblieben. [8]

Für Bundes- und Landespolitikerinnen und -politiker gilt ebenso, dass 2021 Anfeindungen, Hass und verbaler Sexismus zugenommen haben. Das Bundeskriminalamt hat in seinem Bericht für das Jahr 2021 insgesamt über 50000 politisch motivierte Straftaten erfasst. Gegen Staats- und Verfassungsorgane sowie Amts- und Mandatsträger und -trägerinnen wurden über 14000 Straftaten ausgewiesen, nur gegen Amts- und Mandatsträger und -trägerinnen über 4700. Das sind Anstiege bis zu 15 %.[9]

Hinter diesen nüchternen Zahlen stehen viele Tausende Betroffene. Es sind viele einzelne Fälle, aber keine Einzelfälle.

Die Ursachen liegen besonders im rechten bis rechtsextremen politischen Spektrum. Das haben mehrere Untersuchungen herausgearbeitet.

---

[6] Heinrich-Böll-Stiftung, Beleidigt und bedroht, 2021, 24, 25.

[7] *Leutheusser-Schnarrenberger/Wendt*, Unsere gefährdete Demokratie, 2022, 89, 91.

[8] Heinrich-Böll-Stiftung, Beleidigt und bedroht, 2021, 90ff.

[9] Bundeskriminalamt Bericht für 2021, bmi.bund.de, 5, 16, 17ff.; *Müller*, Süddeutsche Zeitung 11. Mai 2022, 1.

Diejenigen, die zielgerichtet immer wieder gegen Politikerinnen und Politiker hetzen und in nicht wenigen Fällen sogar mit Gewalt drohen, sind nicht die gelegentlichen Teilnehmer an Kundgebungen gegen einzelne politische Entscheidungen, sondern es sind überwiegend Rechtsradikale, zum Teil auch Linksradikale. Julia Ebners Recherchen ergeben, dass Rechtsextreme und Verschwörungsideologen bereits Mitte 2020 begonnen haben, die Corona-Protestbewegung zu unterwandern und die Frustration Zehntausender zu instrumentalisieren.[10]

Matthias Quent, Soziologe und Gründungsdirektor des Instituts für Demokratie und Zivilgesellschaft in Jena, befasst sich in Studien und Untersuchungen intensiv mit Rechtsradikalismus, Radikalisierung und Hasskriminalität. Ein Teil dieses Milieus ist nach seinen Erkenntnissen davon überzeugt,

> „dass ein ‚Zerfall‘ der ‚deutschen Kultur‘ bevorstehe. Aufklärung und Demokratie hätten demnach die angeblich natürliche soziale Hierarchie von Menschen(-gruppen) und ‚Völkern‘ aufgehoben und damit eine verfassungsrechtliche und kulturelle Moderne geschaffen, die der eigentlichen und unabänderlichen Natur der Menschen widerspreche. [...] Viele Rechtsradikale glauben, eine solche ideologisch konstruierte Zukunftsgefahr sei nur durch extreme Maßnahmen und Selbstjustiz zu bannen: Die verbreitete Enttäuschung über den Bedeutungsverlust von Kategorien wie ‚Volk‘, ‚Nation‘ und ‚Rasse‘ entlädt sich in radikalisierter Form in Gewalt gegen Minderheiten und Repräsentantinnen und Repräsentanten der staatlichen Ordnung.“[11]

V. Bedeutung von sprachlicher Radikalisierung

Die von Vertretern der Neuen Rechten und Verschwörungsanhängern regelmäßig vorgenommene Diffamierung unserer freiheitlichen demokratischen Grundordnung als „Diktatur“ erweist sich dabei gleichermaßen als schamlos und unverantwortlich. Schamlos, weil durch den Vergleich der Bundesrepublik mit einer Diktatur jedes einzelne Opfer verhöhnt wird, das unter den wahren Diktaturen des 20. und 21. Jahrhunderts gelitten hat, emigrieren musste, gefoltert und ermordet wurde. Und unverantwortlich, weil Diktatur-Vergleiche nicht einfach als gewöhnliche politische Kritik oder Polemik abgetan werden können. Erst vor wenigen Wochen hat nur das entschiedene Eingreifen der Ermittlungsbehörden die gewaltsamen Umsturzpläne einer militanten Gruppierung unterbunden, deren Mitglieder sich in einer „Diktatur“ wähnten.

Dass die Radikalisierung der Sprache eine gewaltsame Verrohung der politischen Kultur nach sich zieht, ist nicht nur eine bedrückende Lehre aus der Geschichte. Pauschale Diffamierungsbegriffe wie „Volksverräter“ oder „Lügenpresse“ ziehen über kurz oder lang konkrete Handlungen nach sich.

---

[10] *Ebner*, Radikalisierungsmaschinen, 2019, 173 ff.
[11] *Quent*, APuZ 49–50, 2019, 27 ff.

Auf vielen Demonstrationen gegen Corona-Maßnahmen, gegen Ausländer, auch gegen Muslime beginnend mit Pegida wird gehetzt, beleidigt und immer wieder werden auch Journalisten und Journalistinnen angegriffen. 83 tätliche Angriffe auf 124 Journalistinnen und Journalisten hat es 2021 gegeben. 75 % dieser Angriffe auf die Pressefreiheit ereigneten sich auf Demonstrationen von Gegnern der Corona-Maßnahmen.

Kritik an den Maßnahmen zur Bekämpfung der Corona-Pandemie ist legitim. In den Parlamenten, in den Medien oder in der Öffentlichkeit wurde und wird kontrovers über deren Notwendigkeit und Problematik debattiert. Solche Kontroversen muss eine Demokratie nicht nur aushalten, sie lebt geradezu von ihnen. Wo Kritik jedoch zu Hass wird oder in Gewalt umschlägt, wo Verschwörungsmythen und absurde historische Vergleiche als politische Waffe missbraucht werden, dort muss entschieden und konkret widersprochen werden. Eine demokratische Debatte braucht ein Mindestmaß an Respekt und die Fähigkeit zur Konsensfindung. Diese wird unmöglich, wenn man ständig mit Lügen, Desinformation und persönlichen Angriffen rechnen muss. Zudem verdienen Opfer von Hetze und Häme gesellschaftlichen Schutz. Deshalb müssen der Freiheit des gesprochenen und geschriebenen Wortes eindeutige gesetzliche Grenzen gesetzt werden.

Die gibt es in Deutschland mit den Straftatbeständen Volksverhetzung, Beleidigung, Leugnen und Verharmlosung des Holocaust. Richten sie sich gegen Parlamentarier und Parlamentarierinnen aller politischen Ebenen, so gelten die schärferen Strafandrohungen für Beleidigungen und üble Nachrede des § 188 Strafgesetzbuch.

An Gesetzen mangelt es nicht. Die entschiedene Durchsetzung geltenden Rechts ist entscheidend, sie kann in gewissem Umfang eine gewünschte abschreckende Wirkung entfalten. Aber gerade Volksverhetzungsdelikte sind komplexe Normen mit unbestimmten Rechtsbegriffen, die sorgfältige Auslegungen und Abwägungen erfordern. Marian Offman, ehemaliger Stadtrat in München, der sich aktiv gegen Neonazidemos und Pegida-Ansammlungen einsetzt, klare Worte findet und gegen ihn gerichtete rassistische wie auch antisemitische Anwürfe häufig zur Anzeige gebracht hat, hat nur in ganz wenigen Fällen erlebt, dass Ermittlungen durchgeführt und Verurteilungen ausgesprochen wurden. Mit Repression allein werden weder Hass noch Hetze, weder Beleidigungen noch Bedrohungen verhindert.

Der einzelne Nutzer und die einzelne Nutzerin können einiges gegen Hass im Netz tun. Sie können digitale Zivilcourage zeigen, in dem sie das Wort ergreifen, in dem sie Betroffene unterstützen und zeigen, dass sie nicht allein sind. Diese Form der Solidarität bedeutet für Politiker und Politikerinnen viel, ermutigt und stärkt. Nutzer können Druck auf die Politik ausüben, in dem sie denjenigen, die Desinformation und Hetze verbreiten, entgegentreten, keine

Likes geben und sie als Manipulierer entlarven. Und indem sie die Plattformbetreiber fordern und hetzerische Kommentare melden.

Aber ganz entscheidend ist der verantwortungsbewusste Einsatz der Technik. Die Programmierer und IT-Unternehmen sind diejenigen, die die digitalen Tools entwickeln und damit erst die Möglichkeiten zu Aggression und Beschimpfung schaffen. Da ist Umsteuern angesagt. Es gibt Software von Unternehmen, die Menschen beim Verfassen von Onlinekommentaren an den respektvollen Umgang erinnert und einen Bewertungsvorgang bei Abgabe eines Kommentars einleitet.[12] Das ist nur ein Beispiel. Grundsätzlich gilt, dass Software die Nutzer und Nutzerinnen steuert, durch Ranking, das auch durch die häufige Abgabe von Posts beeinflusst wird. Die Facebook-Algorithmen zum Beispiel wählen aus, welche Beiträge eingeblendet werden und entscheiden damit darüber, welche Informationen jeden Tag mehr als eine Milliarde Mitglieder sehen und welche nicht. Die Unternehmen dieser wichtigen digitalen Gatekeeper üben einen erheblichen Einfluss auf das Verhalten von Bürgerinnen und Bürger aus, schaffen erst die Filterblasen und wirken in die Gesellschaft hinein. Deshalb braucht es technische Schutzmechanismen, mehr Transparenz und klare Standards im digitalen Austausch. Der Nutzer oder die Nutzerin können sich allein kaum den technischen Steuerungen entziehen.

Dieser nur sehr kurze Blick auf Hass und Hetze im Netz zeigt die Risiken der digitalen Entwicklung und Handlungsnotwendigkeiten. Der europäische Digital Service Act geht in die richtige Richtung. Es ist wichtig, dass Persönlichkeiten wie Marie-Theres Tinnefeld auch künftig ihre Einschätzungen einbringen.

---

[12] *Brodnig*, Hass im Netz, 2016, 197ff.

Politische Internet-Memes als Instrument der demokratischen Partizipation

Thomas Knieper

Im heutigen Internet ist der User nicht mehr ausschließlich auf eine passive Konsumentenrolle beschränkt. Er kann sich auch jederzeit aktiv in die Erstellung von Inhalten einbringen und wird damit selbst zum Produzenten. Der User kann sich frei zwischen den Rollen Produzent und Konsument entscheiden und sie je nach Belieben einnehmen. Man spricht daher heute zunehmend weniger vom User, sondern vielmehr vom Prosumenten.[1] Gleichzeitig fördert das vielfältige Mitmachangebot des Web 2.0 die Beteiligung am gesellschaftlichen Diskurs. Die Qualität der Partizipation ist dabei allerdings sehr unterschiedlich. Bisweilen geht es auch einfach nur um die Verbreitung von Inhalten, die durch „Reproduktion, Rekombination und Referenz"[2] geprägt sind (siehe Abb. 1–3). Inhalte werden übernommen, neu angeordnet, rekontextualisiert und mit Verweisen angereichert. Im Wesentlichen werden dabei Kernbotschaften multipliziert und an viele Empfänger distribuiert. Kevin Kelly, der Gründungschefredakteur der *Wired*, vergleicht das Internet daher mit einer riesigen Kopiermaschine.[3] Internet-Memes sind ein Spiegel dieser Anwendungsweise und zugleich ein vergleichsweise junges Phänomen der Online-Kultur.[4]

---

[1] *Knieper/Wolf/Tonndorf*, in: Institut für interdisziplinäre Medienforschung (Hrsg.), Medien und Wandel, 2011, 41 ff.

[2] *von Gehlen*, Meme. Muster digitaler Kommunikation, 2020, 16.

[3] *Kelly*, Better Than Free, 2008, https://kk.org/thetechnium/better-than-fre/ (letzter Abruf: 30.5.22).

[4] *von Gehlen*, Meme. Muster digitaler Kommunikation, 2020, 16 ff.; *Johann/Bülow*, in: Bülow/Johann (Hrsg.), Politische Internet-Memes. Theoretische Herausforderungen und empirische Befunde, 2019, 13 ff. (13).

Abbildung 1: Diese Text-Bild-Kombinationen sind eine Referenz an die Peter-Jackson-Verfilmung von J.R.R. Tolkiens Roman *The Lord of the Rings*. Sie zeigen Boromir, dargestellt vom britischen Schauspieler Sean Bean, in der Szene, in welcher die einzige Möglichkeit aufgezeigt wird, wie der unheilvolle Ring zerstört werden kann. Er muss nach Mordor gebracht und dem Feuer des Schicksalsberges übergeben werden. Boromir hält die Aufgabe für beinahe unlösbar und kommentiert: „One does not simply walk into Mordor". Unter Bezugnahme auf dieses Zitat ist eine ganze Familie bzw. Referenzgruppe von sogenannten Image Macros entstanden, die mit der Exposition „One does not simply" beginnen und in der zweiten Textzeile mit einem Verweis auf eine beinahe unlösbare Aufgabe oder einen kaum möglichen Zustand enden.[5] Die beiden Image Macros greifen das Thema dieses Beitrags auf und sind (wie auch alle späteren Beispiele) mit dem Meme Generator *imgflip* (URL: https://imgflip.com/memegenerator) erstellt.[6]

[5] *Krieger/Machnyk*, in: Bülow/Johann (Hrsg.), Politische Internet-Memes. Theoretische Herausforderungen und empirische Befunde, 2019, 115 ff. (134 ff.).

[6] https://imgflip.com/memegenerator/One-Does-Not-Simply (letzter Abruf: 30.5.22).

I. Memes: Begriffsexplikation

Der Begriff Meme bzw. Mem kann auf den Zoologen und Evolutionsbiologen Richard Dawkins zurückgeführt werden. Er erwähnt ihn erstmalig 1976 in seinem Buch „The Selfish Gene".[7] Bei der Namenssuche für einen neuen Replikator, welcher die Assoziation zur Einheit der kulturellen Vererbung oder Imitation herstellen sollte, startete Dawkins seine Suche beim altgriechischen Wort „Mimema" (μίμημα), das nachgeahmte Dinge bezeichnet. Zugleich wollte er einen Begriff, der nach Möglichkeit an „Gen" erinnern und einsilbig sein sollte. Seine Lösung bestand in der Verkürzung von Mimema zu Mem. Für ihn war das ein optimaler Begriff, denn wie Gene sich im Genpool vermehren, verbreiten sich Meme im Mempool. Sie springen sozusagen von Gehirn zu Gehirn und sind dabei durch einen Vermittlungsprozess geprägt, der sich großzügig ausgelegt als Imitation bezeichnen lässt.[8] Kommunikationsinhalte, wie etwa eine gute Idee oder ein unterhaltsamer Inhalt, werden durch Mundpropaganda weitergegeben und unterliegen dabei auch durchaus (intendierten und unbeabsichtigten) Veränderungen oder werden in andere Kontexte eingebettet. Im Online-Bereich wird aus dem „Word-of-Mouth" quasi ein „Word-of-Mouse".

[7] *Shifman*, Memes in Digital Culture, 2014, 2.

[8] *Dawkins*, Das egoistische Gen, 2., unv. Aufl. 2007, 321. Im übersetzten Text wird von Mimem anstelle von Mimema gesprochen.

Abbildung 2: Alle drei Image Macros[9] sind eine Referenz auf Putins Besitzansprüche. Während der Anspruch oben ausschließlich gegenüber der Ukraine formuliert wird, wird er in der Mitte auf Georgien und Syrien erweitert. Unten wird nur vergleichsweise abstrakt auf einen allgemeinen Besitzanspruch verwiesen. Dabei wird die Kenntnis der ursprünglichen Text-Bild-Kombination vorausgesetzt. Insgesamt werden durch das Beispiel die möglichen textlichen und bildlichen Weiterentwicklungen eines Memes gut nachvollziehbar.

[9] https://imgflip.com/i/wjdaj (Urheber: oben: jseb403 / Mitte: britefish / unten: OGSCOUT) (letzter Abruf: 30.5.22).

Der Meme-Begriff wurde im analogen Kontext geprägt und zeichnet sich nach Richard Dawkins durch drei Charaktereigenschaften aus:[10] „Langlebigkeit, Fruchtbarkeit und Wiedergabetreue“. Nach Limor Shifman werden alle drei Eigenschaften im Internet erweitert. Durch schlichtes Kopieren von Botschaften erhöht sich die Wiedergabetreue (Copy Fidelity). Durch die Diffusionsprozesse im Internet erhöht sich die Fruchtbarkeit (Fecundity). Und durch die mannigfaltigen Archivierungsmöglichkeiten erhöht sich auch die Langlebigkeit (Longevity).[11] Im Volksmund heißt es nicht umsonst, dass das Internet nichts vergisst. Für die Analyse von Memes[12] als zeitgenössisches Phänomen digitaler Kultur scheinen drei Aspekte besonders relevant:[13]

1. Individuen verbreiten Inhalte in die Gesellschaft. Memes können als Bestandteil kultureller Information aufgefasst werden, die zwischen Individuen weitergegeben wird. Sie stellen damit ein soziales Phänomen dar. Obwohl die Weitergabe damit auf Mikrobasis erfolgt, darf ihre Wirkung auf Makroebene nicht unterschätzt werden. Memes prägen Denk- und Verhaltensweisen und wirken sich in der Folge auf soziale Gruppen bzw. Teilöffentlichkeiten aus.

2. Die Reproduktion der Inhalte erfolgt durch Kopieren und Imitation. Memes reproduzieren sich durch Nachahmung, unterschiedliche Einbettung und Verwendung in neuen Kontexten. Hierdurch können sich Form und Inhalt verändern. Häufig kommen hierbei Mechanismen wie Mimikry oder Remix zum Einsatz. Hierbei bedeutet Mimikry das explizite Nachstellen bzw. die Nachahmung eines Ereignisses mit anderen Personen und/oder Bedeutungsverschiebungen. In gewisser Weise kann man Mimikry damit auch als rekontextualisierte Aneignung interpretieren. Beim Remix hingegen werden vorhandene Elemente, insbesondere Bildelemente, aus dem ursprünglichen Kontext herausgelöst und neu zusammengestellt oder in einen anderen Kontext eingebettet.

---

[10] *Dawkins*, Das egoistische Gen, 2., unv. Aufl. 2007, 324.

[11] *Shifman*, Memes in Digital Culture, 2014, 17.

[12] Als Plural von Mem wird sowohl Meme als auch Memes verwendet. Memes scheint inzwischen die populärere Plural-Variante. Tatsache ist, dass meist weder im allgemeinen Sprachgebrauch noch in wissenschaftlichen Publikationen sauber zwischen Mem, Meme oder Memes unterschieden wird und die Begriffe weitgehend synonym verwendet werden. Selbst bei einem Artefakt mit memetischem Potenzial, also dem (Ausgangs-)Element eines Mems, wird häufig bereits von einem Mem gesprochen. Damit wird nicht mehr zwischen Element und Menge unterschieden. Die richtige Zuordnung ergibt sich dann jeweils aus dem Kontext. Ein alternativer Ansatz der Begriffsexplikation findet sich bei Bülow, Lars und Johann, Michael (2022): Memes. In: Diskursmonitor. Glossar zur strategischen Kommunikation in öffentlichen Diskursen. Hg. von der Forschungsgruppe Diskursmonitor und Diskursintervention. Veröffentlicht am 15.08.2022. Online unter: https://diskursmonitor.de/glossar/memes/.

[13] *Shifman*, Memes in Digital Culture, 2014, 18 ff.

Abbildung 3: Die beiden Image Macros *Putin Toasting* und *Putin Cheers* stellen weitere Putin-Ukraine-Text-Bild-Kombinationen dar und knüpfen damit an die Abbildung 2 an. Nun hat sich die bildliche Aussage zu einem Toast von Putin hin verschoben. Sie können damit sowohl als Beispiele eines eigenen Mems oder als weitere Beispiele des obigen Mems kategorisiert werden. Im unteren Image Macro kommt zudem eine weitere Referenz hinzu. Der Spruch „To Ukraine and Beyond" spielt auf den Ausspruch „To Infinity and Beyond" von Buzz Lightyear im Toy-Story-Franchise von Pixar an. Dadurch wird es möglich, dieses Image Macro zusätzlich noch einem weiteren Mem (Toy-Story-Mem) zuzuordnen. Auch die Sichtweise, dass sich hier zwei ursprünglich unterschiedliche Memes (Putin-Ukraine-Mem und Toy-Story-Mem) über das untere Image Macro zu einem neuen Meta-Mem verschmelzen, ist zulässig. Im Umkehrschluss heißt das, dass es prinzipiell möglich ist, inhaltlich zusammengehörige Teilmengen eines Mems auch als eigenständige Memes zu betrachten und zu analysieren. Oder allgemeiner gesprochen: Thematisch zusammengehörige und damit auf die gleiche Referenz verweisende Teil-, Schnitt- oder Vereinigungsmengen von Memes können als selbständige Memes betrachtet werden. Strittig ist hierbei, ob einzelne Memes aus mindestens zwei Elementen bestehen müssen. Lässt man einelementige Memes zu, würde das gut erklären, warum dann sprachlich nicht mehr zwischen Element und Menge unterschieden wird (siehe hierzu auch Fußnote 12).

3. Die Diffusionsprozesse sind durch Wettbewerb und Selektion geprägt. Memes unterliegen einer kulturellen Selektion. Hierbei sind die Erfolgsfaktoren nicht immer klar. Insbesondere die Diffusionsforschung, aber auch experimentelle Designs können hier wertvolle Erkenntnisse beisteuern.

II. Memes: Systematik

Zu Memes können alle Inhalte werden, die zu einer Weitergabe sowie einer Neuanordnung bzw. Veränderung (etwa neuer assoziativer Bezug, Ausklammerung, Erweiterung, Rekontextualisierung etc.) führen und eine Referenz umfassen. Einzelne Inhalte können zudem nach ihrer Veröffentlichung viral gehen. Viralität als solche ist jedoch kein konstituierendes Element von Memes oder Artefakten mit memetischem Potenzial. Alle Inhalte, die zu einer Grundidee bzw. Referenzgruppe gehören, bilden eine Gruppe und damit ein Mem.

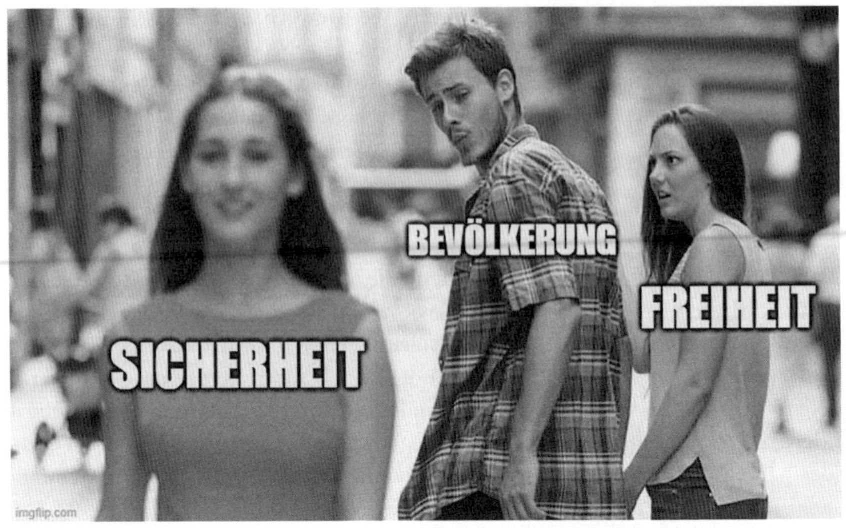

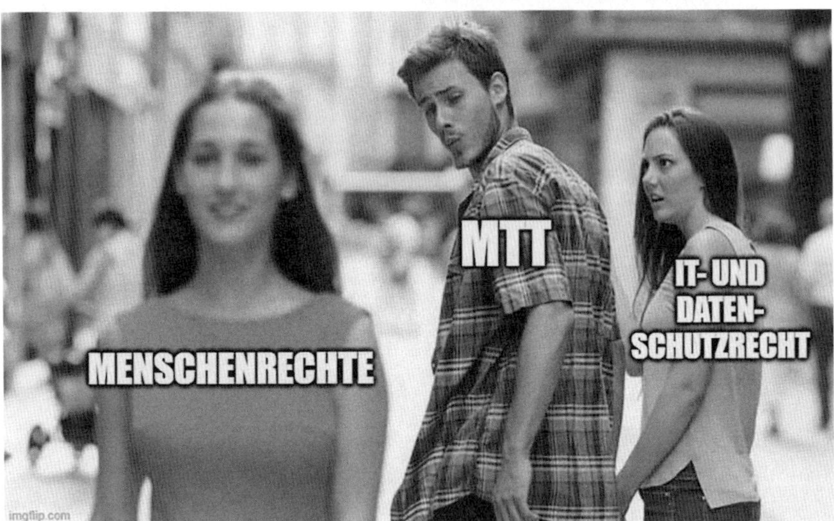

Abbildung 4: Dieses Template ist unter dem Titel *Distracted Boyfriend* bekannt. Es wird gerne für die Produktion von Image Macros verwendet, die eine neue Leidenschaft, einen Seitensprung oder einen Verrat symbolisieren sollen. Entstanden ist es bei einer Stockfoto-Produktion (Foto: bowie15 / 123RF), die Untreue auf humorvolle Art und Weise zeigen sollte.[14] Klassischerweise wird meist der Text verändert. Der junge Mann ist zur Veränderung bereit. Die Frau links ist die neue Leidenschaft. Und die Frau rechts war bisher im Fokus der Betrachtungen. Neben der standardmäßigen Manipulation der Etikettierungen werden bisweilen auch die Köpfe manipuliert.

[14] https://sz-magazin.sueddeutsche.de/internet/memes-internet-spass-bilder-87396 (letzter Abruf: 30.5.22).

Zu nennen wären hier zunächst einmal klassische Offline-Memes. Ein solches Mem zeichnet sich dadurch aus, dass es seinen Ausgangspunkt und die ersten Rekombinationen im Analogen hat. Oftmals ist die Referenz eine Außenwerbung, die mit Symbolen, sonstigen Bildelementen oder Texten ergänzt wird. So werden etwa Supermodels in Werbeanzeigen Brillen und Bärtchen verpasst oder Botschaften auf Wahlkampfplakaten mit Symbolen oder Texten kommentiert. Im Wahlkampf 2009 etwa wurde ein Merkel-Plakat mit dem Spruch „Die Kanzlerin kommt" um die handschriftliche Textzeile „Und alle so: yeaahh" ergänzt. Das Plakat wurde fotografiert und das Foto weiterverbreitet. Auf Wahlkampfveranstaltungen (insbesondere der CDU) wurden in der Folge Politiker mit „Yeaahh!" begrüßt, sobald sie die Bühne betraten. Zudem wurden ihre Aussagen mit „Yeaahh!" kommentiert. Nutella zeigte auf einem City-Lights-Plakat „yeaaah" auf dem Etikett ihrer Nuss-Nougat-Creme. Erstaunlich schnell schaffte das Mem auch den Sprung ins Internet und war damit kein reines Offline-Mem mehr, sondern hatte sich zu einem bi- bzw. multimodalen Mem erweitert.[15]

Ein paradigmatisches Beispiel für crossmediale Memes ist etwa das Mem, für das das sogenannte Zitrus-Selfie von Volker Wissing im Vorfeld bzw. Rahmen der Koalitionsverhandlungen für die 24. Bundesregierung der Bundesrepublik Deutschland die Referenz geliefert hat. Das Selfie entstand am 28.09.2021 und zeigt von links nach rechts Volker Wissing, Annalena Baerbock, Christian Lindner und Robert Habeck. Kurz vor Mitternacht wurde es von allen Beteiligten auf Instagram mit dem gleichen Text gepostet: „Auf der Suche nach einer neuen Regierung loten wir Gemeinsamkeiten und Brücken über Trennendes aus. Und finden sogar welche. Spannende Zeiten."[16] In der Folge wurde dieser Post immer wieder als Referenz verwendet. Die Akteure wurden digital verjüngt oder älter gemacht. Es wurden zusätzliche Akteure wie Armin Laschet oder Sprechblasen in das Selfie eingefügt. Es wurden Personen gelöscht oder ausgetauscht. Das Bild wurde in Print- und Funkmedien gezeigt, oftmals in veränderter Form, oder für Außen- bzw. Plakat-Werbung adaptiert.[17] Es wurde also in rekombinierter Form und eindeutiger Referenz über alle Medientypen reproduziert und damit crossmedial ausgespielt. Crossmediale Memes stellen damit in Bezug auf die eingebundene Medienvielfalt den umfassendsten Mem-Typus dar.

---

[15] *von Gehlen*, Meme. Muster digitaler Kommunikation, 2020, 26ff.

[16] Exemplarisch sei die URL zum Link des Instagram-Posts von Volker Wissing angegeben: https://www.instagram.com/p/CUYXQhQoVj6/?igshid=YmMyMTA2M2Y= (letzter Abruf: 30.5.22).

[17] Einen guten Überblick über die Rekombinationen gibt etwa die PowerPoint-Präsentation von Christian Schicha „Bildbearbeitung als Forschungsfeld der Bildethik am Beispiel des ‚Zitrus-Selfie-Paktes'", die über Mail (christian.schicha@fau.de) beim Autor angefordert werden kann.

Abbildung 5: Die beiden Image Macros zeigen Prof. Dr. Marie-Theres Tinnefeld und besitzen prinzipiell memetisches Potenzial. Typischerweise sind sie durch Aneignung eines Fotos entstanden. Das Portrait für das Template wurde aus der DuD übernommen.[18] Beide Image Macros sind eine Referenz auf das Lebenswerk und die Tätigkeitsfelder der gezeigten Juristin. Im linken Image Macro ist zudem eine weitere Referenz enthalten und zwar auf den Film *Highlander* von 1986. Sie rekurriert darauf, dass es unter Unsterblichen am Ende nur eine auserwählte Person geben kann. Erst durch häufige Reproduktion und Modifikation können diese beiden Image Macros aber zu Elementen eines Mems im klassischen Sinne werden.

Unter Internet-Memes versteht man Memes, die primär im Internet veröffentlicht und dort mit klarer Referenz rekombiniert und reproduziert werden. Bei den Templates handelt es sich in aller Regel um Stillbilder oder animierte GIFs. Im zweiten Fall spricht man dabei auch von den sogenannten Reactions-GIFs. Ein Beispiel ist der *Confused Travolta*, der aus dem Film *Pulp Fiction* von 1994 entnommen ist. Es zeigt Travolta, wie er sich überfordert und verwirrt in einem Raum frei nach folgendem Motto umsieht: „Wo bin ich? Was mache ich hier?" Meme-Generatoren ermöglichen es, jeden beliebigen Hintergrund in die kurze Szene einzubauen.[19] Auch wenn Internet-Memes bzw. die sie konstituierenden Elemente meist unterhaltsam sind, da sie häufig mit klassischen Humortechni-

---

[18] DuD 2017, 333. Online verfügbar unter https://link.springer.com/content/pdf/10.1007/s11623-017-0785-0.pdf (letzter Abruf: 30.5.22).

[19] *von Gehlen*, Meme. Muster digitaler Kommunikation, 2020, 62f.

ken[20] wie Assoziation, Transposition, Transformation, Kontradiktion, Übertreibung, Parodie, Bild- und Wortspielen, Verkleidung, Satire, Erzählung oder Aneignung arbeiten, stellen sie die Wissenschaft als Forschungsgegenstand durchaus vor große Herausforderungen (siehe hierzu auch Abb. 12). Nach Shifman können Internet-Memes als Ausprägung einer (post)modernen Folklore verstanden werden, in welcher gemeinsame Normen und Werte auf Basis kultureller Artefakte (etwa photogeshoppte Bilder oder Urban Legends) konstruiert werden.[21] Memes prägen das Denken und das Verhalten sozialer Gruppen. Sie sind ein klassisches Kind der Web-2.0-Kultur, die durch das Erstellen und den Austausch von User Generated Content geprägt ist. Inhalte, die von Usern ins Internet gestellt werden, haben stets das Potenzial, in kürzester Zeit von riesigen Massen rezipiert und (unter Umständen bearbeitet) weiterverbreitet zu werden.[22]

III. Image Macros: Klassische Elemente eines Internet-Mems

Abgesehen von den Image Macros, die aufgrund ihrer Ursprünge auch unter dem Namen Advice Animals[23] bekannt sind, gibt es zahlreiche weitere Artefakte mit memetischem Potenzial. Für die hier geführte Diskussion ist es jedoch vollkommen ausreichend, sich auf Image Macros zu beschränken. Image Macros sind sehr beliebte Elemente von Internet-Memes und eignen sich prinzipiell zur Kommentierung eines Ereignisses und damit zur politischen Meinungsäußerung (siehe etwa Abb. 6, 9–11). Der klassische Aufbau basiert auf einem Bild bzw. Template und zwei Textzeilen, eine oben und eine unten. Die erste bzw. obere Textzeile sorgt für die Exposition bzw. die Einführung oder Eröffnung eines bestimmten sprachlichen Frames, die zweite bzw. untere Textzeile für die Punchline bzw. Pointe (siehe etwa Abb. 5, 8 und 12).[24] Sogenannte Meme-Generatoren im Internet halten für die Erstellung von Image Macros einschlägige Templates bereit. Oftmals sind das Fotos, die bereits kulturell aufgeladen sind. Prinzipiell eignet sich aber jedes Foto, selbst private, als Template (siehe Abb. 5), sofern man davon ausgehen darf, dass das Bild und/oder das Thema Reproduktionspotenzial besitzen.

[20] *Nowotny/Reidy*, Memes. Formen und Folgen eines Internetphänomens, 2022, dort insb. Kapitel 3, Humor: Von Pande*memes* und Wortwitzen, Humortheorien und Subversion, 51 ff.; *Wagner*, Satire und Alltagskommunikation. Kontexte, Konstellationen und Funktionen der Kommunikation zu medialer Satire, 2021; Knieper, Die politische Karikatur. Eine journalistische Darstellungsform und deren Produzenten, 2002, 75 ff.

[21] *Shifman*, Memes in Digital Culture, 2014, 15.

[22] *Shifman*, Memes in Digital Culture, 2014, 18.

[23] *von Gehlen*, Meme. Muster digitaler Kommunikation, 2020, 11 ff.

[24] *Osterroth*, Image, 07/2015, 26 ff. (31); *Krieg-Holz/Bülow*, in: Bülow/Johann (Hrsg.), Politische Internet-Memes. Theoretische Herausforderungen und empirische Befunde, 2019, 89 ff. (91).

Abbildung 6: Die Templates haben von oben nach unten die Namen *Big Brother*, *Surveillance Camera* und *Police State Surveillance*. Während das obere Image Macro dem klassischen Aufbau folgt, nämlich erste Textzeile mit Exposition und zweite Textzeile mit Punchline, arbeiten die beiden anderen nur mit einer Textzeile bzw. einem Textblock. Sie belegen, dass Brüche mit dem Standardaufbau jederzeit möglich sind. Das mittlere Image Macro funktioniert aufgrund der Ambiguität des Ausspruchs „Was geht ab?“. Einerseits handelt es sich dabei um Jugendsprech für „Was ist hier los?“ bzw. „Was passiert hier gerade?“, mit dem sich insbesondere Jugendliche und junge Erwachsene auf den aktuellen Stand in ihrer Peer Group bringen wollen. Im Überwachungskontext rekurriert der Spruch andererseits auf eine systematische Erfassung der Umwelt. Allein diese Dekontextualisierung sorgt für eine humoristische Überhöhung. Der untere Spruch „Wir wollen doch nur dein Bestes“ ist aufgrund der Bild-Text-Kombination eine klassische inkongruente Aussage, die im Widerspruch zum martialischen Auftreten der Polizei steht. Zugleich werfen alle drei Image Macros einen durchaus kritischen Blick auf das Thema Überwachung und sorgen dafür, dass dieses Thema in den öffentlichen Diskurs eingespeist wird. Zudem können sie durchaus auch als politische Meinungsäußerungen gewertet werden.

Vom idealtypischen Image Macro gibt es zahlreiche Abweichungen, die ebenfalls als Image Macro bezeichnet werden. So muss zum Beispiel nicht zwingend Humor eingesetzt werden. Es kann sich auch um eine sachliche Beschreibung handeln. Manchmal kommt ein Image Macro auch mit einer Textzeile aus (siehe Abb. 6) oder es wird mit einer Bildabfolge gearbeitet (siehe Abb. 7). Bisweilen finden sich die Texte in Sprechblasen eingebettet (siehe Abb. 10) oder sie sind über das Bild verteilt (siehe Abb. 4). Auch weitere Platzierungen sind denkbar. Ferner müssen nicht zwingend Texte eingefügt werden, sondern es können auch ausschließlich grafische Elemente (wie etwa Strichmännchen, Handzeichnungen oder sonstige Bilder) hinzugefügt werden. Bisweilen handelt es sich bei den Einfügungen auch um Text-Bild-Kombinationen (siehe Abb. 11) oder gar ausschließlich um Bilder.

Abbildung 7: Das verwendete Template trägt den Namen *Drake Hotline Bling* und zeigt den Rapper Drake einmal in ablehnender und einmal in zustimmender Pose.[25] In aller Regel ergibt sich ein Widerspruch dadurch, dass sich der Gegenstand der Zustimmung und der Gegenstand der Ablehnung kaum unterscheiden oder schwer voneinander abgrenzbar sind. Es handelt sich hierbei um ein Image Macro, bei dem zwei Bilder untereinander montiert werden. Ein Image Macro muss also nicht notwendig auf ein Bild beschränkt sein und darf durchaus auch aus einer Bild-Abfolge bestehen. Inhaltlich wird hier das Waterboarding von Folter abgegrenzt. Dabei ist Waterboarding eine Praxis, die Ertrinken simuliert und Todesängste auslösen kann. Man muss schon eine sehr enge Auffassung von Folter haben, wenn man Waterboarding nicht als Foltermethode auffasst. Auf der anderen Seite sieht etwa das US-Justizministerium Waterboarding als prinzipiell akzeptable Verhörtechnik an. Das Image Macro thematisiert diese problematische Sichtweise und wird damit zu einem Instrument der politischen Partizipation.

---

[25] *von Gehlen*, Meme. Muster digitaler Kommunikation, 2020, 11 f.

IV. Die Erstellung von Image Macros als Chance zur politischen Partizipation und als Beitrag zu einer deliberativen Demokratie

Mit ihren Stellungnahmen liefern Image Macros einen wichtigen Beitrag zur deliberativen Demokratie. Memes eröffnen eine neue Spielwiese für die webbasierte politische Partizipation und eignen sich zudem für diverse politische Kampagnen. Sie erfüllen dabei drei nicht immer disjunkte Funktionen. Erstens eignen sich Memes zur *politischen Interessensvertretung und Persuasion*. Das sieht man insbesondere in Wahlkämpfen, in denen Memes zu einem zentralen Bestandteil des Negative Campaigning wurden. Sehr viel seltener wurden sie auch als Elemente einer Helden- oder Ahnenstrategie eingesetzt. Zweitens eignen sich Memes zur *Mobilisierung von Bürgerinnen und Bürgern* etwa bei Grassroot-Kampagnen. Und drittens sind Memes *Instrumente, die eigene Meinung auszudrücken und in die öffentliche Diskussion einzuspeisen*. Die Produktion von Artefakten mit memetischem Potenzial ist ein preiswerter und oftmals unterhaltsamer Weg, der eigenen Meinung Ausdruck zu verleihen. Vorkenntnisse oder technische Hürden sind für die Produktion so gut wie nicht notwendig bzw. vorhanden. Insofern verwundert es nicht, dass es beinahe zu jedem (politischen) Ereignis in der jüngsten Vergangenheit auch ein eigenes Mem gibt. Hierbei werden Memes generiert, in denen verschiedenste Meinungen geäußert und Meinungspositionen verhandelt werden. Hierbei kann man auch von meme-getriebenen Diskursen sprechen.[26] Memes sind damit die zentrale Verbindung zwischen der persönlichen und der politischen Sphäre im Internet.[27]

Die zentrale Aussage über Image Macros ist daher: Sie befähigen Prosumenten, sich mit ihrer Sichtweise auf Dinge aktiv am gesellschaftlichen Diskurs[28] zu beteiligen. In gewisser Weise könnte man (kommentierende) Image Macros damit in Abgrenzung zur politischen Karikatur auch als Bild-Text-Kommentare des kleinen Mannes bezeichnen. Die Karikaturisten werden inzwischen de facto durch Memeproduzenten, sogenannte Memester, verdrängt und abgelöst. Im Internet sind es inzwischen die Memester, die im kompetitiven Wettbewerb um Aufmerksamkeit ringen.[29] Hierfür scheint es übrigens notwendige Bedingung, dass die verwendeten Referenzen vom Publikum erkannt werden.

---

[26] *Shifman*, Memes in Digital Culture, 2014, 122f.

[27] *Shifman*, Memes in Digital Culture, 2014, 129.

[28] *Wiggins*, The Discursive Power of Memes in Digital Culture. Ideology, Semiotics, and Intertextuality, 2019, dort insbesondere Kapitel 2, The Discursive Power of Memes in Digital Culture, 21ff.

[29] *von Gehlen*, Meme. Muster digitaler Kommunikation, 2020, 21ff.

Abbildung 8: Das Template trägt den Namen *Creepy Condescending Wonka* und zeigt eine Aufnahme aus dem US-amerikanischen Film *Willy Wonka & the Chocolate Factory* aus dem Jahr 1971. Es wird gerne verwendet, um auf Widersprüche des Lebens aufmerksam zu machen. Während das obere Image Macro eher humorvoll ist und darauf verweist, dass sich das Internet nicht so einfach bzw. nicht löschen lässt, beschäftigt sich das untere mit dem Aspekt der Privatheit in sozialen Netzwerken am Beispiel *Facebook*. Schlussendlich thematisiert es den Fakt, dass User ihre Mitgliedschaft auf *Facebook* mit ihren persönlichen Daten bezahlen. Gleichzeitig impliziert es aber auch den problematischen Umgang des Social-Media-Anbieters mit den Daten seiner User. Das Image Macro thematisiert also den geschäftlichen Umgang mit privaten Daten und übt damit eine wichtige Thematisierungs- und durchaus auch Kritikfunktion aus.

Der große Unterschied zwischen Memestern und politischen Karikaturisten besteht allerdings darin, dass politische Karikaturisten immer einen gezeichneten Kommentar liefern, der zu einem gesellschaftlich relevanten Thema Position bezieht. Memester produzieren hingegen nicht immer Kommentare. Manchmal erschöpft sich ihre Funktion zunächst auch darin, erst einmal Themen zu bespielen und damit zu setzen sowie sie in den öffentlichen Diskurs einzuspeisen. Wird ein Thema von anderen Memestern als hinreichend relevant wahrgenommen und in der Folge rekombiniert sowie reproduziert, dann entsteht ein Mem, bei dem einzelne konstituierende Elemente mit an Sicherheit grenzender Wahrscheinlichkeit auch eine kommentierende Funktion erfüllen. Da sich unterschiedlichste weltanschauliche Überzeugungen zudem auf die gleiche Referenz beziehen können, hat ein Mem auch das Potenzial in seiner Eigenschaft als Menge, die ihm zugrundeliegende Referenz aus unterschiedlichsten Perspektiven zu beleuchten. Insofern können Memes als diskursive Räume, die durch Perspektivenvielfalt auf eine gleiche Referenz geprägt sind, aufgefasst werden. Memester zu sein, bedeutet also, am gesellschaftlichen Diskurs zu partizipieren.

Abbildung 9: Im oberen Beispiel charakterisiert sich der 45. Präsident der Vereinigten Staaten mit einem bekannten Spruch als bester Politiker, den man für Geld kaufen kann. Das Image Macro stellt damit die Unabhängigkeit von Donald Trump bei Entscheidungen in Frage und schreibt ihm Bestechlichkeit und Korruption zu. Im unteren Beispiel wird der 46. Präsident der Vereinigten Staaten, Joe Biden, gezeigt. Aufgrund seines Alters wird ihm unterstellt, dass er gesundheitlich nicht mehr auf der Höhe ist und sein Körper daher zahlreiche Ruhepausen einfordert. Es wird die Frage nach der Eignung zur Präsidentschaft gestellt. Von Donald Trump wurde Joe Biden mehrfach als *Sleepy Joe* verspottet. Diesem Spott schließt sich das Beispiel an, indem es Biden mit geschlossenen Augen zeigt und darauf verweist, dass ein gutes Nickerchen durch nichts überboten werden kann. Beide Beispiele sind klare politische Statements, die als Kritik an den jeweiligen Politikern aufgefasst werden dürfen.

V. Memester und rechtliche Herausforderungen

Image Macros als konstituierende Elemente politischer Internet-Memes fördern damit die politische Teilhabe, sie regen zur Meinungs- und Willensbildung an und erfüllen gleichzeitig eine wichtige Kritik- und Kontrollfunktion. Neben diesen positiven Eigenschaften ergeben sich durch ihren Einsatz aber auch gewisse Herausforderungen. Das ist immer dann der Fall, wenn die Inhalte der Image Macros bösartige Beleidigungen, Diffamierungen oder Diskriminierungen enthalten und damit Mobbing, Bullying oder Hatespeech[30] darstellen, wenn populistische Akteure aus den extremen Spektren Menschen verführen und mit Image Macros Propaganda für ihre Ziele betreiben[31] oder wenn bei der Aneignung von Templates oder sonstigen Bildelementen das Copyright[32] oder Persönlichkeitsrechte[33] verletzt werden. Allerdings sprechen sich einige Common-Law-Länder bei nichtautorisierter Nutzung von Bildern für eine Fair Use Policy aus.

[30] *Wachs/Koch-Priewe/Zick* (Hrsg.), Hate Speech – Multidisziplinäre Analysen und Handlungsoptionen. Theoretische und empirische Annäherungen an ein interdisziplinäres Phänomen, 2021; *Tinnefeld*, DuD 2021, 359 ff.; *Künast*, DuD 2021, 368 ff.; *Riemenschneider/Lutz*, DuD 2021, 371 ff.

[31] *Nowotny/Reidy*, Memes. Formen und Folgen eines Internetphänomens, 2022, dort insb. Kapitel 4, Politik: Das >politische< *meme* zwischen Aktivismus und Sabotage, Aktivität und Passivität, >links< und >rechts<, 111 ff. *Materna/Lauber/Brüggen*, Politisches Bildhandeln. Der Umgang Jugendlicher mit visuellen politischen, populistischen und extremistischen Inhalten in sozialen Medien, 2021, auch online abrufbar unter: https://zenodo.org/record/5113558#.YoelZHZBxPY (letzter Abruf: 30.5.22); *Berg/Materna*, medien + erziehung 64 (5), 2020, 60 ff.; *Schmitt/Harles/Rieger*, Medien & Kommunikationswissenschaft, 68 (1–2), 2020, 73 ff.; *Weidacher*, in: Bülow/Johann (Hrsg.), Politische Internet-Memes. Theoretische Herausforderungen und empirische Befunde, 2019, 167 ff., Fielitz/Thurston (Hrsg.), Post-Digital Cultures of the Far Right. Online Actions and Offline Consequences in Europe and the US. Bielefeld: transcript, 2019, dort insb. *Bogerts/Fielitz*, „Do you Want Meme War?" Understanding the Visual Memes of the German Far Right, 137 ff.

[32] *Tan/Wilson*, Fordham Intellectual Property, Media and Entertainment Law Journal 2021, 864 ff.; *Mielczarek/Hopkins*, Journalism & Mass Communication Quarterly 2020, 37 ff.; *Marciszewski*, Pace Intellectual Property, Sports & Entertainment Low Forum 2020, o.S., online verfügbar unter: https://digitalcommons.pace.edu/pipself/vol9/iss1/3 (letzter Abruf: 30.5.22); *Chander/Sunder*, Duke Law & Technology Review, Special Symposium Issue, 2019, 143 ff., online verfügbar unter: https://scholarship.law.georgetown.edu/facpub/2192 (letzter Abruf: 30.5.22).

[33] *Müller-Terpitz*, in: Hornung/Müller-Terpitz (Hrsg.), Rechtshandbuch Social Media, 2. Aufl. 2021, 253 ff.; *Specht-Riemenschneider/Lorbach*, DuD 2021, 375 ff.; *Tinnefeld/Conrad*, ZD 2018, 391 ff. (397 f.).

Abbildung 10: Hier werden zwei Image Macros gezeigt, die nicht mehr der klassischen Platzierungslogik der Textzeilen folgen. Hier werden die Texte klassischerweise von links nach rechts gelesen. Die Zuordnung der Texte zu den Charakteren erfolgt über die Sprechblasen. Die verwendeten Templates lauten *Batman Slapping Robin* (links) und *Batman Slapping Trump* (rechts). Sie rekurrieren auf ein Panel aus dem EC-Comic „World's Finest #153" aus dem Jahr 1965, in welchem Batman seinem Assistenten Robin eine Ohrfeige verpasst, weil dieser etwas „Blödes" bzw. Unerwünschtes sagt. Im Original ist das Panel gekontert.[34] Im linken Beispiel geht es darum, dass eine Person unter Verdacht erst nach ihrer Verurteilung als Verbrecher bezeichnet werden darf. Bis dahin gilt die Unschuldsvermutung und man spricht von einem mutmaßlichen Verbrecher. Im rechten Beispiel wird der Charakter von Robin durch Donald Trump ausgetauscht. Trump behauptet hier, dass die Präsidentschaftswahl vom 03.11.2020 manipuliert gewesen sei. Batman verweist durch sein klares „No!" darauf, dass sich keine Hinweise auf eine (systematische bzw. in irgendeiner Form relevante) Wahlfälschung ergeben haben. Während das linke Beispiel als Appell an die Sprachkultur verstanden werden kann, ist das rechte Beispiel ein klares politisches Statement über die Ungeheuerlichkeit, dass Trump das Wahlergebnis in Frage stellt, obwohl es dafür keine Anhaltspunkte gibt. Insofern kann es als Appell verstanden werden, dass Trump keine weiteren Lügen verbreiten soll. Zugleich ist das Image Macro eine klare Positionierung gegenüber Trump im politischen Diskurs.

Im Gegensatz zu Satirikern oder politischen Karikaturisten sind Memester in aller Regel keine Profis, sondern einfache Prosumenten, die sich am politischen Diskurs beteiligen. Nichtsdestotrotz kann man den rechtlichen Hintergrund für politische Karikaturen[35] weitgehend analog auf Image Macros übertragen:

---

[34] *Polo*, Why did Batman slap Robin? Online verfügbar unter: https://www.polygon.com/comics/2020/8/25/21307399/batman-slapping-robin-meme-explained-comics; siehe auch: https://knowyourmeme.com/memes/my-parents-are-dead-batman-slapping-robin (letzter Abruf: 30.5.22).

[35] *Knieper/Tinnefeld*, DuD 2020, 375 ff. (376 f.); *Tinnefeld*, DuD 2016, 376 ff.; *Tinnefeld/Knieper*, MMR 2016, 156 ff.; *Knieper/Tinnefeld*, in: Schweighofer/Geist/Heindl/Szücs (Hrsg.), Komplexitätsgrenzen der Rechtsinformatik: Tagungsband des 11. Internationalen Rechtsinformatik Symposions IRIS 2008, 473 ff.

Solange die Grenzen des Persönlichkeitsschutzes nicht überschritten werden, sind Image Macros durch Art. 5 GG geschützt. Nach Rechtsprechung des Bundesverfassungsgerichtes gilt das auch für Unverschämtheiten in Wort und Bild sowie qualitativ fragwürdige Bild-Text-Kombinationen.

„Der *Europäische Gerichtshof für Menschenrechte (EGMR)* bezeichnet das Recht auf freie Meinungsäußerung nach Art. 10 Abs. 1 Satz 1 EMRK als ‚den Grundpfeiler jeder demokratischen Gesellschaft' und betont gleichzeitig, dass sich dieses Recht ‚nicht nur auf Informationen und Ideen, die mit Zustimmung oder Gleichgültigkeit aufgenommen werden, erstreckt, sondern auch auf solche, die den Staat oder irgendeinen Teil der Bevölkerung kränken, schockieren oder beunruhigen'."[36]

Prinzipiell „ist zwischen dem Persönlichkeitsschutz (Art. 2 Abs. 1 iVm Art. 1 Abs. 1 GG, Art. 8 EMRK, Art. 7 und 8 GRCh) einerseits und den Kommunikationsfreiheiten wie der Meinungs- und Pressefreiheit sowie der Kunstfreiheit (Art. 5 Abs. 1 und Abs. 3 GG, Art. 10 EMRK, Art. 11 und 13 GRCh) anderseits im digitalen Zeitalter"[37] abzuwägen. Insofern Image Macros personenbezogene Informationen beinhalten, ist das Datenschutzrecht betroffen, insbesondere die Datenschutzgrundverordnung (DSGVO) von 2016. Dort ist u. a. in Art. 85 Abs. 1 ein allgemeines Abwägungsgebot zwischen Datenschutz und Meinungsfreiheit festgehalten. „Weder darf dabei den Medien oder der Kunst unter dem Deckmantel des Datenschutzes ein ‚Maulkorb' verpasst werden noch darf durch eine extensive Auslegung der privilegierten Ausnahmetatbestände das Datenschutzrecht unter dem Deckmantel der Kommunikationsfreiheit (zu sehr) ausgehöhlt werden."[38]

VI. Zusammenfassende Betrachtung

Internet-Memes stellen eine referenzbezogene Menge an einzelnen Meinungsäußerungen, in der Regel bestehend aus Bild-Text- oder Bild-Bild-Kombinationen, dar. Ihnen kommt sowohl eine wichtige Thematisierungsfunktion als auch eine zentrale Kritik- und Kontrollfunktion zu. Diese Funktionen sind wesentlich für die Partizipation an politischen Diskursen in der digitalen Gesellschaft. Gleichzeitig fördern sie die Meinungs- und Willensbildung innerhalb einer Zivilgesellschaft.

[36] *Tinnefeld/Knieper*, MMR 2016, 156 ff. (156).
[37] *Knieper/Tinnefeld*, DuD 2020, 375 ff. (376).
[38] *Knieper/Tinnefeld*, DuD 2020, 375 ff. (376 f.).

Abbildung 11: Das verwendete Template trägt den Namen *Trump Bill Signing*. Es zeigt den 45. Präsidenten der Vereinigten Staaten, der eine leere Executive Order hochhält, in der zwei Herzen mit der Aufschrift Me eingefügt sind. Das greift die Unterstellung auf, dass Donald J. Trump immer zunächst an sich und dann erst an andere denkt. Das eingeforderte „Me | Me" verweist aber nicht nur auf die Selbstbezogenheit und Eigenliebe von Trump, sondern auch gleichzeitig auf das Meme-Thema. Wären nur die Herzen eingefügt worden, würde es sich bei dem Image Macro übrigens um eine Bild-Bild-Kombination handeln.

Der Forschungsgegenstand Memes (siehe Abb. 12) mag vordergründig trivial sein, er ist aber Gegenstand zahlreicher Disziplinen, darunter etwa Kommunikationswissenschaft, Politikwissenschaft, Medienwissenschaft, Jura und viele andere mehr. Insgesamt sind Memes damit ein Phänomen, das sich für eine trans- und interdisziplinäre Auseinandersetzung eignet.

Abbildung 12: Dieses Template ist unter dem Namen *Good Fellas Hilarious* bekannt. Es wird gerne mit der Exposition „And then he/she/they said" begonnen und endet dann klassischerweise mit einer unpassenden oder absurden Zuschreibung. Dies führt dazu, dass sich die beiden abgebildeten Männer vor Lachen wegschmeißen. Im vorliegenden Beispiel wird die Frage gestellt, ob die Auseinandersetzung mit Memes überhaupt Wissenschaft sein kann. Hierzu kann man einwenden, dass ein Forschungsgegenstand durchaus trivial sein darf. Die Auseinandersetzung mit ihm kann dennoch seriös sein und eine große wissenschaftliche Berechtigung besitzen.

Wissenschaft durch offenen Diskurs

Die Rolle und Aufgabe von (juristischen) Fachzeitschriften[1]

Anke Zimmer-Helfrich

I. Kurzer Abriss zur Geschichte der Fachzeitschriften

Fachzeitschriften sind per Definition „erscheinende Publikationen über wissenschaftliche, fachliche und andere spezielle Gebiete, die der beruflichen Information und Fortbildung eindeutig definierbarer, nach fachlichen Kriterien abgrenzbarer Zielgruppen dienen".[2]

Davon zu unterscheiden sind die Special-Interest-Zeitschriften[3], die sich an die breite Bevölkerung richten und sich mit ihrem Inhalt auf klar abgegrenzte Sachgebiete (z.B. Sport, Fotografie etc.) konzentrieren, sowie jede Art von Tages- und Wochenzeitschriften oder Journale.

Die Anfänge der ersten wissenschaftlichen Zeitschrift in deutscher Sprache gehen auf Christian Thomasius zurück, der 1688 die in Halle erscheinenden „Monatsgespräche" veröffentlichte.[4] Diese Anfänge der Fachzeitschrift[5] hängen mit der Entstehung der modernen Wissenschaften, dem Bedürfnis nach Austausch von Erkenntnissen von Gelehrten und auch der Entwicklung der Drucktechnologie eng zusammen.[6] Eine Motivation, die sich auch knapp 350 Jahre später nicht wirklich verändert hat, wenn auch das reine Printwerk immer mehr der Vergangenheit angehört und die digitale Verbreitung an die Stelle der Drucktechnologie getreten ist.

Die Aussage, die sich noch aus einer Expertenbefragung[7] zum Thema „Fachzeitschriften" in 2005 ergab, dass etablierte und vielgelesene Fachzeitschriften neben dem Internet überleben werden und das Internet die Fachzeitschrift nicht ersetzen wird, würde heute so nicht mehr getroffen werden können. Wie sich

---

[1] Der Beitrag gibt ausschließlich die persönliche Meinung der Autorin wieder.

[2] Vgl. *Frühschütz*, Horizont Medienlexikon, 2004.

[3] Vgl. Wirtschaftslexikon24.com unter dem Stichwort „Spezialzeitschriften".

[4] Vgl. unter www.wiki.infowiss.net.

[5] Informativ und weiterführend: Stolleis (Hrsg.), Juristische Zeitschriften, die neuen Medien des 18.-20. Jahrhunderts (IUS Commune Sonderheft 128), 1999 und Stolleis/Simon (Hrsg.), Juristische Zeitschriften in Europa (Studien zur europäischen Rechtsgeschichte), 2006.

[6] *Schäffler*, in: Caynowa/Hermann (Hrsg.), Bibliotheken: Innovation aus Tradition, 419ff.

[7] Expertenbefragung „Fachzeitschriften", Media Spetrum 3/2006.

aus der aktuellen Statistik der Deutschen Fachpresse[8] ergibt, sind die Printerlöse weiterhin stark im Rückgang betroffen. Die Digitalzuwächse steigen deutlich.

Bezogen auf den Markt der rechtswissenschaftlichen Fachzeitschriften ist zu beobachten, dass es durch die Spezialisierungen innerhalb der einzelnen Rechtsgebiete jede Menge Neugründungen von Fachzeitschriften in immer kleinteiligeren Sach- und Fachgebieten gibt, die jedoch stets auch als digitale Angebote oder sogar nur als E-Journal[9] konzipiert und vertrieben werden. Aktuell gibt es weltweit rund 6.300 gelistete juristische Fachzeitschriften.[10]

Die gelisteten Fachzeitschriften bestehen aus den klassischen Fachverlags-Zeitschriften, den sog. Closed-Access-Zeitschriften und den rasch ins Leben gerufenen, aber nicht immer nachhaltig betriebenen Open-Access-Projekten.

Diese quantitative Entwicklung ist Folge der anhaltenden Informationsflut und wird parallel noch verstärkt durch Veröffentlichungen auf Internetforen, Self-Publishing-Plattformen, eigenen Homepages bzw. Unternehmensseiten sowie Kurzmeldungen in Social-Media-Foren.

Das steigende Bedürfnis nach Fachinformationen[11] der jeweiligen Zielgruppe auf der einen Seite, aber auch die Überforderung mit der schier nicht endenden Möglichkeit, noch mehr Informationen zu einem einzelnen Stichwort zu erhalten auf der anderen Seite, birgt ein Dilemma: Wie kommt man an verlässliche, geprüfte und auch wissenschaftlich haltbare Informationen?

Unabhängig davon, ob es sich um Fachzeitschriften aus Fachverlagen, Open-Access-Zeitschriften oder auch als Fachinformation erklärte Meldungen bzw. Beiträge im Internet handelt, gilt es die Qualitätsmerkmale, nach denen diese jeweilige Information publiziert wird, im nachfolgenden Beitrag festzustellen. Hierbei kommt Fachzeitschriften eine besondere Rolle und Aufgabe zu. Dies ist eine Herausforderung für alle Redaktionen und Lesenden gleichermaßen in Zeiten von Fake-News, Robo-Journalism und Artificial Intelligence in der Medienbranche.[12]

---

[8] Fachpresse-Statistik 2021, Zahlen zum deutschen Fachmedienmarkt als PDF in der Rubrik „Markt&Studien“ abrufbar unter: www.deutsche-fachpresse.de.

[9] Zur historischen Entwicklung des E-Journals vgl. *Keller*, Elektronische Zeitschriften. Grundlagen und Perspektiven, 2. Aufl. 2005, 15–44.

[10] Vgl. hierzu Elektronische Zeitschriftenbibliothek, abrufbar unter: ezb.ur.de. Im Vergleich hierzu belaufen sich die Fachzeitschriften in Medizin und Wirtschaftswissenschaften auf jeweils rund 16.000 weltweit erscheinende Fachzeitschriften.

[11] Fachpresse-Statistik 2021, Zahlen zum deutschen Fachmedienmarkt als PDF in der Rubrik „Markt&Studien“ abrufbar unter: www.deutsche-fachpresse.de.

[12] Aktuelles Beispiel statt vieler: Münchner Kreis e.V., Fachkonferenz am 7.7.2022 zum Thema „KI-Technologien und Medienunternehmen“, weitere Informationen unter: www.muenchner-kreis.de.

II. Aufgabe und Rolle der Fachzeitschriften als Garant des offenen Diskurses

Wissenschaft allgemein und vor allem auch die Rechtswissenschaft im Besonderen brauchen den offen geführten Diskurs, die freie Meinungsbildung und -äußerung sowie das beständige Hinterfragen von Meinungen, Gerichtsentscheidungen, Verwaltungsanweisungen und der immer größer werdende Flut an Gesetzesinitiativen und -vorhaben auf nationaler, europäischer und internationaler Ebene.

Hierzu bedarf es zum einen der Rechtswissenschaftler, aber auch der Praktiker und zum anderen der seriösen Publikation, um diesen Anstieg an Informationen, Regelungen und Entscheidungen zu bewerten, einzuordnen und für die tägliche Arbeit nutzbar zu machen.

1. Rolle von Fachredaktionen

Aufgabe von Fachredaktionen ist es, genau diese Vielfalt an Themen rechtzeitig aufzuspüren, die entsprechenden Experten als Autoren auszumachen, Themen und Standpunkte zu diskutieren und zu begleiten sowie ein unabhängiges Forum für verschiedene Interpretationen und Auslegungen zu sein und mit der jeweiligen Publikation zu schaffen. Diese als „Gelehrtenkommunikation" beschriebene Funktion aus den Anfängen der Fachzeitschriften ist weiterhin ein zentraler Bestandteil einer Fachredaktion, obwohl festzustellen ist, dass der Ruf der Leser-Zielgruppen nach Handlungsanweisungen und Mustern statt nach wissenschaftlicher Diskussion und Auslegung von Rechtsbegriffen immer größer wird.

2. Allgemeine Kriterien zur Klassifizierung eines Fachbeitrags

Nach Mark Ware und Michael Mabe[13] liegen die wesentlichen Funktionen eines wissenschaftlichen Periodikums in der Feststellung und Datierung der Urheberschaft des Autors, der gezielten Verbreitung an ein Zielpublikum durch Branding eines bestimmten Fachmediums, der Sicherstellung der Qualität des Beitrags durch ein Peer-Review-Verfahren und der Langzeitarchivierung einer zitierfähigen Version. Diese althergebrachten Kriterien aus den Anfängen der Fachzeitschriften gelten auch heute noch uneingeschränkt und geben einen ersten guten Indikator für eine verlässliche Quelle.

---

[13] *Ware/Mabe*, The STM Report. An Overview of Scientific and Scholarly Journal Publishing, 2012, 14.

3. Unabhängigkeit und Rolle der jeweiligen Fachredaktion

Ein wichtiger Aspekt bei der Entscheidung, in welchem Fachmedium man publiziert, ist neben dem jeweiligen Bekanntheitsgrad der Fachzeitschrift und deren entsprechender Verbreitung auch die Frage, inwieweit die jeweilige Fachredaktion unabhängig entscheiden kann, welches Thema und welchen Autor sie veröffentlichen darf oder soll. Entscheidend ist dabei, ob es sich beispielsweise um ein anzeigengetriebenes Vertriebsmodell, das bei rechtswissenschaftlichen Zeitschriften aus Fachverlagen eher weniger zu vermuten ist, eine Verbandszeitschrift, gegebenenfalls mit eindeutigen Lobby-Tendenzen, oder eine Publikation eines Wissenschaftsforums handelt.

Auf jeden Fall lohnt auch immer der Blick auf die Liste der Herausgeberschaft und die Zusammensetzung der Redaktion. Sind die jeweiligen Herausgeber einem bestimmten Meinungsspektrum oder einer Gruppierung zuzuordnen und handelt es sich bei der Redaktion um eine Einheit, die mit hauptamtlichen Redakteuren besetzt ist, welche die Redaktion nicht nur im Nebenamt betreiben bzw. nicht von einer Gruppierung bezahlt werden, hat dies wesentlichen Einfluss auf den qualitativen Standard des Publikationsorgans. Sich diese möglichen Indikatoren bei der Einordnung von Informationen bewusst zu machen, erleichtert die Entscheidung, in welchem Fachmedium eine Publikation sinnvoll platziert werden kann.

Je unabhängiger eine Redaktion in der Auswahl der Themen, Autoren und in der Bewertung von Sachverhalten ist, um so größer ist die Zusammenschau möglichst vieler wissenschaftlich begründeter Meinungen bei der Kommentierung und Darstellung von neuen Themen, Gesetzesvorhaben, internationalen Entwicklungen und auch der einschlägigen Rechtsprechung sowie deren Kommentierung.

Eine Fachredaktion hat als höchste Aufgabe die Kanalisierung der Informationsflut, aber ohne zu zensieren. Ziel muss es sein, in dem zu verantwortenden Publikationsorgan ein Forum für jegliche Meinung zu bilden, wenn diese wissenschaftlich begründet ist. Nur so kann ein offener Diskurs in alle Richtungen geführt und die Meinungsvielfalt gewährleistet werden.

Zu bedenken bleibt jedoch, dass solche unabhängigen und mit Fachexperten besetzen Redaktionen aufwändig sind und folglich Geld kosten. Der Markt muss auch weiterhin bereit sein, für diese Art der unabhängigen qualitätsorientieren Informationsaufbereitung zu zahlen.

4. Künftige Informationsbeschaffung und -aufbereitung

Wie kann die künftige Informationsbeschaffung aussehen bzw. was sind die Formate, die im Hinblick auf Fachbeiträge und Entscheidungskommentierungen neben den traditionellen rechtswissenschaftlichen Publikationen bereits existieren? Gerade in diversen Internet- und Social-Media-Foren, Blogs und

Self-Publishing-Plattformen nimmt die Verbreitung von Kurzmeldungen, Nachrichten, aber auch längeren Abhandlungen zu speziellen rechtlichen Fragestellungen täglich zu.

Hierbei muss die Nutzung von Social-Media-Plattformen durch traditionelle Medien (Fernsehen, Rundfunk, Presse etc.) beispielsweise mit eigenen Kanälen, Blogs usw. abgegrenzt werden von der Vielzahl der Newsletter, Meldungen von Verbänden, Kanzleien, Behörden und Gerichte oder auch vielen aktiven Einzelpersonen. Die Aktivitäten der Medien und auch Fachmedien sind dabei bereits eine weitere Stufe der Nutzung sozialer Medien und setzen ihrerseits schon eine redaktionelle Bearbeitung der Inhalte voraus. Davon sind die sog. „Self-Publishing"-Maßnahmen von z.B. Einzelpersonen oder Kanzleien zu unterscheiden.

Diese Möglichkeit der freien Meinungsäußerung und auch der schnellen, unkomplizierten Verbreitung von Ansichten und raschen Einschätzungen bzw. Sachverhaltseinordnungen ist für den offenen Diskurs und die Meinungsvielfalt von unschätzbarem Wert – entspricht dies doch dem Gedanken des freien Internets, des freien Austauschs von Meinungen und Einschätzungen. Doch so verführerisch die Vorstellung der unbegrenzten Verfügbarkeit aller Informationen und Meinungspluralität sein mag, so schränkt diese Freizügigkeit zugleich den Einzelnen enorm ein. Die Informationsflut ist so groß, dass wiederum verlässliche Parameter und Filter benötigt werden, um diese sinnvoll nutzbar zu machen und sich auf den Aussagegehalt verlassen zu können. Niemand ist in der Lage, sämtliche Informationen zu sichten und zu prüfen. Fachredaktionen jedoch schaffen dies zumindest in einem verlässlichen Umfang und mit einer entsprechenden Gewichtung.

Mit der steigenden Menge an verfügbaren Informationen wird man auf verlässliche Informationsmittler nicht verzichten können. Diese Aufgabe wird den Fachredaktionen neben den traditionellen Publikationsformen zukommen.

5. Fachpublikationen neu denken?

Die erhebliche Dynamik der Digitalisierung in nahezu allen Lebensbereichen stellt für die wissenschaftliche Zeitschrift einen signifikanten Einschnitt dar. Wie bereits eingangs erwähnt, ist durch den starken Rückgang der reinen Printproduktion im Fachzeitschriftenmarkt, verstärkt auch in der Rechtswissenschaft, die Verbreitung der Fachinformationen neu zu denken. Dieses Umdenken bezieht sich jedoch primär auf die Verbreitung und Aufbereitung der Information und weniger auf die oben dargestellten und angelegten Qualitätsmaßstäbe.

Anders als in den Naturwissenschaften wird in den Sozial- und Geisteswissenschaften aber dennoch nach wie vor für einen erheblichen Teil der kostenpflichtigen Zeitschriften eine Print- neben der Online-Version produziert. Dies wird sich aber in den nächsten Jahren allein durch die Rezipienten und deren

Studien- und Arbeitsverhalten deutlich ändern und den Print noch stärker zurückdrängen.

Die bestehenden juristischen Datenbanken werden auch hier den Schritt nach der gelungenen Digitalisierung der Inhalte, die bereits in überwiegender Zahl – auch rückwärts erfasst – vorhanden ist, nun in die komplette digitale Transformation gehen müssen. Diese Transformationsprozesse haben bereits begonnen. Die digitalen Formate stoßen jedoch immer wieder an die alten Grenzen aus dem Printbereich: „Transformation meint ... nicht die möglichst exakte Übertragung von einem analogen Produkt in ein digitales. Es geht vielmehr darum, ein neues Produkt zu schaffen oder ein vorhandenes Produkt auf ein neues Level seiner Existenz zu heben".[14] Eine spannende Herausforderung, die sicherlich zu neuen Formaten und zu einer Öffnung der momentan noch geschlossenen Systeme führen wird.

Ein Versuch in den sehr viel stärker von den Forschungsgeldern der öffentlichen Hand getriebenen Naturwissenschaften wurde von der Londoner Royal Society bereits im März 2014 anlässlich ihres 350jährigen Bestehens unternommen. Im „Science, Technology and Medicine (STM)"-Bereich startete sie eine Open-Access-Zeitschrift.[15] In den Rechtswissenschaften stecken trotz der Bemühungen verschiedener Open-Access-Akteure[16] die Publikationen im Vergleich zu den Close-Access-Publikationen der Fachverlage noch in den Anfängen. Ob und wie diese Publikationen sich entwickeln und Fahrt aufnehmen werden, wird sich in Zukunft noch zeigen müssen.

Die Tendenz weg vom Print zu den reinen digitalen Fachzeitschriften wird aber die Funktion „Print on Demand" zumindest noch für eine Übergangszeit bis hin zur kompletten digitalen Arbeitswelt mit sich bringen.

III. Fazit und Handlungsempfehlung für Leser und Autoren

Das Ziel der Fachzeitschrift und einer Fachredaktion wird es weiterhin sein, die unterschiedlichen Strömungen, Meinungen und Ideen in einem Rechtsgebiet aufzugreifen, sie zu vergleichen und in einen Kontext zu setzen, ohne dabei inhaltlich einzugreifen. Editorials und Kommentare können inhaltlich pointiert und ausgewiesen an mancher Stelle Stellung beziehen, aber nicht im Sinne eines wissenschaftlichen Fachbeitrags. Den Fachredaktionen wird zudem eine Rolle als Informationsmittler oder Informations-Broker zukommen, um die Flut der

---

[14] *Friesike/Sprondel*, Träge Transformation. Welche Denkfehler den digitalen Wandel blockieren, 2022, 12.

[15] Royal Society Open Science, abrufbar unter: royalsocietypublishing.org/royal-society-open-science.

[16] Vgl. hierzu www.open-access.network unter der Rubrik „Open Access in Fachdisziplinen", dort unter Rechtswissenschaften.

Informationen, die täglich das Internet überschwemmen, zu sichten und in den richtigen Kontext zu setzen. Dabei geht es aber nicht um eine Bewertung oder Gewichtung, sondern um die Gewährleistung der Meinungspluralität.

Neben dem schnellen Post oder einer Kurzeinschätzung im Blog besteht in der Rechtswissenschaft weiterhin eine große Motivation für Autoren, wissenschaftlich fundierte Fachbeiträge zu schreiben. Die Steigerung der eigenen Bekanntheit und Fachreputation, aber auch der wissenschaftlichen Reputation machen dies notwendig. Dieses Interesse bedingt einen hohen Qualitätsanspruch an das publizierende Fachmedium.

Die Vorteile der Publikation in einer rechtswissenschaftlichen Open-Access-Zeitschrift sind zumindest momentan nicht wirklich ersichtlich, geht es doch bei den meisten rechtswissenschaftlichen Beiträgen regelmäßig – anders als bei Forschungsdaten z.B aus der Medizin – nicht um Daten, die aus Mitteln der öffentlichen Hand gefördert werden, die allen Forschern gleichermaßen für Rückschlüsse und zur weiteren Forschung zur Verfügung gestellt werden, sondern um Bewertungen und Einschätzungen von Sachverhalten eines einzelnen Autors zu einer oder mehreren Rechtsfragen.

Um die Kosten auch bei der Open-Access-Zeitschrift für eine Fachredaktion zu tragen, bedarf es entweder bezahlter Anzeigen in großer Menge, Bezahlmodellen durch Autoren, die statt eines Honorars für die Publikation ihres Beitrags bezahlen, oder entsprechender Sponsoren. Ob dieses Modell tatsächlich ein Garant für Unabhängigkeit eines Beitrags ist und eine neutrale Durchsetzbarkeit der Qualitätskontrolle gewährleistet, ist zu hinterfragen und müsste an anderer Stelle eingehender untersucht werden. Momentan dürfte es für Autoren sicherlich noch der einfachere Weg sein, in den rechtswissenschaftlichen Fachverlagsmedien zu publizieren, um im wissenschaftlichen Kontext zitiert und wahrgenommen zu werden. Die wissenschaftliche Reputation in vielen Rechtsgebieten ist auch weiterhin noch Einstellungs- und Aufstiegsvoraussetzung bei Rechtsanwaltskanzleien und auch bei den Universitäts-Lehrstühlen.

Es ist jedoch eine noch weitere inhaltliche Verschränkung der Social-Media-Kanäle, Blogs usw. mit den jeweiligen Fachmedien zu erwarten. Nicht nur das rasche „Anteasern“ von einzelnen Aussagen aus einem Beitrag lässt sich werbewirksam für Autoren und Verlage in die jeweilige Community spielen und wird dort auch begierig aufgegriffen und zumeist kommentiert, sondern auch die Möglichkeit einer entsprechenden Abhandlung wird von der interessierten Öffentlichkeit über diese Kanäle wahrgenommen.

Wie erkennt man nun als Leser, ob man den gefundenen Informationen vertrauen kann, oder als Autor, ob die Informationen, die man im eigenen Text verwendet, seriös und verlässlich sind? Wie kann man als Rezipient eines Texts Kriterien erkennen und ausmachen, ob es sich um eine vertrauenswürdige Quelle, eine seriöse wissenschaftliche Abhandlung oder doch um eine interessengeleitete Abhandlung/Information handelt?

Die nachstehende Checkliste an Indikatoren, die bereits oben dargelegt wurden, ist nicht abschließend, soll aber zumindest eine erste Einschätzung geben, mit welcher Art von Information und Text man es zu tun hat und wie man die erhaltene Information einschätzen kann:

1. Woher stammt die Information/der Text?
2. Bekanntheit/Reputation des Fachmediums
3. Reputation der Herausgeberschaft
4. Eindeutige Autorenschaft und Reputation des Autors
5. Reputation der Redaktion
6. Anbindung an Einrichtungen/Verbände/Fachgesellschaften
7. Qualitätsprüfung der Publikation (z. B. double-blind Peer-review)
8. Langzeitverfügbarkeit nicht nur in Print, sondern auch digital

Zum (Datenbank-)Schutz von Kunden- und Kontendaten

Thomas Hoeren

I. Einleitung

Kreditinstitute verarbeiten im Zuge ihrer Geschäftstätigkeit eine Vielzahl von hochsensiblen Kunden- und Kontodaten, Personendaten ebenso wie kredit- und zahlungsbezogene Daten. Dass diese Daten einen besonderen Vertraulichkeitsschutz über das Datenschutzrecht und das sog. Bankgeheimnis genießen, ist hinlänglich diskutiert und soll hier im Folgenden nicht weiter vertieft werden. Aufgezeigt werden soll vielmehr, dass diesen Daten darüber hinaus auch noch eine ganz andere Schutzdimension zuteilwerden kann. Nicht nur für die betroffenen Personen selbst sind Bankdaten schutzwürdig[1], sondern auch für die diese Daten verarbeitenden Kreditinstitute, welche sich seit einiger Zeit zunehmend den Zugriffsbegehrlichkeiten sog. Zahlungsauslösedienste erwehren müssen. Wie auch in dieser Konstellation ein „Datenschutz" – und zwar in Gestalt eines Datenbankschutzes – gewährleistet werden kann, soll Gegenstand der folgenden Ausführungen sein – ganz im Sinne der Jubilarin, die ich den 40 Jahren, die mich mit ihr verbinden, stets als umtriebig neugierigen Geist, interessiert an allen neuen Fährten im Wirtschaftsrecht, kennen- und schätzen gelernt habe. Eben dies gibt mir den Mut, hier nichts zum Datenschutzrecht, sondern zum daneben liegenden Gebiet des Datenbankrechts ihr zu Ehren zu schreiben.

Der internetbasierte Handel vergrößert seinen Anteil am gesamten Marktvolumen von B2C-Geschäften seit Jahren stetig.[2] Die Etablierung von Zahlungsauslösedienstleistern auf dem Markt ist eine Begleiterscheinung des Bedeutungszuwachses des E-Commerce. Zahlungsauslösedienstleister treten mit ihrem Angebot im Internet neben das Angebot konventioneller Bezahlmethoden

---

[1] Der heutige Marktführer der Zahlungsauslösedienste, die Klarna, hatte wegen schwerer Datenschutzverstöße in diesem Jahr den Big-Brother-Award erhalten und wurde gleichzeitig von der schwedischen Datenschutzbehörde wegen gravierender Datenschutzverstöße kritisiert. Siehe https://edpb.europa.eu/news/national-news/2022/swedish-authority-privacy-protection-imy-issues-administrative-fine-against_en (zuletzt abgerufen am 26.4.2022).

[2] Das Marktvolumen des E-Commerce belief sich im Jahr 2016 allein in Deutschland auf € 52,7 Milliarden, vgl. https://de.statista.com/statistik/daten/studie/202905/umfrage/prognostiziertes-marktvolumen-des-deutschen-versandhandels/ (zuletzt abgerufen am 26.4.2022).

(namentlich: Lastschriftverfahren, Kreditkartenzahlung, Vorkasse, Kauf auf Rechnung). Konventionelle Zahlmethoden haben (die Kreditkartenzahlung ausgenommen) den Vorteil, dass die Parteien eines Vertrages für die Abwicklung der Zahlung lediglich eine geringe Anzahl zusätzlicher Stellen einschalten müssen. Im Rahmen der Zahlung per Lastschriftverfahren, Vorkasse oder Kauf auf Rechnung müssen nur konventionelle Zahlungsdienstleister in die Abwicklung der Zahlung einbezogen werden: Der kontoführende Zahlungsdienstleister des Käufers übermittelt dem kontoführenden Zahlungsdienstleister des Verkäufers den jeweiligen Geldbetrag. Der kontoführende Zahlungsdienstleister des Verkäufers schreibt dem Verkäufer den Geldbetrag sodann unverzüglich gut. Bei den kontoführenden Zahlungsdienstleistern handelt es sich zumeist um Banken, also um herkömmliche Kreditinstitute.

Wählen die Vertragsparteien hingegen keine konventionelle Bezahlmethode, so steht ihnen seit einiger Zeit das Angebot diverser Zahlungsauslösedienstleister zur Verfügung. Dabei handelt es sich um zusätzliche Stellen, die in die Abwicklung des Zahlungsvorgangs einbezogen werden. Zahlungsauslösedienstleister sind auf die Existenz und insbesondere auf die Ausnutzung der technischen Infrastruktur herkömmlicher Kreditinstitute zwingend angewiesen. Könnte ein Zahlungsauslösedienstleister keinen Zugriff auf die technische Infrastruktur des herkömmlichen Kreditinstituts nehmen, wäre er seines Geschäftsmodells beraubt (dazu im Folgenden). Der Europäische Gerichtshof hat ein ähnliches Geschäftsmodell in einer Entscheidung aus dem Jahr 2013 bereits als „parasitär" bezeichnet.[3] Wie laufende Verfahren vor dem Landgericht Köln und Landgericht Frankfurt[4] zeigen, ist das Verhalten solcher Anbieter tatsächlich rechtswidrig. Mit dem Zugriff auf das Online-Banking der kontoführenden Kreditinstitute haben Zahlungsauslösedienstleister tatsächlich gegen die Ausschließlichkeitsrechte gem. § 87b UrhG verstoßen.

II. Online-Banking als Datenbank i. S. v. § 87a UrhG

Bei dem Online-Banking-System der kontoführenden Kreditinstitute handelt es sich um eine Datenbank i. S. v. § 87a UrhG.[5]

Eine Datenbank ist eine Sammlung von Werken, Daten oder anderen unabhängigen Elementen, die systematisch oder methodisch angeordnet und einzeln mit Hilfe elektronischer Mittel oder auf andere Weise zugänglich sind und deren Beschaffung, Überprüfung oder Darstellung eine nach Art oder Umfang

[3] EuGH, Urt. v. 19.12.2013 – C-202/12, MMR 2014, 185 (188) Rn. 48 – *Innoweb/Wegener*.

[4] Das entsprechende Urteil war auch Gegenstand einer Urteilsanmerkung des Verfassers in der MMR, durch die er erstmals auf diese spannende Problemkonstellation gestoßen ist. *Hoeren*, MMR 2022, 236.

[5] So auch *Werner*, Neue Zahlungsverkehrssysteme, in: Bankrechtstag 2016, 175.

wesentliche Investition erfordert.[6] Der *sui-generis*-Schutz von Datenbanken entstammt der Richtlinie 96/9/EG vom 11.03.1996 über den rechtlichen Schutz von Datenbanken (Datenbank-RL), sodass alle Anforderungen an den Schutz von Datenbanken richtlinienkonform auszulegen sind.[7]

1. Sammlung von Daten

Sowohl das Online-Banking-System als solches als auch das einzelne Kundenkonto stellt eine Sammlung von Daten dar.

Die kontoführenden Kreditinstitute sammeln, prüfen und verwalten die für die Durchführung der einzelnen angebotenen Produkte (Durchführung von Überweisungsaufträgen, Depots, Wertpapiere etc.) anfallenden, hochsensiblen Kunden- und Kontodaten. Dazu zählen Personendaten sowie kredit- und zahlungsbezogene Daten, bspw. der Kontostand, Zahlungseingänge, Überweisungen, ausgeführte und widerrufene Lastschriften oder andere Zahlungsdaten. Diese Daten werden auf der Internetseite strukturiert dargestellt und sind (einzeln) mit Hilfe elektronischer Mittel verfügbar.

Die individuelle Online-Banking-Webseite des Kunden (Kundenkonto) ist dabei neben dem Online-Banking-System eine eigene „Datenbank in der Datenbank". Denn die in dem einzelnen Kundenkonto enthaltenen Daten werden durch die konkrete Zusammenstellung, Auswertung und Systematisierung der Kreditinstitute für den Kunden im Rahmen des Online-Bankings nutzbar gemacht. Die Kunden können bspw. die Daten nach methodischen Kriterien recherchieren und entsprechend anordnen. Durch diese systematische und methodische Ordnung sind die einzelnen Daten besonders benutzerfreundlich aufbereitet und können von den Kunden und Kreditinstituten nach individuellen Kriterien geordnet werden. Die Sammlung hat durch die Auswahl und Anordnung des Inhalts einen individuellen Charakter. Die Zusammenstellung der Daten in dem Online-Banking-System der Kreditinstitute sowie das einzelne Kundenkonto sind daher eine Sammlung von Daten, die systematisch und methodisch angeordnet und einzeln mit Hilfe elektronischer Mittel zugänglich sind.[8]

2. Wesentliche Investition

Die Beschaffung, Überprüfung oder Darstellung der Daten in dem Online-Banking-System muss eine wesentliche Investition seitens der kontoführenden

---

[6] BGH, Urt. v. 22.06.2011– I ZR 159/10, NJW 2011, 3443 (3445) Rn. 27 – *Automobil-Onlinebörse*.

[7] Fromm/Nordemann-*Czychowski*, § 87a UrhG Rn. 8.

[8] So bereits explizit hinsichtlich der Kontendaten von Kreditinstituten: BGH, Urt. v. 25.03.2010 – I ZR 47/08, MMR 2011, 188 (190) Rn. 38; BGH, Urt. v. 22.06.2011 – I ZR 159/10, NJW 2011, 3443 (3445) Rn. 28 – *Automobil-Onlinebörse*; siehe auch LG Köln, Urt. v. 28.01. 2021 – 14 O 393/19, 13 f.

Kreditinstitute erfordern. Investitionen sind Mittel, die der systematischen oder methodischen Anordnung der in der Datenbank enthaltenen Elemente und der Organisation der individuellen Zugänglichkeit dieser Elemente gewidmet werden.[9] Wesentlich sind solche Investitionen, die bei objektiver Betrachtung nicht ganz unbedeutend sind, also nicht von jedermann leicht zu erbringen sind.[10]

Durch die §§ 87a ff. UrhG soll die finanzielle und berufliche Investition, die in die Beschaffung, Überprüfung oder Darstellung des Datenbankinhalts getätigt wurde, geschützt werden.[11] Es manifestiert sich also der *Investitionsschutz* und nicht – im Gegensatz zu anderen Schutzrechten des UrhG – der Kreativitätsschutz.[12] Wie aus der Datenbank-RL hervorgeht, soll durch den Schutz der Investitionen in Systeme bezweckt werden, dass mit derartigen Investitionen nicht nur zur Entwicklung eines Informationsmarkts beigetragen, sondern auch die infolge der Digitalisierung exponentiell wachsende Datenmenge strukturiert wird.[13]

Die Investition muss der Erstellung der Datenbank unter Einsatz menschlicher, technischer oder finanzieller Mittel gewidmet sein.[14] Die Mittel für die Beschaffung, Überprüfung oder Darstellung der Elemente einer Datenbank müssen dafür eingesetzt werden, dass Daten recherchiert oder für die Aufnahme in die Datenbank verfügbar gemacht werden, dass ihre Richtigkeit überprüft wird und sie in methodischer Weise dargestellt oder anders sinnvoll nutzbar gemacht werden.[15] Zu den berücksichtigungsfähigen Kosten zählen auch die Kosten für das Ordnen bereits vorhandener Daten.[16] Ausgeschlossen sind solche Mittel, die der Erzeugung von unabhängigen, in der Datenbank enthaltenen Elementen dienen.[17]

Der Datenbankhersteller muss daher geltend machen können, dass – in Abgrenzung zur Erzeugung der Elemente einer Datenbank – die Beschaffung, Überprüfung oder Darstellung der Elemente einer Datenbank Anlass zu einer in qualitativer oder quantitativer Hinsicht wesentlichen Investition gegeben

---

9 BGH, Urt. v. 22.06.2011 – I ZR 159/10, NJW 2011, 3443 (3445) Rn. 30 – *Automobil-Onlinebörse.*

10 BGH, Urt. v. 22.06.2011 – I ZR 159/10, NJW 2011, 3443 (3445) Rn. 30 – *Automobil-Onlinebörse*; Dreyer/Kotthoff/Meckel/Hentsch-*Kotthoff*, § 87a UrhG Rn. 30; Möhring/Nicolini--*Vohwinkel*, § 87a UrhG Rn. 50.

11 Fromm/Nordemann-*Czychowski*, Vor §§ 87a ff. UrhG Rn. 4; Möhring/Nicolini-*Vohwinkel*, § 87a UrhG Rn. 38; *Gaster*, Rn. 34.

12 Fromm/Nordemann-*Czychowski*, § 87a UrhG Rn. 14; *Wiebe*, CR 2014, 1 (3).

13 Erwägungsgrund 9 und 10 der Datenbankrichtlinie RL 96/9/EG.

14 Erwägungsgrund 6 der Datenbankrichtlinie RL 96/9/EG; Fromm/Nordemann-*Czychowski*, § 87a UrhG Rn. 14; Dreier/Schulze-*Dreier*, § 87a UrhG Rn. 13; *Gaster*, Rn. 477.

15 Möhring/Nicolini-*Vohwinkel*, § 87a UrhG Rn. 40.

16 Dreier/Schulze-*Dreier*, § 87a UrhG Rn. 13.

17 BGH, Urt. v. 25.03.2010 – I ZR 47/08, MMR 2011, 188 (189) Rn. 18 m.w.N.

hat.[18] In quantitativer Hinsicht muss der Datenbankhersteller die verwendeten Mittel also beziffern können.[19] Ansonsten muss eine der Art nach wesentliche Investition dargelegt werden.[20] Als wesentlich werden sämtliche wirtschaftliche Aufwendungen angesehen, die für den Aufbau, die Darstellung und die Aktualisierung der Datenbank erforderlich sind, bspw. Kosten für die Datenaufbereitung oder die Bereitstellung der Datenbank.[21] Bei elektronischen Datenbanken ist vor allem die zugrundeliegende Software integraler Bestandteil einer solchen Investition.[22] Bislang wurde von der Rechtsprechung keine konkrete Wesentlichkeitsschwelle entwickelt,[23] jedoch besteht Einigkeit dahingehend, dass eine niedrige Schwelle anzulegen ist.[24]

Für die Leistung des Softwareentwicklers zur Entwicklung des Online-Banking-Systems haben die Kreditinstitute in den Verfahren vor dem LG Köln und LG Frankfurt a.M. Summen im sechsstelligen Bereich geltend gemacht.[25] Damit liegt zunächst eine berücksichtigungsfähige Investition vor.[26]

Es ist unerheblich, ob die Investition in voller Höhe berücksichtigt werden kann, ob die Investition in dem Umfang also objektiv erforderlich war oder ob die Datenbank auch günstiger hätte erstellt werden können.[27] Es soll vor allem sichergestellt werden, dass keine „künstlich" getätigte Investition zur Erlangung des Schutzrechts vorliegt. Entscheidend ist damit, dass die Leistung nicht von jedermann erbracht werden kann.

Die Bereitstellung des Online-Banking-Systems dient dazu, die Datenmenge, die durch Nutzung der verschiedenen Produkte der Kreditinstitute (z.B. Durchführung von Überweisungsaufträgen, Depots, Wertpapiere etc.) entsteht, zu strukturieren und benutzerfreundlich darzustellen. Die Kunden- und Kontodaten werden in dem Online-Banking-System zusammengestellt, aufbereitet und dem Nutzer benutzerfreundlich und vor allem sicher durch bestimmte von den Kreditinstituten entwickelte Verschlüsselungstechniken zugänglich gemacht. Dabei entstehen Daten, bspw. bei der Durchführung von Überwei-

---

[18] Möhring/Nicolini-*Vohwinkel*, § 87a UrhG Rn. 50; Gaster, Rn. 476.

[19] Schricker/Loewenheim-*Vogel*, § 87a UrhG Rn. 52.

[20] Fromm/Nordemann-*Czychowski*, § 87a UrhG Rn. 15; Wandtke/Bullinger-*Hermes*, § 87a UrhG Rn. 60.

[21] Fromm/Nordemann-*Czychowski*, § 87a UrhG Rn. 19.

[22] Fromm/Nordemann-*Czychowski*, § 87a UrhG Rn. 20.

[23] Fromm/Nordemann-*Czychowski*, § 87a UrhG Rn. 18.

[24] BGH, Urt. v. 01.12.2010 – I ZR 196/08, GRUR 2011, 724 (725) Rn. 23 – *Zweite Zahnarztmeinung*; Fromm/Nordemann-*Czychowski*, § 87a UrhG Rn. 16; Schricker/Loewenheim-*Vogel*, § 87a UrhG Rn. 52; Dreyer/Kotthoff/Meckel/Hentsch-*Kotthoff*, § 87a UrhG Rn. 30; *Gaster*, Rn. 476; Dreier/Schulze-*Dreier*, § 87a UrhG Rn. 14.

[25] In einem Verfahren vor dem LG Frankfurt wird das Vorliegen einer wesentlichen Investition als unproblematisch angesehen, vgl. LG Frankfurt a.M., Urt. v. 28.10.2021 – 2-03 O 299/20, 10.

[26] So auch LG Köln, Urt. v. 28.01.2021 – 14 O 393/19, 15.

[27] Wandtke/Bullinger-*Hermes*, § 87a UrhG Rn. 62 ff.; BeckOK Urheberrecht-*Vohwinkel*, § 87a UrhG Rn. 51.

sungsaufträgen, zwar zunächst auch ohne die Strukturierung im Online-Banking-System, diese Daten werden jedoch gezielt gesammelt und strukturiert aufbereitet. Darin liegt gerade das eigenständige Produkt der Kreditinstitute. Es handelt sich daher nicht um eine reine Datenerzeugung, bei der eine Datenbank als „Abfallprodukt" entsteht. Der Investitionsschwerpunkt liegt somit nicht auf der Datenerzeugung. Vielmehr tätigen die Kreditinstitute Investitionen zur systematischen und methodischen Anordnung der bereits (z.B. durch von den Kunden ausgehenden Zahlungsvorgängen) entstandenen Daten, um den Kunden ihre Daten übersichtlich und sicher zugänglich zu machen, indem sie die Software zum Online-Banking-System zur Verfügung stellen.[28]

Besonders viel Aufwand erfordert es dabei, die notwendigen Sicherheitsvorkehrungen zu treffen. Diese stellen einen großen Teil der Aufwendungen, die der Softwaredienstleister investieren musste, dar. Durch die hohe Datenfluktuation und neue technische Standards, die implementiert werden müssen, ist darüber hinaus eine regelmäßige Wartung des Systems erforderlich, um die Sicherheit im Online-Banking kontinuierlich zu gewährleisten und zu erhöhen. Es handelt sich daher nicht nur um eine einmalige, sondern um eine fortwährende Investition.[29] Diese kann insbesondere nicht von jedermann erbracht werden. Eine Investition in die *Aufbereitung* der Kunden- und Kontodaten liegt damit vor.

Es ist nicht ersichtlich, warum die Investition des Kreditinstitutes in dem Verfahren vor dem LG Köln nicht wesentlich gewesen sein soll. Das LG Köln begründet seine Entscheidung damit, dass auf der Rechnung des IT-Dienstleisters, der die Software für das Online-Banking-System bereithält, weitere nicht eindeutig der Bereitstellung der Datenbank zuzuordnende Posten angeführt werden.[30] Es verkennt dabei jedoch, dass es darauf ankommt, dass der Aufwand für die Beschaffung, Überprüfung oder Darstellung der Elemente einer Datenbank nicht von jedermann erbracht werden kann. Dies ist in Anbetracht der ungeheuren Datenmenge und des Organisationsaufwandes kaum anzunehmen. Vor allem können die erheblichen und berechtigten Sicherheitsrisiken, die mit dem Aufbau eines Online-Banking-Systems entstehen und für die Kunden von entscheidender Bedeutung sind, nicht von jedermann bewältigt werden. Die systematische und methodische Aufbereitung der Daten in eine sinnvolle Struktur durch Bereitstellung des Online-Banking-Portals entspricht außerdem den Zielen aus der Datenbank-RL, nach denen der Informationsmarkt vorangetrieben und große Datenmengen strukturiert werden sollen. Da die Schwelle zur Wesentlichkeit nach ständiger Rechtsprechung niedrig anzusetzen ist, überzeugt die Argumentation des LG Köln nicht. Das an dem Verfahren

[28] So auch BGH, Urt. v. 22.06.2011 – I ZR 159/10, NJW 2011, 3443 (3445) Rn. 30 – *Automobil-Onlinebörse*; sowie Vorinstanz OLG Hamburg – Urt. v. 18.08.2010, 5 U 62/09.

[29] Dreier/Schulze-*Dreier*, § 87a UrhG Rn. 13.

[30] LG Köln, Urt. v. 28.01.2021 – 14 O 393/19, 16.

beteiligte Kreditinstitut kann entgegen der Auffassung des LG Köln darlegen, wesentliche Investitionen in den Aufbau und die Bereitstellung der Datenbank getätigt zu haben.

3. Hersteller i. S. v. § 87a UrhG

Datenbankhersteller ist derjenige, der die Investition vorgenommen hat. Das ist die Person, die die Initiative ergreift und das Investitionsrisiko trägt.[31] Es ist daher nicht schädlich, wenn ein Dritter den Aufwand zur Erstellung übernimmt.[32]

Für die Erstellung des Online-Banking-Systems wurde von dem Verband im Namen der beteiligten kontoführenden Kreditinstitute ein Softwaredienstleister beauftragt, ein Online-Banking-System zu erstellen. Die Kosten wurden dann anteilig von den beteiligten Kreditinstituten übernommen. Der Softwaredienstleister ist dabei lediglich für die technische Ausgestaltung des Online-Banking-Systems verantwortlich. Die Initiative für die Aufstellung eines Online-Banking-Systems haben die Kreditinstitute ergriffen. Sie tragen auch das Investitionsrisiko. Dies zeigt sich insbesondere auch dadurch, dass den Kreditinstituten nur dann Regressansprüche gegen den Softwaredienstleister zustehen, wenn es zu technischen Schwierigkeiten beim Betrieb des Online-Banking-Systems kommt. Sollte sich herausstellen, dass das Online-Banking-System von den Kunden nicht in Anspruch genommen wird oder nicht den Erwartungen der Kunden entspricht, tragen ausschließlich die Kreditinstitute das Risiko, ihr Produkt nicht vermarkten zu können oder andere Reputationsverluste zu erleiden. Das Risiko, die in die Bereitstellung des Online-Banking-Systems getätigten Investitionen nicht amortisieren zu können, liegt daher ausschließlich bei den Kreditinstituten. Den Softwaredienstleister trifft insofern kein unternehmerisches Risiko. Die an den Verfahren beteiligten Kreditinstitute sind daher Datenbankhersteller i. S. v. § 87a UrhG.

Bei dem Online-Banking-System der beteiligten Kreditinstitute handelt es sich zusammenfassend um eine Datenbank i. S. v. § 87a UrhG.[33]

---

[31] BGH, Urt. v. 22.06.2011 – I ZR 159/10, NJW 2011, 3443 (3445) Rn. 32 – *Automobil-Onlinebörse.*

[32] Dreier/Schulze-*Dreier*, § 87a UrhG Rn. 12.

[33] So auch im Allgemeinen *Werner*, Neue Zahlungsverkehrssysteme, in: Bankrechtstag 2016, 175.

III. Rechtsverletzung gem. § 87b Abs. 1 Satz 1 UrhG (Entnahme/Weiterverwendung wesentlicher Teile)

Die Entnahme und Weiterverwendung der Daten aus dem Online-Banking-System durch den Zahlungsauslösedienstleister verstößt gegen § 87b Abs. 1 Satz 1 UrhG. Der Datenbankhersteller erhält mit § 87b Abs. 1 Satz 1 UrhG das ausschließliche Recht, die Datenbank in ihrer Gesamtheit oder wesentliche Teile zu vervielfältigen, zu verbreiten oder öffentlich wiederzugeben (= Entnahme). Der Begriff der „Entnahme" ist in Art. 7 Abs. 2 lit. a der Datenbank-RL definiert als ständige oder vorübergehende Übertragung der Gesamtheit oder eines wesentlichen Teils des Inhalts einer Datenbank auf einen anderen Datenträger, ungeachtet der dafür verwendeten Mittel und der Form der Entnahme.[34]

1. Intention des Unionsgesetzgebers

Der Unionsgesetzgeber wollte dem Begriff der Entnahme eine weitere Bedeutung zukommen lassen.[35] Erfasst ist daher jede unerlaubte Aneignung von Elementen aus der Datenbank. Es kommt nicht auf den mit der Übertragung verfolgten Zweck an.[36] Es ist außerdem unerheblich, ob die entnommenen Daten inhaltlich verändert oder anders angeordnet werden.[37] Ferner ist es nicht erforderlich, dass die Elemente in dauerhafter Weise fixiert werden. Eine vorübergehende Übertragung, bei der die Elemente für begrenzte Dauer auf einem anderen Datenträger gespeichert werden, reicht aus. Dies ist bspw. der Fall, wenn Daten im Arbeitsspeicher eines Computers gespeichert werden.[38] Der Unionsgesetzgeber wollte damit jede Handlung erfassen, die es ermöglicht, sich ohne Zustimmung des Datenbankherstellers die Ergebnisse anzueignen oder sie öffentlich verfügbar zu machen und dem Hersteller damit die Möglichkeit zu entziehen, seine Investitionskosten zu amortisieren.

2. Verantwortlichkeit des Zahlungsauslösedienstleisters

Mit der Übermittlung der persönlichen Sicherheitsmerkmale konnte der Zahlungsauslösedienstleister nach Verarbeitung und Verschlüsselung[39] auf seinem

---

[34] BGH, Urt. v. 22.06.2011 – I ZR 159/10, NJW 2011, 3443 (3445) Rn. 37 – *Automobil-Onlinebörse.*

[35] Dreier/Schulze-*Dreier*, § 87b UrhG Rn. 2; Schricker/Loewenheim-*Vogel*, § 87b UrhG Rn. 18.

[36] BGH, Urt. v. 22.06.2011 – I ZR 159/10, NJW 2011, 3443 (3446) Rn. 40 – *Automobil-Onlinebörse.*

[37] BGH, Urt. v. 22.06.2011 – I ZR 159/10, NJW 2011, 3443 (3445 f.) Rn. 38– *Automobil-Onlinebörse.*

[38] BGH, Urt. v. 22.06.2011 – I ZR 159/10, NJW 2011, 3443 (3446) Rn. 39 – *Automobil-Onlinebörse.*

[39] BKartA, Beschl. v. 29.06.2016 – B 4 71/10, Rz. 133.

Server die für die Bereitstellung seines Dienstes wichtigen Daten (Summe aus dem Kontostand, Überziehungskreditrahmen, vorgemerkte Überweisungen etc.) erfragen. Ohne weiteres Zutun des Kunden ist der Zahlungsauslösedienstleister in der Lage, auf das Kundenkonto bei dem kontoführenden Kreditinstitut zuzugreifen und sämtliche in dem Online-Banking-Konto enthaltenen Daten auszulesen, um die Durchführbarkeit des Überweisungsauftrags zu prüfen. Der Zugriff erfolgte dabei bis zur Umsetzung der PSD2-Richtlinie entweder mittels Screen-Scraping-Technologie oder über die für die direkte Kommunikation im Online-Banking zwischen Kunde und Kreditinstitut eingerichtete FinTS-Schnittstelle. Beide Zugriffsmethoden werden automatisiert vom Zahlungsauslösedienstleister ausgeführt. Auf den konkreten Ablauf des Zugriffs auf das Online-Banking-Konto hat der Kunde daher keinen Einfluss. Eine Auskunft über die tatsächlich erhobenen Daten erhält der Kunde weder vor, während (i.S.e. „Echtzeit-Auskunft“) noch nach dem Zugriff auf das Online-Banking-Konto. Insbesondere wird dem Kunden sein Online-Banking-Konto auch nicht in der Weise wie bei einem direkten Zugriff über die Webseite des kontoführenden Kreditinstituts angezeigt, sodass der Kunde die vom Zahlungsauslösedienstleister beim kontoführenden Kreditinstitut abgefragten Daten nicht überprüfen kann. Die Steuerung dieses Vorgangs liegt damit in der Hand des Zahlungsauslösedienstleisters.

Dies ergibt sich auch bereits daraus, dass der Zahlungsauslösedienstleister sich selbst als für die Datenverarbeitung Verantwortlicher i.S.v. § 3 Nr. 7 BDSG a.F. (jetzt Art. 1 Abs. 7 DSGVO) bezeichnet. Damit gibt der Zahlungsauslösedienstleister zu erkennen, dass er mit der Verarbeitung der entnommenen Daten aus dem Online-Banking die vollständige Kontrolle über den gesamten Vorgang hat.[40]

3. Entnahmehandlung

Die durch Screen Scraping oder über die FinTS-Schnittstelle entnommenen sensiblen personenbezogenen Daten werden in den Cloud-Computing-Systemen des Zahlungsauslösedienstleisters zwischengespeichert und dahingehend bewertet, ob der Überweisungsauftrag durchgeführt werden kann. Die Technologie, mit der der Zahlungsauslösedienstleister auf das Online-Banking zugreift, lädt sich der Nutzer nicht auf seinen Computer, sondern nutzt diese auf dem Server des Zahlungsauslösedienstleisters. Zunächst wird geprüft, ob das kontoführende Kreditinstitut den Überweisungsauftrag automatisch ablehnt oder wegen ausreichender Kontodeckung annimmt.[41] Diese Informationen werden an den Online-Händler sofort weitergegeben. Ist dies nicht der Fall,

---

[40] Zum Kontrollverlust seitens der kontoführenden Kreditinstitute *Werner*, Neue Zahlungsverkehrssysteme, in: Bankrechtstag 2016, 175.

[41] LG Köln, Urt. v. 28.01.2021 – 14 O 393/19, 7.

wird vom Zahlungsauslösedienstleister weiter geprüft, ob das Konto über ausreichend Deckung verfügt. Dabei werden die Summe aus dem Kontostand, der Überziehungskreditrahmen sowie nicht verbuchte Umsätze (z.B. vorgemerkte Überweisungen) in den Cloud-Computing-Systemen des Zahlungsauslösedienstleisters analysiert.[42]

Der Zahlungsauslösedienstleister hat in dem Verfahren vor dem LG Köln geltend gemacht, dass er lediglich Ja- oder Nein-Antworten auf die eingängige Frage erhalte, ob hinreichende Kontodeckung besteht, und daher keine konkreten Daten aus dem Online-Banking-Portal abfragt oder „entnimmt".[43] Das LG Köln geht weiter davon aus, dass diese Ja- oder Nein-Antworten keine Daten oder Elemente aus der Datenbank enthalten.[44] Dem ist jedoch entgegenzuhalten, dass gerade die Strukturierung der Daten in dem Online-Banking-Portal durch den Datenbankhersteller eine derartig simple Abfrage überhaupt ermöglicht. Der Zahlungsauslösedienstleister eignet sich durch diese Vorgehensweise daher die Struktur der Datenbank an und nutzt diese zu seinem eigenen Vorteil zulasten des Datenbankherstellers aus.

Vor allem beim Einsatz von Screen-Scraping-Technologie wird dem Zahlungsauslösedienstleister die Webseite in derselben Weise angezeigt, wie sie auch dem Kunden des kontoführenden Kreditinstituts präsentiert wird. Der Zahlungsauslösedienstleister hat daher Zugriff auf sämtliche Daten. Hinsichtlich des Einsatzes von Screen-Scraping nimmt das LG Köln daher auch zu Recht eine Entnahme i.S.v. § 87b Abs. 1 Satz 1 UrhG an:[45] Die durch die Screen-Scraping-Technologie abgefragten Daten werden dem Nutzer auf einer durch den Zahlungsauslösedienstleister gestalteten Nutzeroberfläche zusammengestellt, weshalb eine öffentliche Wiedergabe vorliege.[46]

Auch bei einem Zugriff über die FinTS-Schnittstelle, die ursprünglich nur auf die direkte Kommunikation zwischen Kunde und kontoführendem Kreditinstitut angelegt war, kann der Zahlungsauslösedienstleister noch viel mehr Daten als die offensichtlichen Informationen entnehmen. In diesem Sinne eignet sich der Zahlungsauslösedienstleister daher die Struktur der Datenbank selbst an und beutet die Leistung des Datenbankherstellers aus, indem er dadurch sein eigenes Produkt ohne großen Aufwand eigenverantwortlich anbieten kann. Eine eigene wirtschaftliche Leistung hinsichtlich der Strukturierung der für die Transaktion erforderlichen Daten nimmt er nämlich nicht vor. Er verlässt sich gezielt auf die „Vorarbeit" durch die kontoführenden Kreditinstitute, da die Bereitstellung des Dienstes der Zahlungsauslösedienstleister ansonsten gar nicht

[42] LG Köln, Urt. v. 28.01.2021 – 14 O 393/19, 7.

[43] LG Köln, Urt. v. 28.01.2021 – 14 O 393/19, 19.

[44] LG Köln, Urt. v. 28.01.2021 – 14 O 393/19, 19f.

[45] LG Köln, Urt. v. 28.01.2021 – 14 O 393/19, 20; anders LG Frankfurt a.M., Urt. v. 28.10.2021 – 2-03 O 299/20, 12, MMR 2022, 236 (239).

[46] LG Köln, Urt. v. 28.01.2021 – 14 O 393/19, 7.

möglich wäre. Die Nutzung der Datenbank erfolgt daher auch nicht zur reinen Informationsbeschaffung, sondern dient gezielt dazu, ein eigenes Produkt anzubieten, welches die Struktur des Online-Bankings benutzt. Mit der (kurzzeitigen) Speicherung in der Sphäre des Zahlungsauslösedienstleisters liegt daher auch bei Nutzung der FinTS-Schnittstelle eine Vervielfältigung vor.

Unerheblich ist, ob die Datenbank vollständig gespeichert wurde. Es reicht aus, dass einzelne Elemente gespeichert wurden. Mit der kurzzeitigen Speicherung in der Sphäre des Zahlungsauslösedienstleisters liegt jedenfalls eine Vervielfältigung vor.

Diese umfassenden Zugriffe der Zahlungsauslösedienstleister auf das Online-Banking stellen eine Entnahme nach Art. 7 Abs. 2 lit. a der Datenbank-RL dar. Insofern sind solche Zahlungsauslösedienste datenbankrechtlich verboten.[47] Gleichzeitig ist damit der Nachweis gelungen, dass das Datenbankrecht viel mehr Möglichkeiten zum gerechten und effektiven Umgang mit Immaterialgüterrechten bietet, als man bislang gedacht hat, und auch, dass das Immaterialgüterrecht für die Jubilarin künftig ein wichtiges Forschungsfeld abseits des Datenschutzrechts darstellt.

---

[47] Daneben könnte man noch Ansprüche wegen § 87b Abs. 1 S. 1 (unwesentliche Übernahme) prüfen; siehe dazu das im Sommer 2022 erscheinende Buch von Hoeren/Merbecks, Zahlungsauslösedienste und Datenbankrecht, Münster (LIT).

Towards Legal Visualization

Vytautas Čyras/Friedrich Lachmayer

I. Introduction

The fundamental issue, and also the problem, of man is his personality, his privacy. The question arises as to the extent to which these structures can also be transferred to legal entities and machine actors. At first this does not seem to be expedient, but it is a question of abstracting the meta-level so that such aspects can still be seen (see the series of articles by Marie-Theres Tinnefeld).[1]

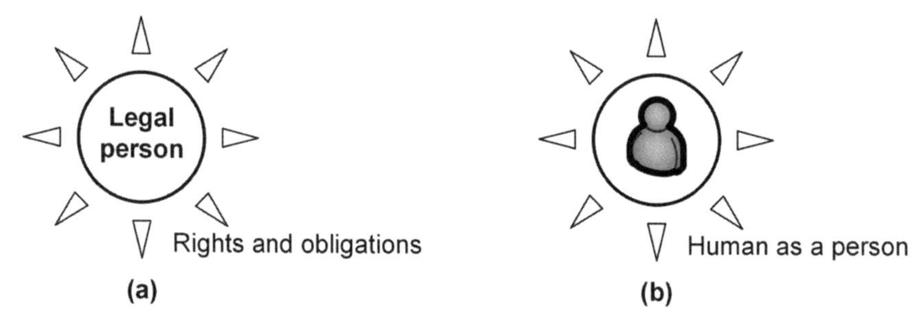

Figure 1: (a) Legal person as a structure of rights and obligations. (b) Human as a person comprised by rights and obligations.

We start with a visualization of personhood and privacy. The concept of person is a legal construct. Legal person is a structure consisting of rights and obligations (see Figure 1 a). In antiquity, for example, a slave was a human but not a person in the legal sense. Nowadays a human is treated as a physical person comprised of rights and obligations (see Figure 1 b).

[1] *Tinnefeld*, Privatheit in den Netzen der Mafia, Jusletter IT 16 February 2006, https://jusletter-it.weblaw.ch/issues/2006/IRIS/62_Tinnefeld.html; *Tinnefeld*, Einbrüche der Privatheit im digitalen Netz – Grundprobleme und technologische Ansätze des Grundrechtsschutzes, Jusletter IT 1 September 2010, https://jusletter-it.weblaw.ch/issues/2010/IRIS/article_10.html; *Tinnefeld*, Understanding e-Democracy and Privacy – Reflections on Landmark Decisions of the German Constitutional Court, Jusletter IT 22 February 2011, https://jusletter-it.weblaw.ch/issues/2011/104/article_258.html; *Lachmayer*, Transformation des Menschenbildes, Jusletter IT 29 February 2012, https://jusletter-it.weblaw.ch/issues/2012/IRIS/jusletter article_1065.html.

Three different substrates of person can be investigated (see Figure 2 a). First comes an organization consisting of humans. Second comes an organization with machines replacing certain administrators. There are no big differences between machines and humans in the production of legal acts by organizations.

Third, it makes sense to speak about legal personhood of machines. Machines could replace an organization and become a kind of e-person. It makes sense to give machines some form of 'limited' legal personality. Imagine a kind of fund or national register. Today machines per se still do not reach the level of legal persons.

Privacy as a legal sphere is depicted in Figure 2 b. Privacy is proteced. A next step to explore would be the visualization of human dignity issues. However, discussing human dignity would extend beyond the scope of this article.

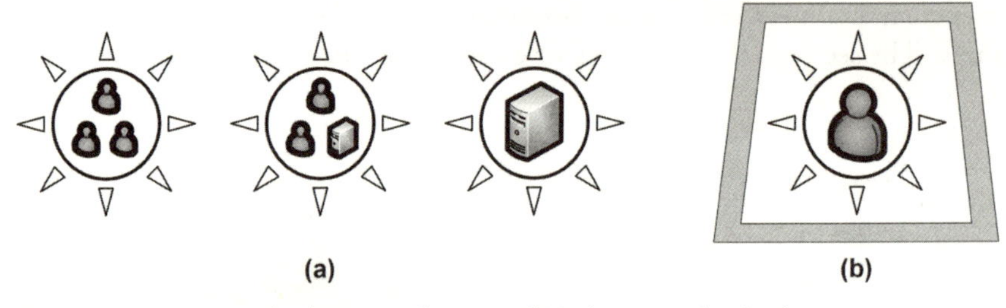

Figure 2: (a) Variants of substrates of person. (b) Privacy as a legal sphere.

II. A New Concept of Legal Science

A new phase in legal visualization has begun with the emergence of legal logic and legal informatics. Although there were earlier legal visualizations, such as the illustrated manuscripts for the Sachsenspiegel, formally conceived notations have been emphasized to a greater extent since the 1970s. Legal informatics (understood as hyphenated science and yet also as part of jurisprudence) allows legal content to be formally structured, which is a more powerful starting point for computer applications. On the other hand, legal informatics affects the hitherto traditionally textual jurisprudence, in the sense of being a syntactical paradigm shift on the meta-level. Society is influenced by trends related to information and communication technologies, such as "digital humanities",[2] "human digitalities",[3] and the "code is law"[4] formula.

---

[2] *Burdick/Drucker/Lunenfeld/Presner/Schnapp*, Digital Humanities, 2012.

[3] *Čyras/Lachmayer*, Legal Visualisation in the Digital Age: From Textual Law towards Human Digitalities, in: Hötzendorfer/Tschohl/Kummer (eds.), International Trends in Legal Informatics, 2020, 61–76.

[4] *Lessig*, Code Version 2.0, 2006.

Originally, customary law was determined by actions, gestures, speech acts, and symbols. In the positive law of advanced cultures, legal texts are added, such as laws and legal adaptations. This has essentially remained unchanged up to now. The emerging legal visualization brings with it a change in syntax. On the one hand, it is able to create an expanded understanding of the abstract structures of law. On the other hand, formal visualizations form a bridge to the logical structuring of legal semantics, which, in turn, is a prerequisite for the application of machine culture in law. In order to make this application effective, the requirements of multisensory law must be observed; see Colette Brunschwig's work.[5]

The path to a methodological paradigm shift leads through abstraction, the results of which can then be applied to situations. One starts from the situational forms of appearance (images), but from the professional point of view, it is the structures (*universalia in re*) that go further. Finally, it is categorical thinking that grants access to the abstract. In gaining this access, one can assume several affine patterns, including categorical ones. From here, one can obtain further access to legal informatics, to the legal thesaurus; see, for example, the EU's terminology database IATE (Interactive Terminology for Europe)[6] and legal ontologies.[7]

A normative structuring of situations takes place in everyday life as well as in virtual worlds, albeit sometimes with different rules. Augmented reality supplemented with virtual reality represents an area of synthesis.[8] In all situational areas, metamodeling is of particular methodological importance. In these virtual areas, top-down learning can be integrated with bottom-up learning in a previously unknown way.

III. Legal Informatics as a Part of Legal Science

Let us suppose that law and technology are two contrasting areas (see Figure 3). Technologists may think that computer applications in the legal domain (and furthermore, legal applications) can be implemented with standard software such as database management systems, without taking into account legal informatics.

---

[5] *Brunschwig*, Perspektiven einer digitalen Rechtswissenschaft: Visualisierung, Audiovisualisierung und Multisensorisierung. Perspectives of Digital Law: Visualization, Audiovisualization, and Multi-Sensorization, 2018, available at https://ssrn.com/abstract=3126043.

[6] https://iate.europa.eu/.

[7] Sartor/Casanovas/Biasiotti/Fernández-Barrera (eds.), Approaches to Legal Ontologies. Law, Governance and Technology Series 1, 2011.

[8] *Muff/Fill/Kahlig, E./Kahlig, W.*, Kontextabhängige Rechtsvisualisierung mit Augmented Reality: Towards Context Dependent Legal Visualizations, HMD 2022, 92–109, https://doi.org/10.1365/s40702-021-00832-x.

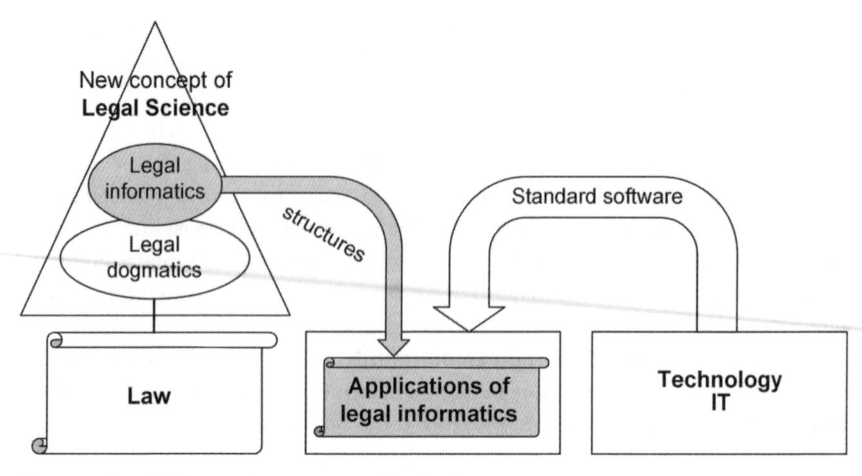

Figure 3: Legal informatics as a part of legal science.

Legal dogmatics comes in as a meta-level above the law. Legal dogmatics contributes to the interpretation of legal texts and to computer applications. Technologists, however, may expect that standard software skills are enough.

We propose supplementing legal dogmatics with legal informatics to form a new conception of legal science. Legal informatics contributes to the interpretation of legal texts and the structuring or representation of legal knowledge. Legal informatics offers a variety of methods, for instance formal notation, logic, structural analysis, modeling methods, documentation, metadata, searches and citing. Technologists, again, may expect that standard software is enough for structuring legal knowledge with formal notation. However, we note that 80 % of this structural work can probably be mastered with standard software, but the remaining 20 % would need legal informatics. This 20 % share ensures the better functioning of the applications. The inclusion of legal informatics in legal science (for the purpose of structuring legal knowledge) constitutes a new concept for legal informatics. The paradigm shift is that legal informatics becomes a part of legal science – not a part of informatics. Legal informatics renews legal dogmatics, which was, until now, very textual. Besides textual notation, legal informatics brings in graphical notation. Legal informatics becomes important in applications that involve artificial intelligence.

A practical issue is the impact of technology on society. Technology shapes the law. Legal informatics also starts to shape the social reality. To distinguish the terms "digital humanities" and "human digitalities", we might comment that the research subject of digital humanities is the human surrounded by digitally-based phenomena. The research subject of human digitalities – the machine – is different, and is structured according to human-centered rules. Brunschwig brings the first of these, digital humanities, closer to digital law. We conclude that, through legal informatics, technologies have an impact that was previously owned by the law.

IV. Visualization as a Bridge to Technology

Consider the evolutionary steps from the old customary law to modern law and then to technology (see Figure 4). Let us start from the area of customary law and its syntax. The syntactical means of customary law can be abstracted from gestures, speech acts and visualizations. Each sign/picture denotes and explains the meaning. In this way people are able to understand. Speech acts are textual. The pictures in *Sachsenspiegel* are examples of visualizations. At this early evolutionary step of customary law, people are the subjects of regulation.

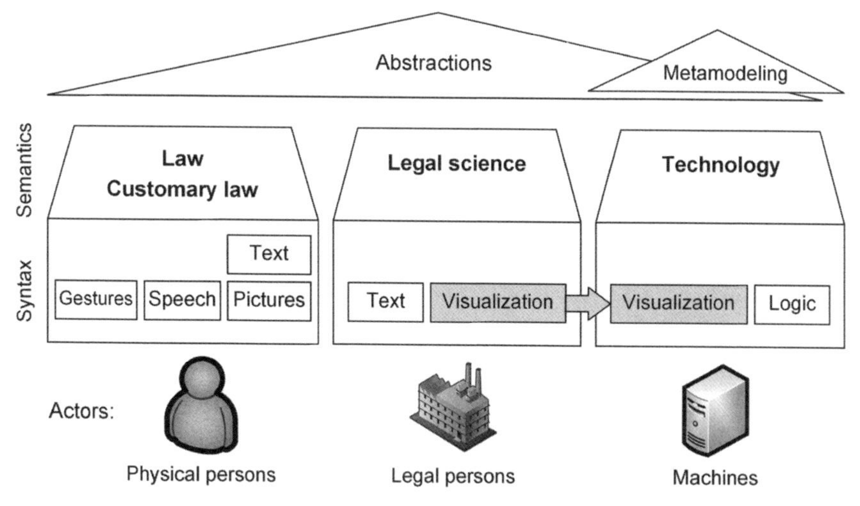

Figure 4: Visualization becomes a syntactical bridge from legal science to technology.

Next, with advanced cultures, comes the written law (in old German "*gesatztes Recht*"). A reference to advanced cultures takes us to the Middle Ages and the reception of Roman law. The University of Bologna is an example. Documented regulation is distinct from informal norms. The syntax of the written law is textual. The subjects of regulation comprise not only people but also legal persons, who were not present in customary law.

Next comes visualization as a syntactical means. The notions of a visualization process and visualization products should be distinguished.[9] Visualization con-

[9] *Brunschwig*, Visual Law and Legal Design: Questions and Tentative Answers, in: Schweighofer/Kummer/Saarenpää/Eder/Hanken (eds.), Cybergovernance: Proceedings of

tributes to the explication of the structure of the law. Visualization products serve as abstractions. We assign new abstract concepts to a meta-level above the law.

Next comes technology. In this area, visual notations become more elaborate and are based on formal logic. Examples are technical diagrams and process flow diagrams. Multisensory law is also a relevant subject, in which multisensory aspects of law are explored. For example, Brunschwig explores multisensory aspects of law and distinguishes between visual law and legal design.[10] In the digital age, machines become a kind of legal actor, besides people and legal persons. Research on the concepts of e-persons and legal machines becomes actual in legal science.[11] Besides research on computer applications in humanities (referred to as digital humanities), research on humanizing the machine (referred to as human digitalities) becomes actual, too.[12] See also Hans-Georg Fill's works on visualization, metamodeling and augmented reality.[13] Fill addresses the semantics conveyed by a visualization and holds that "the goal of knowledge explication [...] is to explicate knowledge that resides in the heads and minds of people and express it by a visualisation".[14] He lists four basic aims of visualization: knowledge explication, knowledge transfer, knowledge creation, and knowledge application.

Visualization becomes a syntactical and a methodological bridge on the way from legal science to technology. Legal visualization contributes to legal machines and, specifically, to autonomous machines. A paradigm change happens on the way from legal science to technology.

Positive law, like traditional jurisprudence, is textual. In terms of syntax, machine culture is characterized by formal notations. The notation of legal logic is just the beginning. The target is technical notation as the basis of programming. Visualization can occupy a middle position. On the one hand, visualizations can serve to give people a better understanding by breaking away from the textual. On the other hand, visualizations emphasize the formal, and thus form a bridge to machines.[15]

---

the 24th International Legal Informatics Symposium IRIS 2021, 2021, 179–230, Jusletter IT 27 May 2021, DOI: 10.38023/8b70bb88-de0c-4034-a54c-68409bb9549e.

[10] Ibid.

[11] *Čyras/Lachmayer*, Legal Machines and Legal Act Production within Multisensory Operational Implementations, in: Philipps/ Bengez (eds.), Von der Spezifikation zum Schluss, 2013, 147–168.

[12] *Čyras/Lachmayer* 2020, note 2.

[13] *Fill*, Transitions between Syntax and Semantics through Visualization, in: Schweighofer et al. (eds.), Zeichen und Zauber des Rechts, 2014, 935–944; *id.*, Abstraction and Transparency in Meta Modeling, Jusletter IT 20 February 2014, 435–442, https://jusletter-it.weblaw.ch/issues/2014/IRIS/2539.html.

[14] *Fill*, Visualisation for Semantic Information Systems, 2009.

[15] *Lachmayer/Čyras*, Visualization of Legal Informatics, in: Schweighofer (ed.), Legal Knowledge and Information Systems. JURIX 2021: The Thirty-fourth Annual Conference, Vilnius, Lithuania, 8–10 December 2021, Frontiers in Artificial Intelligence and Applications 2021, 3–10, DOI: 10.3233/FAIA210310.

It is possible that texts are translated directly into a formal language, but this translation can be facilitated by visualization as a methodological intermediate step. The authors have attempted to exhibit such intermediary possibilities.[16]

V. Image – Structure – Categories – Ontologies

The medieval discourse on universalia is a way to understand the framing of legal ontologies. Abstraction is a guide from images via structures towards categories (see Figure 5).

A starting point is the situational experience, containing persons, things, space and time – the four dimensions of legal validity ("*Geltungsbereiche*"[17]). We live in a culture of images. Painters, artists and the media constitute, perform, and manage images. Legal texts and judicial hearings are external appearances. They are images of the legal system in the same way as the behavior of traffic on the roads, for example.

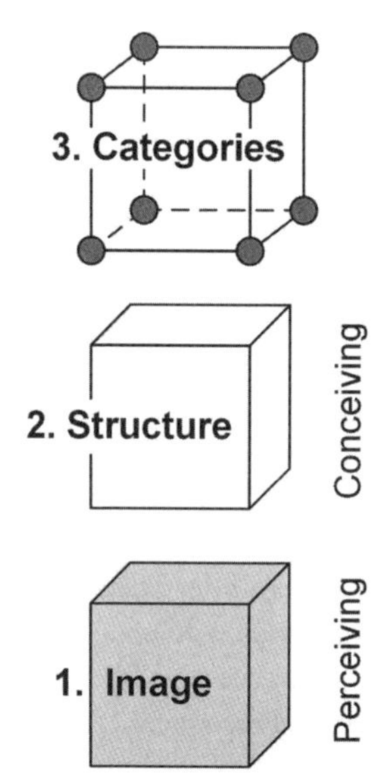

Figure 5: The way from image to structure and then to categories is through abstraction.

[16] *Čyras/Lachmayer*, Multisensory Legal Machines and Legal Act Production, in: 25th IVR World Congress: Law Science and Technology; 2011 Aug 15–20. Series A paper No. 026/2012, 2012, http://publikationen.ub.uni-frankfurt.de/files/24884/IVR_World_Congress_2011_No_026.pdf; *id.*, Multiphase Transformation in the Legal Text-to-Program Approach, in: Liber Amicorum Guido Tsuno, 2013, 57–70, available at SSRN: https://ssrn.com/abstract=2632045.

[17] *Nawiasky*, Die Stellung der Einzelperson im Völkerrecht: Eine grundsätzliche Betrachtung, Die Friedens-Warte 1953/55, 235–243, https://www.jstor.org/stable/23777520.

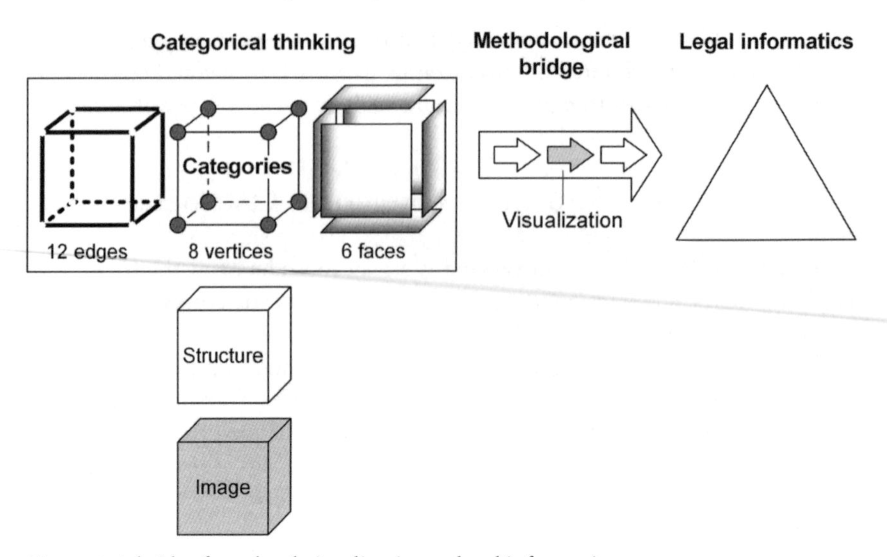

Figure 6: A bridge from legal visualization to legal informatics.

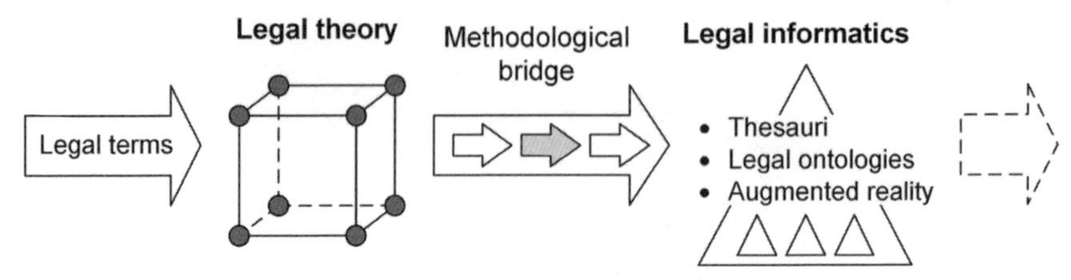

Figure 7: From categories to ontologies.

However, a professional point of view opens up an understanding of internal structures. For instance, physicians understand the body and the illness, lawyers and judges know legal semantics, and scholars see the structures beyond the images. However, not all of them reach as far as the formal categories of their knowledge, as is done in jurisprudence; see, for example, the jurisprudential scholarship of von Wright,[18] Tammelo,[19] Weinberger,[20] Fiedler,[21] Rödig,[22] and Reisinger.[23]

[18] *von Wright*, Deontic Logic, Mind 1951, 1–15, https://www.jstor.org/stable/2251395.

[19] *Tammelo*, Modern Logic in the Service of Law, 1978.

[20] *MacCormick/Weinberger*, An Institutional Theory of Law: New Approaches to Legal Positivism, 1986.

[21] *Fiedler/Haft/Traunmüller*, Expert Systems in Law – Impacts on Legal Theory and Computer Law, 1988.

[22] *Rödig*, Schriften zur Juristischen Logik, ed. by Bund/ Schmiedel/ Thieler-Mevissen, 1980.

[23] *Reisinger*, Rechtsinformatik, 1977.

The goal of this study is to find a methodological bridge from legal theory to legal informatics (see Figure 6). This bridge consists of multiple arches, and legal visualization forms one of these arches. From legal terms (categories), there is also a further path – to legal thesauri and ontologies.[24] This path is *categories – ontologies – augmented legal virtual situations*. Legal categories (as part of legal theory) lead to legal ontologies (within legal informatics) (see Figure 7). The target of these efforts could be augmented legal virtual situations. Legal ontologies are the next step in constituting meta-levels. From a dynamic point of view, it is not only the logical structure that is relevant, but also affine patterns.

To sum up, visualizations help to bridge the gap between the textuality of law and logico-technical notations.

[24] *Guarino/Oberle/Staab*, What is an Ontology?, in: Staab/Studer (eds.) Handbook on Ontologies, 2009, 1–17, DOI: https://doi.org/10.1007/978-3-540-92673-3_0.

Epilog: Rosen für den Datenschutz

Helmut Bäumler

Als ich das erste Mal von Marie-Theres Tinnefeld hörte, hatte der Datenschutz in Deutschland gerade seine ersten Jahre hinter sich. Meines Wissens gehörte Frau Tinnefeld nicht zur Gründergeneration des Datenschutzes um Hans-Peter Bull und Spiros Simitis. Sie fiel mir zuerst als Mitherausgeberin der Zeitschrift „Datenschutz und Datensicherheit" auf. Die junge Institution des Bundesbeauftragten für den Datenschutz, in der ich ab 1980 arbeitete, war in heftige und grundsätzliche Auseinandersetzungen vor allem mit den Sicherheitsbehörden des Bundes verstrickt. Diese hatten gerade im Rahmen der Terrorismusbekämpfung die Grenzen des Rechtsstaats getestet und an der einen oder anderen Stelle neu gezogen. Das Auftreten der Datenschützer jener Jahre mit ihren penetranten Fragen nach Rechtsgrundlagen musste wie eine kalte Dusche wirken. Kurzum, man stritt sich leidenschaftlich und fundamental und es dauerte einige Jahre, bis der Ton entspannter wurde.

Frau Tinnefeld sah man in diesem Getümmel nicht. Sie näherte sich dem Datenschutzthema betont sachlich, aber von Anfang an fachlich fundiert. Eine leidenschaftliche Verteidigung des Datenschutzes wäre aus ihrer Sicht vermutlich gar nicht notwendig gewesen. Das Bundesdatenschutzgesetz war ja in Kraft und musste nur beachtet werden, so wie alle anderen Gesetze auch. Zunächst habe ich von ihr vorwiegend Texte gelesen, die Einzelfragen der Anwendung des Datenschutzrechts klärten. Das las sich im Vergleich zu den Scharmützeln zwischen Polizei und Datenschutz eher nüchtern. Ihre „Einführung in das Datenschutzrecht" war breit und umfassend angelegt und hatte von Anfang an das Zeug, zu einem Standardwerk zu werden, was inzwischen der Fall ist. Und noch etwas war gleich zu erkennen: Die Einbettung des Datenschutzrechts in größere Zusammenhänge, vor allem seine internationale und europäische Verankerung war und ist ein Kernanliegen Tinnefelds.

Erst allmählich wurde mir klar, dass dem Datenschutzrecht in ihr eine einflussreiche Fürsprecherin erwuchs. Schwere Säbel suchte man bei ihr weiterhin vergebens, aber ihr Ansatz gab dem Thema immer mehr Gewicht. Sie verlangte nicht, den Datenschutz als etwas neu Einzuführendes widerstrebenden Akteuren in Wirtschaft und Verwaltung aufzuzwingen, sondern als etwas, was, wenn man es genau betrachtete, ohnehin und schon immer zu beachten war, Datenschutzgesetz hin oder her. Der Datenschutz hatte bei ihr ehrenwerte Vorfahren und Verwandte, gegen die man eigentlich gar nichts haben konnte. Indem sie den Datenschutz umstandslos mit anderen Grundrechten kombinierte, ja ihn nicht mehr und nicht weniger als zivilisatorischen Standard betrachtete, gab sie dem Thema, fern jedes Ideologieverdachts, eine argumentative Kraft, der nicht leicht zu begegnen war.

Ein schönes Beispiel für ihren virtuosen Umgang mit den Rand- und Nachbarschaftsthemen des Datenschutzes sind ihre Arbeiten über den räumlichen Schutz der Privatsphäre vor allem in privaten Gärten. Davon und von ihrer Spurensuche nach geschichtlichen Beispielen für den Schutz der Privatsphäre wird noch zu sprechen sein. Immer geht es um den Schutz der Privatsphäre nicht durch Gesetz und Vorschriften, sondern durch die Gestaltung von Räumen, durch die Anlage von Gärten und die Gestaltung von Parks, die die Gewährleistung einer privaten Atmosphäre ermöglichen und unterstützen.

Ich erinnere mich an eine Gemeinschaftsaktion des Unabhängigen Landeszentrums für Datenschutz in Schleswig-Holstein und der Ärztekammer Schleswig-Holstein zur Verbesserung des Schutzes des Patientengeheimnisses. Das hätte unter anderen Umständen leicht in langwierige Grundsatzdebatten über Sinn und Zweck und genaue dogmatische Ausgestaltung des Patientengeheimnisses münden können. Ging man die Sache pragmatisch an, dann konnte man schnell feststellen, dass man von der Notwendigkeit und von Sinn und Zweck des Patientengeheimnisses keinen Funktionär der Ärzteschaft und wohl auch keinen einzigen Arzt überzeugen musste. Das Patientengeheimnis hatten sie im Prinzip schon immer und aus Überzeugung beachtet. Natürlich sieht der Patientendatenschutz im Zeitalter der forcierten Digitalisierung im Gesundheitswesen anders aus als zu den Zeiten der vielen, verstreuten papierenen Patientenakten. Die dabei auftretenden Probleme sind alles andere als trivial, aber lösbar. Beträchtliche Risiken für das Patientengeheimnis bestanden und bestehen aber bis heute durch die baulichen Verhältnisse in vielen Arztpraxen. Um Bauvolumen und Personal zu sparen, waren häufig die Empfangstresen so gebaut, dass, wer wollte, ohne weiteres mitbekommen konnte, was gerade mit anderen Patienten besprochen wurde. Benötigt wurden also nicht Grundsatzdebatten oder ein neues Gesetz, sondern es waren Empfehlungen für den Neu- und Umbau von Arztpraxen zu erarbeiten, damit das Patientengeheimnis künftig besser zu schützen war.

Der nüchterne Pragmatismus war dem Datenschutzrecht in Deutschland nicht in die Wiege gelegt. Datenschutz klang und klingt technisch, so als ginge es um den Schutz von Daten und nicht von Menschen. Die Begriffe Datenschutz und Datensicherheit, die Verschiedenes meinen, wurden mitunter geradezu synonym gebraucht. Das Bundesverfassungsgericht hat in seinem Volkszählungsurteil versucht, eine genauere Bezeichnung für das eigentliche Kernanliegen zu finden. Gewiss, das „Recht auf informationelle Selbstbestimmung“ ist sicher eine Bezeichnung, an deren Präzision nicht zu deuteln ist. Aber ist dieser Begriff auch alltagstauglich? Klänge eine denkbare Abkürzung wie „RiS" etwa besser? Im Alltag hat sich dann doch wohl der „Datenschutz" durchgesetzt.

In Italien, meiner neuen Heimat, wo man häufig etwas pragmatischer vorgeht, hat sich der Begriff „Privacy" eingebürgert, obwohl die Italiener im Allgemeinen keine großen Neigungen zu Anglizismen haben. Aber in dem Wort steckt das italienische „privato", das eine positive Konnotation hat. Es spielt an auf die private Familie, auf das Privatgrundstück, das in Italien häufig gegen fremde Blicke gut eingezäunt ist, und es spielt natürlich ganz allgemein auf das private Leben an, das vielen Italienern angenehmer und näher ist als der Staat mit seinen Institutionen, Vorschriften und Zumutungen. Mag sein, dass mit Privacy nicht überall das Gleiche gemeint ist, aber das Kernanliegen wird deutlich und ist positiv besetzt. Also: Privacy scheint mir jedenfalls gelungener als RiS oder ähnliches.

Aber hält der Begriff, was er verspricht? Bei näherem Zusehen wohl eher nicht. Den meisten Italienern begegnet „Pricacy" im Alltag häufig als Bürokratiemonster ersten Ranges. Wenn die Italiener erst richtig in Fahrt sind, dann können sie nämlich auch richtig bürokratisch sein. Man reiche nur einmal einen einfachen Bauantrag ein!

Bei vielen Verwaltungsvorgängen werden in Italien Daten exzessiv und vorsichtshalber mehrfach erhoben. Obwohl jeder Italiener praktisch von Geburt an durch den „codice fiscale" (die lebenslange Steuernummer) und durch die „tessera sanitaria" (die gesetzliche Krankenversicherungskarte) bestens und maschinenlesbar identifizierbar ist, müssen trotzdem fast immer die gleichen Daten nicht nur durch Vorzeigen dieser beiden Karten, sondern durch das Ausfüllen langer Verwaltungsformulare und natürlich die Vorlage des Personalausweises nochmal angegeben werden. Alles, besonders gern die tessera sanitaria und der Personalausweis, wird natürlich obendrein zur Vorsicht kopiert, denn dem Papier wird noch immer stark vertraut. Wenn man also durch einen zeitaufwändigen Verwaltungsvorgang schon ziemlich zermürbt ist, dann kommt am Schluss noch das Formular für die „Privacy". Ohne das geht gar nichts. In diesem Stadium des Verfahrens sind die meisten bereit, so ziemlich alles zu unterschreiben, damit die Prozedur endlich ein Ende hat. Kaum jemand hat noch die Kraft und Lust, seitenweise Hinweise zur „Privacy" zu lesen. Täte es jemand und würde er glauben, er könne über die eine oder andere Privacy-Passage sprechen oder gar über die Erforderlichkeit der einzelnen Datenerhebungen verhandeln, so würde er schnell merken, dass er dadurch außer Verzögerungen nichts erreichen kann. Also wird „Privacy" in der Regel ungelesen unterschrieben. Der so schöne Begriff entpuppt sich im Alltag als ein Synonym für einen Text, den man fast täglich ungelesen unterschreibt und fertig.

Wo wir gerade bei Italien sind, möchte ich gerne noch einen Blick auf die alten Römer werfen. Schon damals gab es nämlich massive Privacy-Probleme. Die Stadtviertel waren eng bebaut. Weder in den Häusern noch im Gedränge der

Straßen gab es allzu viel „Privacy“. Und auch in den Palästen der Reichen waren überall Neugierige und heimliche Lauscher. Ein Problem war vor allem das System der Sklaverei, denn die Sklaven wurden zumeist als „Luft“ angesehen, deren Anwesenheit das freie Gespräch nicht behinderte. So gab es für vieles Zeugen und Mitwisser. Wäre es nur um „Privacy“ gegangen, hätte man das vielleicht verschmerzt. Aber spätestens mit dem Entstehen des Kaisertums entwickelte sich in Rom ein ausgeprägtes Spitzelsystem. Bei den wegen ihres rücksichtslosen Regierungshandelns besonders berüchtigten Kaisern wie *Caligula*, *Nero*, *Domitian*, *Caracalla*, um nur ein paar zu nennen, konnte ein mitgehörtes Gespräch buchstäblich tödliche Folgen haben. Denunziationen, heimliche Anzeigen und das Streuen von Gerüchten waren an der Tagesordnung. Aber auch bei den „guten Kaisern“ wie *Augustus*, *Trajan*, *Hadrian*, *Marc Aurel* oder den *Antoninen*, um auch hier ein paar Namen zu erwähnen, gab es ein ausgeprägtes Interesse an Klatsch und Tratsch der Oberschicht. Karrieren, Wohlstand, Privilegien und ganz allgemein ein angenehmes Leben hingen davon ab, dass man sich in den eigenen Wänden oder sonst bei jedweder Gelegenheit nicht unvorsichtig äußerte.

Seneca sprach von einem „scheußlichste(n) Laster“ der „Horcherei und Ausspürung von öffentlichen und geheimen Angelegenheiten“. Ein reicher Mann, so formulierte der Schriftsteller *Juvenal*, konnte kein Geheimnis haben. „Schweigen seine Sklaven, so reden seine Pferde und Hunde, seine Türpfosten und Marmorwände; er schließe die Fenster, verstopfe die Spalten und lösche das Licht; niemand schlafe in seiner Nähe: und doch weiß vor Tagesanbruch der nächste Schankwirt, was er in der Zeit des zweiten Hahnenschreis getan hat“, so *Juvenals* nicht allzu übertriebene Beschreibung. Der Dichter *Epictet* empfahl konsequenterweise, wenig und nichts Unnützes zu reden, „am wenigsten aber über Personen, lobend, tadelnd oder vergleichend“ zu sprechen.

Ein bisschen Datenschutz oder Privacy hätte den Römern also nicht geschadet. Aber was konnte man tun? Der Schriftsteller *Martial* berichtet, ein Kutscher sei mit einem kleinen Vermögen bezahlt worden, wenn er taub war. Vermutlich gab es viel zu wenige taube Kutscher in Rom, geschweige denn hatte man sie immer zur Hand, wenn man sie gerade brauchte, als dass dieser Ausweg ins Gewicht gefallen wäre. Aber es gab Gärten und riesige Grünanlagen in Rom. Im Grunde zog sich ein fast durchgehender Gürtel von Gärten von der Porta del Populo im Norden bis zu Santa Croce in Gerusalemme im Süden. Es waren die Privatgärten von *Lucull*, *Sallust*, *Mäcenas* und anderen. Noch heute erinnert ein kleines Gebäude auf dem Esquilin an den Garten des *Mäcenas*, während der Park der Villa Borghese auch jetzt noch einen Eindruck von der Weitläufigkeit der damaligen Anlagen gibt. Gewiss waren diese Gärten nur in Teilen der Öffentlichkeit zugänglich, zusätzlich standen aber die überwiegend auf dem jenseitigen Tiberufer gelegenen kaiserlichen Gärten dem Publikum weitgehend offen. Dort konnte man verschwiegene Plätze finden, an denen Privates ohne Gefahr kommuniziert werden konnte. Wem auch das noch nicht privat genug war, der konnte sich auf sein Landgut in der Umgebung von Rom zurückziehen, wenn er entsprechend betucht war. *Horaz* etwa schwärmte von der Diskretion und Freiheit seines Landhauses in den Sabiner Bergen, wo man die von ihm beschriebene kleine Quelle in seinem Garten noch heute sehen kann. *Cicero*, der schon ahnte, was kommen würde, zog sich auf sein Landgut zurück und erwartete dort in Ruhe Augustus' Häscher, die ihm den Tod brachten.

Privacy gab es für die Oberschicht, aber auch für das gemeine Volk hinter Büschen und Hecken, im Schutz plätschernder Brunnen und Fontänen. Wer ungestört reden wollte oder gar politische Gespräche führen wollte, der tat gut daran, den Schutz der Gärten zu suchen. Im Garten war man im Allgemeinen geschützter als im Haus.

Ein Umstand gewiss so recht nach dem Geschmack von Marie-Theres Tinnefeld, denn sie hat sich mit den Gärten und Pflanzen als den natürlichen Verbündeten der Privacy intensiv auseinandergesetzt. Die Reihe ihrer Veröffentlichungen liest sich lang und umfassend. Kaum ein aktuelles Thema mit Datenschutzbezug hat sie neben ihren Standardwerken ausgelassen. Auf Anhieb fällt mir niemand ein, der die europäische und internationale Datenschutzszene so intensiv über die Jahre begleitet und kommentiert hat.

Mir fällt bei ihr aber etwas anderes auf, nämlich ihr stetiger Hinweis, dass der Datenschutz nicht allein auf dem Datenschutzgesetz basiert, sondern auf Grundlagen beruht, die breiter und tiefer sind. Belege, dass Datenschutzrecht nicht allein den Schutz des allgemeinen Persönlichkeitsrechts genießt, findet man ohne große Mühe. Würden z. B. alle Meinungsäußerungen vom Staat überwacht, so wäre neben Art. 2 Abs. 1 auch Art. 5 der Verfassung tangiert. Eine routinemäßige Speicherung von Daten über gewaltfreie Teilnehmer an einer Demonstration griffe auch in den Schutzbereich von Art. 8 ein. Würden Betriebsräte und Gewerkschaftsmitglieder vom Verfassungsschutz beobachtet, wäre das Grundrecht auf Koalitionsfreiheit betroffen.

Tinnefeld geht in ihren Arbeiten noch einen Schritt weiter. Datenschutzrecht wäre, auf einen kurzen Nenner gebracht, auch dann zu beachten, wenn es gar kein Datenschutzgesetz gäbe. Denn sie zählt ihn zu den Menschenrechten und noch allgemeiner ausgedrückt zum „zivilisatorischen Bestand". Selbstbestimmte Lebensführung und offene Kommunikation wären ohne funktionierenden Datenschutz kaum denkbar. Datenschutz ohne Datenschutzgesetz klingt auf den ersten Blick merkwürdig, bringt aber eine Stärke des Datenschutzgedankens zum Ausdruck, die über den Text des Bundesgesetzblatts hinausgeht. In ihrem richtungsweisenden Bändchen „Privatheit im digitalen Zeitalter", das sie zusammen Wolfgang Schmale herausgegeben hat, findet sie Grundlagen, Bezugspunkte und Referenzen für den Datenschutz an den verschiedensten Stellen. Von der Bibel bis Art. 12 der Allgemeinen Erklärung der Menschenrechte zieht sich der Schutz der Privatsphäre wie ein roter Faden durch den Lauf der Geschichte. Mal als selbstverständlich in Anspruch genommener Standard, mal juristisch exakt ausformuliert, immer geht es um den Schutz des Einzelnen vor der Gemeinschaft, vor den anderen.

Und immer, und damit kehre ich zurück zum Ausgangspunkt, spielt der Garten eine wichtige Rolle. Vielleicht hätte die Ursünde auch anderswo passieren können, aber es geschah im Garten Eden, den die Menschen danach verlassen mussten. Vermutlich gibt es eine insgeheime Sehnsucht nach paradiesischen Zuständen, wenn die Menschen immer und immer wieder Selbstverwirklichung auf einem Fleckchen Erde suchen. Marie-Theres Tinnefeld hat in mehreren Werken historische und aktuelle Beispiele dafür zusammengetragen, dass Gärten jenseits aller Romantik die Privatsphäre und am Ende Leben retten können. Sie sind eben häufig ein wichtiger Ort, so zu sein und so zu sprechen, wie man möchte. Selbstredend sind Gärten mit richtigen Büschen und Bäumen gemeint, nicht langweilige Aufschüttungen von Granit- und Schieferschotter.

Zustände wie im alten Rom, wo außerhalb des räumlichen Schutzes von Gärten und Parks ein offenes Wort nicht ratsam war, finden wir bis in die heutige Zeit. Private, für den Staat nicht zugängliche Gärten sind jedem Diktator ein Dorn im Auge. Bedrückende Beispiele für den erzwungenen Rückzug in den privaten Garten liefern vor allem Tinnefelds Beispiele aus der Nazizeit. Es geht nicht allein um Privatgärten, die im Zweifel eher etwas für wohlhabendere Schichten sind, sondern auch um öffentliche Parks, um Hecken und dornige Rosen, die den ungebetenen Lauscher auf Distanz halten.

Indem Marie-Theres Tinnefeld in ihrem datenschutzrechtlichen Oeuvre bis zu diesen Fragen vorgedrungen ist, hat sie dem datenschutzrechtlichen Gedanken ein Terrain eröffnet, das ihn von technokratischen und formaljuristischen Zwängen befreit. Sie hat ihm dadurch Zugang zu Menschen erleichtert, die sonst kaum ansprechbar wären. Eindrucksvoll hat sie in ihren Denkstücken unter dem Titel „Überleben in Freiräumen" eine Verbindungslinie zwischen Umweltschutz und Datenschutz gezogen. Der Schutz der Umwelt und der Privatheit gehen bei ihr Hand in Hand. Alle Menschen brauchen Datenschutz und die Arbeiten Tinnefelds machen klar, dass der Datenschutz etwas anspricht, was als Sehnsucht in vielen Menschen schlummert. Sie hat auf diese Weise den Datenschutz attraktiv gemacht. Anderseits war sie stets konsequent und in der Argumentation gradlinig. Ihr Datenschutz mochte pragmatisch und gut handhabbar sein. Aber stets galt auch das geschriebene Recht ohne Wenn und Aber. Ihr Datenschutz musste zur Verteidigung bei Bedarf auch stechen können. Der blühende Rosenstrauch sollte auch Dornen haben, damit diejenigen, die sich in seinen Schutz begeben, auch ungestört bleiben. Rosen für den Datenschutz eben. Marie-Theres Tinnefeld hat viele davon geliefert.

Autor*innenverzeichnis

Dr. Helmut Bäumler
Landesbeauftragter für Datenschutz Schleswig-Holstein a. D.

Prof. Dr. Benedikt Buchner
Juristische Fakultät, Universität Augsburg

Dr. Vytautas Čyras
Institut für Computerwissenschaft, Universität Vilnius

Dr. Alexander Dix, LL.M.
Landesbeauftragter für Datenschutz und Informationsfreiheit in Brandenburg und Berlin a. D.

Dr. h.c. Marit Hansen
Landesbeauftragte für Datenschutz Schleswig-Holstein

Prof. Dr. Thomas Hoeren
Rechtswissenschaftliche Fakultät, Universität Münster

Prof. Dr. Thomas Knieper
Philosophische Fakultät, Universität Passau

Prof. Dr. Friedrich Lachmayer
Ministerialrat des Österreichischen Bundeskanzleramtes a. D.

Prof. Dr. Martin Leitner
Präsident der Hochschule München

Sabine Leutheusser–Schnarrenberger
Bundesjustizministerin a. D.

Prof. Dr. Irena Lipowicz
Fakultät für Recht und Verwaltung, Kardinal-Stefan-Wyszyński-Universität Warschau

Prof. Dr. Thomas Petri
Bayerischer Landesbeauftragter für den Datenschutz

Prof. Burkhard Schafer
SCRIPT-Zentrum für IT- und IP-Recht, Universität Edinburgh

Prof. i. R. Dr. Dr. h.c. Wolfgang Schmale
Institut für Geschichte, Universität Wien

Prof. Dr. Louisa Specht-Riemenschneider
Rechts- und Staatswissenschaftliche Fakultät, Universität Bonn

Anke Zimmer-Helfrich
Leiterin Zeitschriften der Neuen Medien, Verlag C.H. BECK